Community Welfare & Practice

지역사회복지론

[개정판]

간순옥 이재연 정윤옥 조현철 한수미 공저

양성원

머리말

현대사회는 전통적인 사회에서 산업화 사회로 전환되면서 정치, 경제, 사회, 환경, 문화적인 다양한 측면에서 지역사회문제가 대두되고 있다. 이러한 지역사회의 문제와 위험요소들은 개인적 기능만으로 해결하기 어렵기 때문에 지역사회 차원에서 공동으로 지역사회의 당면한 문제를 대응 · 대처할 수밖에 없다.

지역사회(community)란 일정한 공간에서 혈연, 학연, 종교 등 공통성을 바탕으로 필연적으로 조직화된 집단이라고 규정할 수 있다. 즉, 공통적인 관심과 이해관계로 형성된 공동체를 의미하며, 어떤 것을 성취하는 데 도움이 될 수 있는 지역적 공감을 기반으로 한 집합체라 할 수 있다.

사회복지는 공동체에 대한 이해와 공감이 먼저 선행되어야 하는 학문이라고 생각한다. 그러므로 사회복지사는 개인이나, 가족, 집단 또는 지역사회의 다양한 욕구와 문제들을 함께 해결하거나 변화에 대한 관심을 가지고 공동체를 이해해야 하며, 지역주민들 스스로 삶의 질을 향상시키려는 노력에 공감하며 함께 해야 할 것이다.

우리는 바람에 흔들리는 나무처럼 수없이 많은 문제와 갈등을 겪는다. 그러나 바람에 흔들림은 곧 살아있음의 증거라고 생각 할 수 있다. 이것은 변화와 발전가능성을 가져오는 과정으로 바람에 흔들림을 두려워하지 말아야 할 것이다.

제2판을 펴내면서 지역사회복지에 대한 이해와 관심으로 실천성과 전문성을 갖춘 사회복지사가 되기를 바라며 초판에 대한 두려움을 버리고 좀 더 성숙함을 향해간다.

본 교재는 사회복지 교육에서 다루어야 할 주요 이론적 지식과 지역사회 문제를 해결하기 위한 실천내용으로 구성하였다.

본 교재는 3부로 구성하였고, 세부적인 구성내용은 다음과 같다.

제1부에서는 지역사회의 이해, 지역사회복지의 이해, 지역사회복지의 역사, 지역사회복지의 이론을 중심으로 지역사회복지의 전반적 이해를 개관하였다.

제2부에서는 지역사회복지의 모델, 지역사회복지의 실천과정, 지역사회복지의 실천기술과 사회복지사의 역할, 지역사회복지 운동을 중심으로 지역사회복지실천의 이해를 다지도록 하였다.

제3부에서는 지역사회복지관, 지역사회보장협의체와 사회복지공동모금회, 자원봉사센터, 지역자활센터 등 지역사회복지의 주요 실천기관을 다루어 사회복지 실천현장에서 활용할 수 있도록 구성하였다.

본 교재는 5명의 연구자가 공동으로 집필하였다. 전체 통일성을 기하면서 최근자료를 이용하여 지역사회복지를 이해하도록 노력하였으나 다수의 저자들(간순옥, 이재연, 정윤옥, 조현철, 한수미)이 분담하여 집필하다 보니 미흡한 부분이 많은 것 같다.

따라서 사회변화와 새로운 제도 및 정책변화, 관련 통계자료 등을 추가 보완하고, 강의와 연구를 통해 부족한 부분을 수정 · 보완하여 개정작업을 하게 되었다.

본 교재를 위해 애써주신 노병일 교수님께 깊은 감사를 드리며, 바쁜 와중에도 교재집필과 개정을 위해 성실하게 참여하고 검토해준 공동 저자분들께 감사드리며, 끝으로 부족하지만 제2판 개정을 위해 아낌없는 성원과 도움을 주신 양성원 사장님과 관계자님들께 지면을 빌어 깊은 감사를 드린다.

2020년 7월

저자 일동

차 례

PART/01 지역사회복지의 전반적 이해

CONTENTS

PART/03
지역사회복지의 주요 실천기관

CONTENTS

PART

01 지역사회복지의 전반적 이해

CHAPTER 01 지역사회의 이해

학/습/목/표

1. 지역사회 개념과 다양한 특성을 이해한다.
2. 지역사회 기능과 구분하는 방법을 이해한다.
2. 지역사회를 바라보는 관점에 대해 살펴본다.

1. 지역사회의 개념 및 정의

일반적으로 지역사회란 영어의 'Community'로서 'common' 또는 'communal'과 같은 어원을 가지고 있으며, '공동소유', '공동체', '공동운명체' 등의 뜻을 지니고 있다(홍봉수 외, 2015). 일반적으로 '지역사회'는 일정한 공간에서 혈연, 학연, 종교 등 공통성을 바탕으로 필연적으로 조직화된 인간집단이라고 규정할 수 있다. '지역사회(Community)'라는 용어는 학자, 법률가, 행정가, 정치인, 전문가 등에 따라 매우 다양하게 사용되고 있다.

여기서는 외국학자들이 정의한 지역사회의 개념을 살펴보고자 한다(고수현, 2014).

1) 멕키버

멕키버(MacIver)는 지역사회의 개념을 사회학적으로 최초로 정의한 미국의 사회학자이다. 지역사회라는 것은 사회적으로 동질성을 띤 지역의 개념으로서 모든 형태의 공동생활지역으로서 부락, 읍, 시, 도, 국가 혹은 더 넓은 지역까지도 의미한다. 어느 지역이 지역사회로 불리기 위해서는 다른 지역과 구별될 수 있어야 하고, 공동생활이란 그 지역의 개척자들이 부여한 특별한 의미를 가질 수 있는 자체적인 특성을 지녀야한다. 사람들이 함께 살게 되면 태도, 전통, 언어양식 등에 뚜렷한 특성을 갖게 되며, 이러한 특성들은 효과적인 공동생활을 영위하기 위한 요소이자 공동생활의 결과이며, 지역사회의 성원이 갖는 사회적 관계는 세계의 끝까지도 이어질 수 있는 것이라고 정의하였다.

2) 스트로우프

스트로우프(Stroup)는 지역사회란 자신들이 상호 관련 되어있다는 의식을 갖는 비교적 많은 사람들에 의해 구성되어 있다고 말할 수 있는데 이들 구성원들은 공동의 생활공간에 서로 의존하고, 제한된 정치적 자율성을 가지며, 복잡하고 변천하는 사회구조 속에서 기본적인 만족을 추구하는 것이다. 즉, 지리적 특성보다는 성원 간의 상호관련성을 강조하였다. 스트로우프는 지역사회를 모든 형태의 사회조직을 포함하고, 민주주의의 이념을 실현시킬 수 있는 가장 기본적인 단위로 보았다.

3) 모리스와 헤스

모리스와 헤스(Morris & Hess)는 지역사회를 주관적인 관점에서 지역사회란 지역사회의 규모가 어느 정도든 간에 지역주민의 소속감과 구성요소로써 공유하는 생활터전을 의미한다. 즉, 지역사회는 영역(Area), 공통적 연결(Common Tie), 사회적 상호작용(Social Interaction) 등의 구성요소를 포함한다.

4) 퇴니스

퇴니스(F. Tonnies)는 지역사회를 공동사회(Gemeinschaft)와 이익사회(Gesellschaft)로 구분하였다. 공동사회를 뜻하는 게마인샤프트는 사랑, 우정을 기초로 인격적, 영속적, 정서적으로 맺어진 집단이다. 가족, 촌락, 신앙공동체 등이 여기에 속한다. 반면 이익사회를 의미하는 게젤샤프트는 이해관계를 기본으로 맺어진 집단이다. 서로의 이익을 위해서 협동하며 집단을 유지한다. 대표적인 것이 회사, 정당 등이다. 게마인샤프트는 사랑을, 게젤샤프트는 법을 중요시 여긴다.

5) 모르건

모르건(Morgan)은 지역사회란 개인과 가정이 그들의 공통적인 욕구를 충족시키기 위해서 함께 계획하고 실천하는 구성원들의 결합체라고 했다. 모르건에게 있어서 지역사회란 무한히 확대되는 성질의 것이 아니라 민주적인 공동생활을 영위하는 작은 사회라고 정의하였다.

6) 포스톤

포스톤(Poston)은 지역사회란 공동의 유대관계가 있고 공동의 기능을 하는 지역으로서 다양한 이해관계와 상호부조적인 서비스가 있고, 사람들이 서로에 대해서 알고 지내게 되며, 지역사회의 공동운명에 대해서 개인적으로 어느 정도의 영향력을 행사할 수 있는 그러한 조건을 갖춘 지역으로 지역사회의 발전은 주민의 참여에 의한 민주주의가 실현되는 전제조건이며 사회적인 상호작용의 역동성을 강조하였다. 그는 이러한 조건을 갖춘 지역사회란 대도시 내의 일정 지역이라고 함으로써 주민들이 자신들의 복지를 증진시키기 위해서 노력하는 지역사회는 상호관계가 유지될 수 있는 정도의 규모여야 한다는 것을 시사하고 있다.

7) 힐러리

힐러리(Hillery)는 '지역사회의 정의'라는 논문에서 지역사회의 본질에 대해서는 완전한 일치를 볼 수 없다는 견해를 밝혔으며, 다음 세 가지 요소를 공통점으로 보았다.

첫째, 공간단위의 지역사회, 둘째, 사회적 상호작용 단위의 지역사회, 셋째, 심리적 · 문화적 공통의 유대감이 있는 지역사회이다.

여기서 공통의 유대감은 우리 의식, 역할 의식, 비독립 의식 등으로 표현할 수 있다.

2. 지역사회의 특성

지역사회를 특성별로 살펴보면 다음과 같다(최일섭, 류진석, 1996; 조추용 외, 2015).

1) 지리적인 의미의 지역사회

파크(Park)와 버제스(Burgess)는 한 지역을 구성하는 사람들과 조직들의 지리적 분포라는 관점에서 고려될 수 있는 사회와 사회집단이며, 주요 관점은 주로 행정적·자연적 의미의 지역사회를 의미하는 것이다. 예를 들면, 행정단위인 특별시, 광역시, 도·시, 시·군·구, 읍·면·동 등이 여기에 해당된다.

2) 사회적으로 동질성을 띤 지역사회

이 개념에서는 지역사회 주민들 간의 합의성, 일체감, 공동 생활양식, 공통적 관심과 가치, 공동 노력이 강조한다. 지역사회를 다른 지역과 구별될 수 있는 사회적 특성을 지닌 독립적인 지역으로 보는 것이다.

이러한 관점은 세 가지 유형으로 구분해 볼 수 있다.

첫째, 특정한 지리적 한계를 두지 않는 유형으로 소수의 부락에서 국가, 아시아 등의 지역까지 포함한다.

둘째, 민주주의 이상을 실현하는 수단으로서의 작은 지역사회에 대한 신념에서 비롯된

유형으로, 가정과 같은 소규모나 대도시의 일정지역과 같은 어느 정도의 공동운명체로서 영향력을 행사할 수 있는 지역사회를 말한다.

셋째, 사회적 상호작용의 역동성의 결과라고 보는 정의는 지리적인 특성보다는 구성원의 상호작용에 역점을 둔 지역사회를 말한다.

3) 지리적 특성 및 사회적 동질성을 강조하는 자연지역으로서의 지역사회

지리적 특성과 지역 내에 거주하는 사람들의 상호작용에 있어서의 동질성을 동시에 고려하는 이 개념은 지역사회에 대한 사회학의 개념이라고 할 수 있다. 즉, 지역사회 내에서 공동관심사를 바탕으로 함께 행동하는 사람들로 구성되어 있다. 상호보호와 복지를 위해서 여러 가지 사회조직을 형성하고, 심리적으로 서로 연결되어 있다고 느끼는 지역사회를 말한다.

4) 기능적 지역사회

정보화 사회나 대도시 아파트 단지에서는 지리적인 인접성만으로는 지역사회가 형성되기 어렵다. 기능적 지역사회란 공통적인 관심과 이해관계로 형성된 공동체를 의미하며, 어떤 것을 성취하는 데 도움이 될 수 있는 지역적 공감을 기반으로 한 집합체로 단순한 지리적 경계보다 목표성취라는 과업의 결과로 나타난 공동체이므로 지역사회 주민의 관심 및 목표에 따라 유동적이다. 이러한 공동체는 직업, 취미, 활동영역 등 기능적 기준에 기초하여 형성되어진다. 예를 들어 복지, 농업, 경제, 교육, 예술, 종교 등에 있어서 공통의 관심과 기능을 함께 하는 사람들의 집단으로 형성되어 있는 공동체를 의미한다.

3. 지역사회의 기능과 비교척도

1) 지역사회의 기능

이와 같이 모든 지역사회는 주요한 사회적 기능을 수행하는 지속적인 유형을 갖추고 있다. 여기서 지역사회가 수행하는 사회적 기능은 다양한 인간 활동을 의미한다. 지역사회가 공통적으로 수행하는 주요 기능에 대해 워렌(Warren, 1963)은 생산·분배·소비, 사회화, 사회통제, 사회통합, 상부상조 등의 다섯 가지로 제시하였고, 팬토자와 페리(Pantoja & Parry, 1992)는 워렌의 다섯 가지 기능에 방어와 의사소통의 기능을 추가하여 지역사회의 기능을 설명하고 있다(박태영, 2012; 남일재 외, 2015).

(1) 생산·분배·소비의 기능: 경제제도

생산·분배·소비의 기능은 일상생활에 영위하는 데 기본적인 재화와 서비스를 지역주민 간에 교환하는 과정과 관련된 경제적 기능이다. 사람들은 의식주, 교통, 고용 등과 관련된 다양한 영역에서 지역사회의 자원을 통해 생산과정을 거쳐 재화와 서비스를 만들어 분배함으로써 지역주민의 욕구를 충족하게 한다. 재화와 서비스를 생산하고 분배하는 과정은 주로 기업을 통해 이루어지고 있으며 정부, 종교기관, 교육기관 등을 통해서도 경제적 기능이 이루어지고 있다.

이러한 경제제도는 개별적인 사회 구성원의 차원에서는 생산의 방법과 가족의 욕구충족방법에 영향을 주며, 지역사회 전체의 차원에서는 사회 구성원들이 어느 정도 자립할 수 있는가를 결정해주고, 또한 사회 구성원들이 건강한 생활을 영위하는 데 필요한 재화나 서비스를 어느 정도 제공받을 수 있느냐를 결정하게 된다.

(2) 사회화의 기능: 가족제도

사회화의 기능은 사회를 향유하고 있는 일반적인 지식, 사회화와 가치, 행동양태를 그 사회 구성원들에게 전달시키는 과정을 말한다. 사회의 유지와 존속을 위하여 지역사회가 공유하는 사회규범을 사회구성원들에게 전달하는 과정으로 가족제도와 교육제도를 통하여 이루어진다. 사회화의 일차적인 장소는 가정이며, 가정에서 교육을 통하여 생활양식이 습득되며 그 후 학교에서 또래집단을 통하여 사회적 가치와 규칙을 습득한다. 그러므로 사회화 과정은 특히 유년기가 중요하며 유년기부터 전 생애에 걸쳐서 사회화가 이루어진다고 할 수 있다.

(3) 사회통제의 기능: 정치제도

사회통제의 기능은 지역사회가 그 구성원들에게 사회의 규범에 순응하게 하는 것을 말한다. 사회통제란 사회체계를 구성하는 사회단위조직들 간의 관계와 관련된 기능을 말하며, 도덕, 관습, 규칙 등 규범을 따르도록 지역주민의 행동을 규제하여 사회의 질서를 유지하고 규율하는 기능이다. 지역사회는 모든 지역주민들이 지켜야할 법, 도덕, 규칙 등의 규범을 갖게 되는데, 이러한 규범을 준수하는 법적 규제가 결여된 경우 사회질서는 파괴되어 비행과 범죄가 만연된다. 이러한 사회질서를 파괴하는 것들을 법적 규제로 지역사회를 존속하게 한다.

사회통제를 담당하는 일차적인 기관인 정부는 사법권과 경찰력을 통해서 보편적으로 적용될 수 있는 법을 집행하는 법적 규제를 하게 한다. 그러나 다른 사회조직인 가정, 학교, 교회와 사회기관들도 이러한 기능을 부분적으로 수행한다.

(4) 사회통합의 기능: 종교제도

사회통합의 기능은 구성원 간, 사회 내 여러 집단의 공감대를 형성하여 영향력을 행사하고 동질적 의식을 통하여 결속력을 가져야한다. 결속력은 지역사회조직에 귀속됨으로써 지역사회 내 비공식 집단 및 공식 조직도 포함하여 협력관계를 구축하고, 지역주민의 자발적 참여와 봉사를 통하여 강화된다. 워렌은 사회통합을 사회참여 용어로 사용하고 있으며 지역주민의 자발적 참여를 강조하였다. 자발적제도의 대표적인 활동은 종교제도, 사회봉사활동을 통하여 사회통합의 기능이 이루어진다.

사회통합에 필요한 사회적 가치와 규범을 만들어내는 사회조직에는 가정, 학교, 사회단체 등이 있다.

(5) 상부상조의 기능: 사회복지제도

상부상조의 기능은 지역사회구성원들이 주요 사회제도에 의해서 자기들의 욕구를 충족할 수 없는 경우에 필요로 하는 사회적 기능을 말한다.

개인과 가정은 누구나 질병, 사망, 실업, 사고 등 개인적 어려움으로 또는 경제제도의 부적절한 운영에 의해 자립할 수 없는 경우에 놓이게 되며, 이러한 경우 보상 없이 지원하는 기능이다. 과거의 전통적인 사회에서는 일차적인 집단인 가족, 친척, 이웃, 친목단체, 동네사람들, 자선단체에 의해 이러한 어려움을 극복할 수 있었으나, 현대사회에서는 국가 간 차이는 존재하지만 이런 기능을 정부, 지방자치단체, 지역사회의 공사조직을 통하여 수행하게 되었다.

모든 사회적 기능들은 단순한 사회에서는 가족이라는 사회제도에서 수행되지만 사회가 점점 복잡해짐에 따라 개인과 집단들이 이러한 전문적 기능을 수행하게 되었다. 즉, 정치, 경제, 종교, 사회복지 등의 제도가 수행하게 되었다.

상부상조는 사회복지의 핵심 활동으로 사회적 연대성을 강조하고 어려움에 처해 있는 이웃에게 고통을 외면하지 않고 도와주는 활동을 한다.

(6) 방어: 공동체

방어의 기능은 지역사회가 위기로부터 그 구성원을 안전하게 보호하고 지키는 기능이다. 이러한 기능은 안전하지 못한 지역사회에서 주요한 기능으로 수행되어 왔다. 이러한 기능은 공간적 지역사회뿐만 아니라 비공간적 지역사회에도 관련되어 있다.

예를 들면, 동성애자 집단의 경우 이러한 방어적 기능은 더욱 중요할 수 있는데, 이는 그들에게 피해를 줄 수 있는 집단이기 때문이다. 또한 외국에서 생활하는 이민자들의 경우에도 그 사회의 주류집단으로부터 자신들을 보호하기 위하여 방어기능을 가지게 된다.

(7) 의사소통: 사상의 공유

의사소통의 기능은 생각을 표현하는 공통의 언어 및 상징을 활용하는 장으로서 지역사회의 기능을 말한다.

이러한 의사소통은 현대사회에 있어서 그 중요성이 더해지고 있으며 언어나 문자, 그림 또는 소리를 통한 표현 등 일정 지역사회 내의 사람들을 결속시키는 기능을 수행한다.

2) 지역사회 기능의 비교척도

지역사회는 지역주민의 건강하고 문화적인 삶을 보장하기 위하여 다양한 기능을 수행하고 있다. 교육, 의료, 정치, 경제, 노동, 문화, 예술, 오락 등은 지역사회에서 이루어지는 다양한 활동으로 지역주민의 삶의 질을 강화하는 중요한 기능이다(김만호, 2015).

지역사회의 특성을 비교할 수 있는 차원의 척도는 여러 가지가 있을 수 있으나, 워렌(Warren, 1963)은 사람들이 지리적으로 근접한 생활을 하게 되면 그들의 생활을 만족시키는 데 필요한 사회구조와 사회적 기능을 발전시킨다고 주장하면서, 지역사회의 기능을 측정하는 기준으로 ① 지역의 자치성, ② 서비스영역의 일치성, ③ 지역에 대한 주민들의 심리적 동일시, ④ 수평적 유형 등 네 가지 차원의 원칙을 제시하였다(김광희, 2015).

(1) 지역의 자치성

지역의 자치성은 지역사회의 제 기능을 수행함에 있어 지역사회 주민들이 타 지역에 어느 정도 의존하는가에 관한 것으로, 즉, 개방체계로서 지역사회는 종적으로나 횡적으로 다른 타 지역과 관계를 맺게 되는데, 타 지역사회를 환경으로 하여 기능유지에 필요한 자원을 공급 받지 않을 수 없다. 예를 들어, 재화를 생산할 수 있는 대규모 공장과 기업이 있는 상공업 중심의 지역사회라고 할지라도 그 지역사회는 자급자족에 필요한 재화를 생산할 수는 없다. 그렇기 때문에 지역사회는 다른 지역으로부터 재화를 받아들이며, 동시에 자체 생산품을 타 지역으로 판매하게 된다. 그 관계 속에서 어느 정도 의존성과 자립성을 가지는가에 대한 척도이다.

(2) 서비스영역의 일치성

서비스영역의 일치성은 지역사회의 상점, 학교, 공공시설, 교회 등의 지역사회조직의 서비스영역이 어느 정도 동일지역 내에서 이루어지고 있는가에 관한 것이다. 예를 들면, 모든 서비스가 일치하여 모든 지역주민이 동일 지역의 제도에 의해 서비스를 공급받게 될 수도 있고, 또한 이와 반대로 활동지역과 서비스가 전혀 공통지역에서 행해지지 않을 수도 있다. 이 척도는 지역사회가 제공하는 서비스에 주민들이 얼마나 쉽게 접근할 수 있는가를 나타낸다.

(3) 지역에 대한 주민들의 심리적 동일시

지역에 대한 주민들의 심리적 동일시는 지역사회 주민들이 자기 지역을 어느 정도로 중요한 준거집단으로 생각하며, 어느 정도 소속감을 갖는가에 관한 것으로 지역에 대한 주민들의 심리적 동일시이다. 중요하게 생각하고 소속감을 가질수록 심리적 동일시는 높은 점수를 가지게 될 것이다.

(4) 수평적 유형

수평적 유형이란 지역사회 내에 있는 상이한 단위조직(개인, 사회조직)들이 구조적으로나 기능적으로 얼마나 강한 관련을 갖고 있는가에 관한 것이다. 지역사회에 따라서는 주민들의 감정, 행동양태, 사회조직들의 상호관련성이 강하게 또는 약하게 부각되기도 하며, 지역적인 특성이 강하게 또는 약하게 부각될 수 있다.

지역사회의 특수한 사례들은 이상의 네 가지 차원을 중심으로 일반화된 비교가 가능하다고 주장하였다.

3) 지역사회의 구분

(1) 던햄의 지역사회 구분

지역사회를 구분하는 방법은 다양하다.

던햄(Dunham, 1970)은 인구 크기, 경제적 기반, 정부의 행정구역, 인구구성의 사회적 특수성 등을 들 수 있다(이태희 외, 2015).

① 인구 크기에 따른 구분

대도시(서울, 부산, 인천, 대전, 대구, 광주, 울산 등), 중·소도시(오산, 강릉, 춘천, 청주 등), 군 지역(평창, 금산, 부여, 곡성 등)과 같은 작은 부락 등의 구분으로 볼 수 있는 지역사회의 형태이다. 이러한 구분은 사회조사(Survey)의 경우 응답자들의 성장지를 파악하는 데 가장 많이 사용되고 있다.

② 경제적 기반에 따른 구분

광산촌(강원도 장성과 태백지역 등), 산촌, 어촌, 관광지, 공업단지, 산업단지 등의 구분으로 볼 수 있다. 이러한 구분은 주민의 경제생활과 사회·문화적 특성을 파악하는 인류학적 조사·연구에서 구분되고 있다.

한국농촌경제연구원(1983)에서는 종래 농촌과 도시의 구분기준에 있어서 대체로 행정단위를 구분의 기준으로 사용하고 있으며, 각각은 나름대로의 특징을 지니고 있는 것으로 간주하고 있다. 현재의 15개 광역시·도 및 시·군·구, 읍·면·동에 이르기까지 행정구역에 따라 지역사회를 구분하는 유형으로 사회에서는 보편화된 양상이다(전해황 외, 2014).

③ 정부의 행정구역에 따른 구분

특별시, 광역시·도, 시·군·구, 읍·면·동 등으로 지역사회를 구분하고 있다. 일반적으로 인구크기가 중요시되지만 정치적 배경에 따라 영향을 받기도 하여 반드시 인구의 크기에 따라 비율적으로 구분되지는 않는다.

김점수, 유기억(1996)은 대도시지역은 농업지구, 관광농업지구, 다목적지구로 구분하였고, 농업지역은 농업유지지구, 관광도시화 진행지구, 축산업적 농업지구, 전형적 농업지구로 나누고 있으며, 관광농업지역은 고랭지 산악지구, 미작 농업지구, 경사지 농업지구, 농림휴양지구, 관광휴양지구 등의 유형으로 구분하고 있다.

④ 인구구성의 사회적 특수성에 따른 구분

도시 저소득층지역, 외국인촌(서울의 이태원동 일대), 장애인 밀집지역, 미국의 할렘가나 차이나타운, 유태인 거주지역 등 지역사회 구성원 대다수의 경제적 · 인종적 특성을 중심으로 지역을 유형화하는 것이다.

(2) 로스의 지역사회 구분

로스(Rose)는 지역사회를 첫째, 지리적인 지역사회(Geographic Community)와 둘째, 기능적인 지역사회(Functional Community)로 구분하였다.

지리적 지역사회는 일정한 지리적 영역 내에 살고 있는 모든 주민을 포함하며 그 공간을 함께 공유하며 공통의 관심사를 가지고 상호작용하는 사람들을 의미한다. 특정한 공간을 중심으로 이루어지는 이 구분은 첫째, 지리적 경계를 가지며, 둘째, 소속된 사람들의 공통의 의식과 가치를 공유하며, 셋째, 사회적인 상호작용이 이루어지는 등 세 가지 차원으로 정의할 수 있다. 이 세 가지 요소를 다 충족하면 지리적 지역사회이며 주로 행정적 의미의 지역사회를 의미한다. 이는 지리적 공간의 크기와 영역, 인구 밀도에 따라 분류된다. 예를 들어 대도시, 중 · 소도시, 읍 지역같이 분류되며 대단위 아파트단지나 노숙인들이 모여 있는 공원도 여기에 포함한다.

둘째로, 기능적 지역사회는 탈장소, 탈공간적 성향을 가지는 지역사회로, 지리적 경계를 제외한 동일한 관심을 가진 주민들로 구성된 공동체이다. 즉, 소속된 사람들이 공동의 연대감을 가지고 그들의 신념을 바탕으로 상호작용을 할 때 기능적 지역사회라고 한다. 이것은 특성, 민족, 생활방식, 복지, 농업, 교육, 종교, 취미활동 등의 영역에서 공동의 관심과 기능을 공유하는 사람들의 집단으로 설명하고 있다. 그러므로 온전한 지역사회는 특수한 지리적 공간을 점유하는 동시에 일상생활에 대한 욕구를 충족시키는 수단에 대한 공통적인 관심을 가져야 하고, 또한 형태와 특성에 있어서 지역사회단위의 사회생활에 영향을 미치는 공통적인 습관, 관심 및 문화의 출현을 가능하게 해주어야 함을 알 수 있다.

기능적 지역사회의 예시로 사회복지사협회, 사회복지학계, 환경운동단체, 불교모임회, 직장 노동조합 등 비슷한 문화, 종교, 직업, 취미 등을 공유하고 일정한 소속감을 보이는 집단을 들 수 있다.

따라서, 지역사회 개념은 이러한 지리적 지역사회(Geographic Community)와 기능적 지역사회(Functional Community)의 의미를 가지며, 일정한 지리적 범위 내의 사람들이 공동의 이해관계나 소속감을 가지고 상호작용하고 있는 집단의 단위라 정의할 수 있다.

(3) 린데만의 지역사회 구분

사회복지의 목적에 부합하는 지역사회의 구분으로서, 미국 사회사업학자 에드워드 린데만(Lindeman)이 11개 지역사회 종류를 아래와 같이 제시하였다(최일섭, 이현주, 2007).

① 50만 명 이상의 인구를 지닌 대도시 지역 - 일반적으로 산업, 상업, 문화의 중심이다.
② 산업지역 - 어떤 지역은 다양한 산업을 갖기도 하고, 어떤 지역은 광업, 목재, 제철, 자동차 공업 같은 한 산업에 집중하기도 한다.
③ 상업지역 - 중심상업지는 거의 모든 경기를 주도하고 고도의 산업집적화가 일어난다.
④ 정부행정중심지역 - 정부의 행정관서가 집중해 있는 연방과 주, 지방정부의 수도
⑤ 교육중심지역 - 대학교, 연수원, 기타 학교시설이 중심인 지역사회
⑥ 기관 및 시설중심지역 - 주민의 생활중심이 병원, 메디컬 센터, 보건소 등과 같은 하나의 기관 혹은 그 이상의 기관을 통해 영위되는 지역사회이며, 대부분의 경우 시설 자체가 한 도시 내에 지역사회를 형성한다.
⑦ 교외지역 - 도시 근교에 있는 거주 지역으로서 일반적으로 많은 주민들이 도시로 통근을 한다.
⑧ 유락지역 - 해변이나 산간의 유락시설, 스키, 사냥, 낚시 등의 지역과 국립공원이나 자연명소가 인접한 지역사회
⑨ 농업중심지역 - 농산물이 거래되고 농촌주민의 사교가 이루어지는 지역
⑩ 일반고객을 유치할 목적으로 형성된 지역사회 - 이러한 지역에는 교회, 백화점, 주유소, 학교 등의 시설들이 합해져서 형성됨
⑪ 이념중심 지역사회 - 종교, 이데올로기, 예술에 뜻을 같이 하는 사람들에 의해서 의

도적, 협력적으로 형성되며, 지역사회의 예로서는 케이커교, 메노나이트교, 몰몬교 같은 종교적인 지역과 협동농장 등을 들 수 있다.

4. 지역사회를 바라보는 관점

지역사회를 바라보는 관점은 대체로 기능주의, 갈등론적 접근으로 가능하다. 기능주의는 일반적으로 사회가 여러 부분으로 구성되어 있고 각 부분은 합의된 가치와 규범에 따라 변화되며 균형 또는 안정을 강조한다. 지역사회를 어떠한 관점에서 이해하고 고찰할 것인가는 분석시각에 따라 큰 차이를 보이기 때문에 중요한 의미를 지니고 있다(최일섭, 이현주, 2007).

1) 기능주의적 관점

기능주의적 관점을 다음과 같이 정리 할 수 있다.

첫째, 지역사회를 하나의 사회체계로 간주하고 있다. 지역사회 수준에서 발견되는 독특한 제도적 체계의 수는 사회에 따라 달라지지만, 중요한 제도적 체계들은 정부, 경제, 사회, 종교, 가족 등과 같은 하위체계들이다.

둘째, 하위체계내의 성원들 간에, 하위체계들 간에 상호관련성이 있으며, 각각의 하위체계들은 다양한 사회적, 결사체적 집단으로 구성되어 있다.

셋째, 지역사회를 포함한 모든 사회체계는 균형 상태를 향해서 움직이는 경향이 있다. 이는 체계 내의 한 구성요소의 변동은 다른 구성요소의 변동을 자극한다는 것을 의미한다. 그 결과 한 사회체계의 다양한 부분들 간에는 조절, 조정, 총합이 이루어지면서 균형 상태를 유지한다는 것이다.

넷째, 하위체계들 간에 상호관련성이 있지만 이들 역시 각각의 분리된 실체를 이루고 있다. 모든 사회체계의 구성원들은 의식적으로든 무의식적으로든 다양한 경제유지활동에 종사하게 된다. 그 결과 사회체계는 심리적 · 사회적 · 지리적 경계를 가지게 된다.

기능주의 관점은 지역사회의 유지와 균형에 주로 관심을 가지고 있기 때문에 지역사회의 변화나 자원, 갈등을 설명하는 데 다소 취약하다. 왜냐하면 지역사회를 하나의 사회체계로 파악하고, 각 하위체계들 간의 조절과 조정, 통합이 이루어진다고 파악하지만, 실제로 체계단위들 간에는 상당한 갈등이 존재할 수 있기 때문이다.

2) 갈등주의적 관점

갈등주의적 관점은 기능주의적 관점이 지역사회의 질서와 안정을 유지하고 있는 것을 강조할 뿐 지역사회의 갈등이 존재한다는 점을 등한시 한다는 비판과 함께 대안으로 발전되었다. 갈등 이론은 여러 분파가 있지만 기본적으로 갈등이라는 현상을 사회적 과정의 본질로 보고 사회적 현상들이 표면화 된다는 가정을 공유한다. 갈등주의 관점에서 보면 지역사회 내의 구성원들이 경제적 자원, 권력, 권위 등의 불평등한 배분관계에 의해 갈등이 발생하고 이러한 갈등관계를 통해 지역사회 변동을 초래한다고 주장했다.

갈등에 대해 콜먼(Colemen)은 다음과 같이 설명하고 있다.

① 지역사회의 갈등은 경제적 문제로 인한 갈등, 권력이나 권위로 인한 갈등, 문화적 가치와 신념차이로 인한 갈등이 있다.

② 지역사회 갈등의 역동성 측면에서 보면 쓰레기 수거문제와 같은 주민과 정부 간의 특정 쟁점에서 일반적인 쟁점으로 변화될 수 있다.

③ 지역사회 구조에 대한 갈등은 지역사회에 존재하는 사회조직 간에 변동을 일으킨다.

④ 영향력 있는 지역사회 지도자들과 조직들은 갈등에 많은 영향을 미칠 수 있다.

이상에서 살펴본 바와 같이 갈등주의적 관점에서 볼 경우 지역사회나 주민 욕구를 해결하기 위해 지역사회 갈등의 주요 소재인 권력, 경제적 자원, 권위 등의 재분배를 요구하게 되고 이러한 결과가 사회행동으로 표출된다는 점을 강조하고 있다.

주요내용

'지역사회'라는 용어의 어원은 community로 번역하고 있는데, 학자, 법률가, 행정가, 정치인, 전문가 등에 따라 매우 다양하게 사용하게 사용되고 있다. '지역사회'라는 용어의 학문적인 개념의 근원이 되는 커뮤니티(community)는 지역사회로 번역되기도 하고, 때로는 공동체로 번역되기도 한다.

지역사회의 개념은 우선 사회변화와 함께 역사성을 갖고 변화하여 왔다는 사실에 주목할 필요가 있다. 또한 지역사회라는 개념은 우호적이고 따뜻한 느낌을 가진 용어로서 부정적으로 사용되거나 적극적인 반대를 초래한 적이 없는 개념이다.

지역사회의 개념은 대체로 지리적인 경계를 기준으로 언급되는데, 다소 모호하고 가변적인 특성을 지니고 있다. 우선 지역사회라고 정의할 수 있는 지역적 범위를 어떻게 규정할 수 있는가의 문제가 제기되기도 한다.

CHAPTER 02 지역사회복지의 이해

학/습/목/표

1. 지역사회복지의 개념과 목적을 이해한다.
2. 지역사회복지의 의의와 가치에 대해 설명할 수 있다.
3. 지역사회복지의 특성과 필요성을 이해한다.
4. 지역사회복지, 지역사회복지실천의 개념을 구분하여 이해한다.
5. 지역사회복지의 구성체계를 살펴본다.

1. 지역사회복지의 개념

1) 지역사회복지의 개념과 등장배경

(1) 지역사회복지의 개념

지역사회복지(Community Welfare)라 함은 지리적으로 행정적 분할에 의해서 일정한 지역 안에 성립되어지는 지역사회생활공동체(地域事會生活共同體)이다. 또한 다양한 지역사회의 문제들을 찾아내어 그 문제를 해결함으로써 지역사회의 발전을 향상시키고 지역사회사업(Community Social Work)을 발굴하여 지역사회복지 제도에 맞도록 함이며 이러한 부분들은 협의적 개념과 광의적 개념으로 구분할 수 있다.

협의의 개념은 생활시설이 아닌 곳에서 서비스 대상자에게 각종 사회복지서비스를 제공하는 것으로 시설보호와는 다른 개념이다.

광의의 개념은 지역사회의 복지 향상을 위한 포괄적인 제도적 개념이다. 전문 또는 비전문 인력이 지역사회 수준에 개입하여 지역사회에 존재하는 각종 제도에 영향을 주고 지역사회의 문제를 예방하고 해결하고자 하는 일체의 사회적 노력이다(김수정, 이순배, 2016).

우리나라의 경우 지금까지 지역사회복지라는 용어 대신에 미국 사회사업의 영향으로 지역사회조직 원리와 방법에 익숙해 있었으며 지역사회개발의 일환으로 시작된 새마을운동에 친숙해 있었다. 그러다가 지역사회 주민에게 직접적으로 제공하는 서비스에 중점을 둔 일본의 지역사회복지 개념이 소개되면서 부분적으로 사용하고 있다(원석조, 1987, 재인용).

그러다가 1980년대에 들어오면서 사회복지의 3대 방법론으로 분류되던 『지역사회조직론』이라는 교과목이 『지역사회복지론』이라는 교과목으로 대부분의 대학에서 변경하여 사용하고 있다. 최근에 지역사회복지란 용어는 지역복지란 용어와 동일 개념으로 혼용되고 있다. 지방자치제의 실시와 함께 지역사회복지는 더욱 부각될 전망이다.

지역사회복지 개념의 변천과정에 나타난 것처럼 지역사회복지의 핵심은 지역사회조직이라고 할 수 있다. 이러한 맥락에서 우선 지역사회조직에 대한 정의를 살펴보는 것이 중요하다. 지역사회조직은 전통적인 방법론인 개별사회사업, 집단사회사업과 더불어 전문적인 사회복지의 한 방법으로서 중요한 위치를 차지하고 있다. 이는 사회복지기관의 사회복지사에 의해서라기보다는 조직적이고 의도적 · 계획적이며, 과학적인 지식과 기술을 이용하여 전개하는 포괄적인 방법이다. 지역사회조직은 전문 사회복지의 한 방법으로서 지역사회를 구성하는 개인, 집단, 조직, 이웃 등의 사회적 복리를 바람직한 방향으로 향상시키기 위해 지역사회 수준에서 전개하는 일련의 활동인 것이다. 이러한 정의는 1920년대 초부터 전문가에 의해 제시되고 있다.

요컨대, 지역사회조직은 지역주민들의 당면한 문제와 욕구를 민주적으로 다루고자 하는 주민들의 자발적인 참여와 의식의 변화이며, 지역사회 내의 사회복지기관과 전문가에게 최상의 서비스를 제공하고 연결하는 의식적인 노력인 것이다(양정하 외, 2008).

지역사회복지(Community Welfare)는 더불어 살기 좋은 이상적인 지역사회를 실현하는 것을 목표로 하여 지역사회 자체를 변화시키거나 지역사회 내에서 구성원들의 복지를 위해 전문적 개입방법을 사용하여 지역주민들의 삶의 질을 향상시킬 수 있도록 스스로 변화하게 도와주는 것이다. 이러한 부분은 지역사회복지가 다양한 변화와 사회적 흐름에 따라서 그 지역사회의 정치, 사회, 경제, 문화를 통하여 지역사회복지의 발전 근거를 마련해 주고 있다.

지역사회복지의 의미는 '지역사회사업(Community Social Work)' 또는 '지역사회 지향적인 사회사업(Community-Oriented Social Work)' 등의 광의적 개념으로 설명할 수 있으며 개별적인 보호서비스와 지역사회개발의 양자를 통합하는 실천영역이라 할 수 있다. 지역사회복지는 '지역사회'와 '사회보호'의 결합적 의미로 다음과 같은 속성을 포함한다(김윤재 외, 2010).

첫째, 지역성과 기능성을 포함하는 일정한 지역 내에서 이루어진다.
둘째, 지역주민의 삶의 질 향상이라는 목표를 가지고 있다.
셋째, 지역사회의 문제를 해결하고 주민의 복지욕구를 충족시키는 기능에 있다.
넷째, 정부와 민간의 협력이 강화되는 추세로 발전하고 있다.
다섯째, 조직적인 활동을 강조하는 전문적인 서비스와 방법을 사용한다.

(2) 지역사회복지의 등장배경

지역사회복지의 등장배경은 생활생계형가족(저소득층)과 생활생계유지 및 변화형가족(중산층), 생활문화부유형가족(부유층) 등의 가족유형의 변화가 핵가족이라는 이름 아래 지역사회의 발달과 함께 클라이언트(Client)가 소속되어 있는 지역사회의 비중이 증가함에 따라서 가족과 함께 지역사회라는 공동체가 부담하여야 할 복지 분야에서의 사회적, 경제적 부담을 감당해야 하는 복지의 기능과 함께 지역사회복지는 더욱 더 필수적인 사회적 이슈로 등장하게 되는 요소가 되었다.

① 글로벌화, 지방화 시대로 진행

21세기에 접어들면서 세계적인 추세는 크게는 글로벌화와 작게는 지방화 시대로 진행되면서 한정된 지역에서의 사회적 구속 또는 통제, 교육, 경제시장의 흐름 등이 농경사회

중심과 한국 전통의 문화와 공동사회가 해체되었고, 개인주의 중심의 개인 또는 특수계층, 단체의 이익을 창출하게 되는 사회형성으로 진행되고 있다.

② 사회 인구학적 변화와 가족규모의 변화 시대로 진행

지역사회에서의 클라이언트(Client)가 장애인의 유형에서는 발달장애, 지적장애, 조현병 등이 선천적 발생보다는 후천적 발생 빈도가 증가되었고, 노인성질환으로 인한 치매(알츠하이머), 뇌혈관계 질환 등 다양한 유형의 사회적 문제가 증가, 발생함에 따라 한부모가족, 맞벌이가족, 분거가족, 노인가정, 혼합가족(Blended Family), 입양가족(Adoptive Family), 위탁가족(Foster Family) 등 의료 사회적 문제를 가진 요보호 클라이언트(Client)가 증가함에 따라서 한 기관에서의 편중된 서비스 차원에서 다양한 지역사회복지가 통합적으로 진행되고 있다.

③ 사회복지체계의 변화 시대로 진행

사회복지체계가 시설 중심에서 재가 및 지역사회 중심으로, 공급자 중심에서 수요자 중심으로 변화되고, 시대 변화에 따라 시설의 개방화와 탈시설화(Deinstitutionalization)가 나타났다. 시설의 개방화(시설 사회화)는 사회복지시설 이용자의 인권보호 및 생활구조의 옹호라는 공공성 관점에서 시설 내의 서비스 내용을 증진시키는 것을 의미한다(조추용 외, 2009, 재인용).

탈시설화(Deinstitutionalization)는 1970년대 미국에서 사회복지시설이 지역사회와의 격리수용에 의한 시설병 등의 부작용에 반발하여 등장하였다. 여기서 시설병은 입소시설이나 병원 등에서 장기적으로 여러 사람들과 집단생활을 하면서 사회적응이 약화되는 부정적 요소를 의미한다(이양훈 외, 2008, 재인용).

또한 기존의 사회복지서비스는 주로 시설보호와 사회 치료적 형태를 취함으로써 그 효과성과 효율성에 한계를 보였고, 요보호 대상자의 증가와 욕구의 다양화로 인하여 새로운 형태의 재가복지 중심의 지역사회복지 서비스로 진행되고 있다(김현호 외, 2016).

2. 지역사회복지의 목적

지역사회복지의 궁극적인 목적은 지역주민들의 자발적인 조직화와 지역주민들의 의식적 변화를 통해서 지역사회의 조직과 구성원들의 발전을 도모하여 지역사회복지의 안녕을 유지시키므로 지역사회의 모든 노력들을 통해서 인구 사회적 문제와 욕구들을 해결하는 것이다. 그리고 지역사회주민들의 의식적 변화와 자발적 조직화를 통해서 지역사회를 통합하여 그들의 지역사회복지를 향상시키는 데 있다(박용순, 2006, 재인용). 이러한 지역사회복지의 목적을 지속적으로 지향하고 추진 발전해 나가는 것이 지역사회 구성원과 조직들이 바라는 이상적 지역사회(Ideal Community)를 추구한 것이다.

또한 이상적인 지역사회란 어떤 상태의 지역사회를 의미하는 것인지를 분명히 하여야만 이를 위한 노력이 의미를 갖게 될 것이다. 사회복지분야의 사상가인 린데만(Lindeman)은 그의 고전적 저서『지역사회』에서 이상적인 지역사회는 그 주민들에게 다음의 아홉 가지 조건을 제공하여야 한다고 주장하였다(Lindeman, 1921, 재인용).

① 지역사회는 효율적인 정부라는 매개체를 통해 질서 즉, 생명과 재산의 안전을 도모해야 한다.
② 지역사회는 효율적인 생산적인 체제를 통해서 경제적 안녕 즉, 소득을 보장해주어야 한다.
③ 지역사회는 공공의 보건기관을 통해서 육체적인 안녕(Physical Well-Being), 즉 보건과 위생을 보장해야 한다.
④ 지역사회는 조직적이고도 잘 마련된 놀이를 통해서 여가를 건설적으로 활용하게 하여야 한다.
⑤ 조직화된 지역사회에 의해 지지를 받을 수 있는 윤리적 기준(Ethical Standards) 즉, 도덕체계를 제공하여야 한다.
⑥ 지역사회는 모든 사람이 쉽사리 접근할 수 있는 공간기관을 통해서 지식의 보급(Intellectual Diffusion) 즉, 교육을 제공하여야 한다.

⑦ 지역사회는 자유스럽게 지역주민들의 의사를 표현할 수 있는 수단의 공간으로 제공해야 한다.
⑧ 지역사회는 모든 주민이 자기들의 의사가 표현되고 반영된다고 느낄 수 있는 민주적 형태의 조직을 제공해야 한다.
⑨ 지역사회는 신앙적 동기를 제공해야 한다.

3. 지역사회복지의 이념

지역사회복지의 이념은 다음과 같이 정상화, 주민참여, 네트워크, 통합화, 탈시설화, 사회화로 구분하여 제시하고자 한다.

1) 정상화

정상화는 사회적 약자인 중증 장애인 및 장애인, 학교 안팎의 어려움에 처한 아동·청소년, 빈곤에 처한 노약자 및 임신부, 가정 학대를 받는 이주여성 등 기존의 사회복지 사각지대의 처우 개선에 대한 반성에서 나타난 것이다. 모든 사회적 약자가 일반 시민과 동등한 생활조건으로 지역사회 내에서 생활할 수 있는 양식, 환경, 사회복지서비스를 제공하는 사회를 실현해 가는 것을 목표로 지역사회 안에서 함께 정상화하는 것을 지향한다.

2) 주민참여

지역사회복지에서의 주민참여는 하나의 목표이고 과제이며 주민협력을 얻어내는 핵심적인 수단이다.

지역주민의 욕구와 이에 근거한 자원의 연계를 보충해 줄 수 있는 인간사회복지 활동이 필요하고, 이를 위해서는 주민의 투철한 시민의식에 의한 적극적인 참여가 전제되어야 한다(박태영, 2003, 재인용).

3) 네트워크

네트워크는 지역사회복지에서의 인적, 물적, 행정, 경제, 사회, 문화, 교육, 환경, 복지, 자원, 교통 등을 묶어 주는 유기체적 연결망의 역할이다.

4) 통합화

정상화의 이념을 달성하기 위한 중요한 원칙으로서는 장애인이나 노인과 같은 사회적 약자들이 지역사회의 보호대상자들로서 각자 자신들이 성장할 수 있도록 지역사회에서 가능한 지역사회의 주민들과 함께 생활하고 각자의 권리를 찾을 수 있어야 한다는 것을 원칙으로 하는 것이다.

5) 탈 시설화

탈 시설화란 사회복지기관의 생활시설들을 폐지한다는 것을 의미하는 것이 아니라 생활시설의 운영과 형태를 소규모로 하여 다양한 형태로 변화를 주어 내 집과 같은 분위기를 만들어내는 것을 말한다.

6) 사회화

통합화 이념을 달성하기 위해서는 사회적 약자가 지역사회에서 멸시 당하지 않고, 각자의 다양한 특성들을 발휘하고 지역사회에서 적응하고, 지역사회의 자원들을 활용함으로서 지역사회의 한 일원이 되어가는 것을 말한다.

4. 지역사회복지의 필요성

지역사회복지의 필요성은 기존의 전통사회에서 농경화 사회, 공업화 시대, 현대산업화 사회로 접어들면서 다양하고 복잡한 지역사회문제들이 발생과 함께 증가되었다. 산업재해, 각종오염과 공해, 총체적 실업대란, 노사분규, 대형사고, 다양한 신종질병, 아동·청소년문제, 이혼율의 증가, 노인과 빈곤, 이주여성, 탈북자의 증가와 같은 다양한 정치, 사회, 경제, 문화 측면에서 농경사회와 산업화 이전의 사회에서 찾아볼 수 없었던 지역사회문제가 대두되었다. 이와 같은 다양한 지역사회문제가 사회적 이슈가 되면서 사회적 위험요소로부터 탈피와 함께 안정된 지역사회로 가기 위해서 다양한 사회적 욕구가 발생하게 되었고, 이러한 부분에서는 두 가지의 중요한 지역사회복지의 의미를 가지게 된다.

첫째, 지역사회의 문제와 위험요소들의 해결방법이 사회적이며 또는 공통적으로 해결되어야 한다는 의미이다.

둘째, 지역사회의 문제와 위험요소들의 해결방법이 개인주의 또는 이윤 추구의 방향으로 흘러가서는 안 된다는 의미이다.

이러한 측면에서 지역사회 문제가 각자의 개인적인 역량으로는 부족하기에 지역사회복지라는 영역이 더욱 더 힘을 받게 되면서 개인의 문제, 지역사회의 문제들을 지역사회에서 해결해야 하는 지역사회복지의 필요성이 다음과 같이 등장하게 된 것이다.

1) 외부의 전문적 도움의 필요성

우리나라에서 다양한 사회문제로 인해 고통과 어려움 속에 살고 있는 사람들이 많다. 건강이 좋지 않거나, 경제적인 곤란을 겪고 있는 사람, 가족과의 불화 또는 부부 간의 갈등에 처해 있는 사람, 주변 사람들과의 환경문제로 어려움을 겪는 사람, 아동·청소년 문제로 겪고 있는 사람, 고령화로 인한 가정 내부의 문제 등 이와 같은 문제로 인해 개인의 기능이나 욕구충족이 해결되지 않으면 개별적인 기능이나 사회적 관계, 환경적 조건 등의 변화를 위해서는 외부의 전문적 도움의 필요성이 강조 된다.

2) 사회구조와 주변 환경의 변화에 대한 관심의 필요성

지역사회복지는 다양한 문제들을 겪고 있는 개인이나 가족, 집단 또는 지역사회의 기능에 관계되는 적응력을 높이기 위해 도움을 주는 동시에 문제의 원인을 제공하거나 지속시키는 사회구조와 주변 환경의 변화에 대한 관심의 필요성이 강조된다.

3) 생활 재생산의 필요성

산업화 사회의 발전에 따라 지역사회의 다양한 기능적인 공백을 보충하게 되는데, 각 개인의 권익과 인권보장을 위하여 사적인 재화로 충분히 지원할 수 없는 곳에서는 의료적인 부분과 정서 및 심리적인 부분을 제휴하여 지역사회복지 모델 등을 접목시키기 위해서는 생활 재생산의 필요성이 강조된다.

4) 공적인 공급의 필요성

지역사회의 변동에 의해서 가족의 기능이 약화되고 변화함으로써 육아 · 노인보호 · 부양 등의 지역사회의 기능저하가 일어났기 때문에 가족기능의 대체와 보완의 서비스가 요구되었다. 공적 부조의 경우는 생존권 보장으로 정부에 의한 공적인 공급이 필요하였다.

아동보호시설이나 아동상담소, 아동자립지원시설 등 민간부분에서는 자력적인 운영상에 어려움이 부딪히면서 해결되지 않는 서비스는 인간다운 삶의 생활에 대한 인권보장상의 배려로부터 긴급지원 조치제도나 운영비, 보조금 등의 공적인 공급의 투입 필요성이 강조된다.

5) 공적인 원조의 필요성

지역사회복지에서는 공적으로 사회복지를 저소득 가족에게 서비스를 이용하기 쉽게 하여 생활을 보장하고자 하는 데 인정된다. 중증장애인이나 고도의 노인보호를 필요로 하는 노인의 보호, 아동 · 청소년의 일탈 내 · 외부의 보호 등도 사적인 서비스로서 민간으로 제공 가능한 것이지만, 이러한 것들도 저소득의 개인이나 가족의 부담 능력으로는 해결이 어려움으로 가족이 통상의 생활을 계속하기 위해서는 공적인 원조의 필요성이 강조된다.

5. 지역사회복지의 중요성

현대사회는 전 세계가 하나 되는 글로벌화, 지역 간의 빈부의 격차의 심화, 가족 구조의 변화로 인한 가족 간의 갈등, 노령화, 아동 · 청소년의 문제, 실업의 심각성, 지방자치제 등으로 인해 지역사회복지의 중요성은 더욱 더 강조되어지고 있다.

지역사회복지를 현실에 맞게 실천하기 위해서는 다양한 욕구와 문제들을 해결하기 위해 사회복지를 평등화, 소득재분배화, 인간의 존엄화 등의 가치를 구현하고 사회적 안녕을 유지하여야 한다.

지역사회복지를 통해서 지역사회의 노동생산성 향상과 지역사회의 경제안정이 이루어져야 하며, 다양한 지역사회복지를 통해서 현대사회의 지역사회문제에 대응할 수 있도록 해야 한다. 지역사회복지에서 제공하는 재화와 다양한 서비스는 국가가 제공하는 것이 효율적일 수 있으며, 지역사회복지 정책과 행정 또한 지역사회에 맞는 외부효과를 많이 만들어내는 것인데, 이를 지역사회의 민간에게만 맡겨둔다면 지역사회에 맞지 않는 수준으로 발전될 것이다.

지역사회복지 정책과 행정에 관련된 재화 예컨대, 사회보험, 의료서비스, 가사서비스, 공공부조 등은 정보수집에 비용이 많이 들고 정보와 서비스가 전문적이어야 하는데 선택이 잘못됐을 때 발생하는 손실이 크다. 이런 재화의 경우는 국가나 지방정부가 그에 대한 정보를 더 많이 가지고 있을 경우가 높다.

대규모의 경제가 이루어지고 있는 상황에서는 소규모의 경제주체는 대규모의 경제주체에 밀려서 경제활동을 지배당할 가능성이 크다. 대중교육, 공공주택, 사회보험, 공공부조 등의 재화는 그런 성격을 가지고 있다.

지역사회복지에서 최저 삶의 기준 수준의 설정은 기본적인 욕구를 최소한의 수준으로 그 지역사회의 여러 상황에 알맞게 맞추어서 서비스를 지원 및 공급해주려는 시 · 도에서 나온 것들이다. 그리하여 지역사회복지 차원에서의 기본욕구라는 말에는 인간이면 누구나 최저수준 이하로 떨어져서 기본생활을 해서는 안 된다는 일종의 규범적 선언이 포함되어 있다고 보아야 한다. 인간의 행복이란 이러한 기본생활과 기본적인 욕구들을 충족해 주게 되는데 지역사회복지 차원에서 이를 충족해 줄 수 있기에 매우 중요하다고 할 수 있다.

6. 지역사회복지의 특성

지역사회복지의 그 특성은 예방성, 종합성, 전체성, 연대성 · 공동성, 지역성으로 나누어서 다음과 같이 구분한다(김윤재 외, 2010).

1) 예방성

지역사회내의 사회복지 욕구나 해결되지 못한 생활문제를 주민참가라는 구조를 통해 이를 조기에 발견하여 대응할 수 있으므로 예방적 효과를 거둘 수 있다는 것을 의미한다.

2) 종합성

지역사회복지 서비스의 제공은 서비스 공급자 측면에서 종합성을 가지면서, 서비스 제공기관 간의 연락 · 조정 · 협의 등 네트워크 구축과 이의 실질적인 운용을 통하여 종합성을 확보할 수 있을 것이다.

3) 전체성

지역사회복지에서 서비스 이용자 측면에서는 주민생활에 밀접하게 관련을 맺고 있는 다양한 분야를 주민들이 연대를 형성하고 공동의 행동을 통하여 해결하는 특성을 가지고 있다.

4) 연대성 · 공동성

주민 개인의 사적활동으로는 해결이 곤란한 생활상의 과제를 주민들이 연대를 형성하고 공동의 행동을 통하여 해결하는 특성을 가지고 있다.

5) 지역성

주민의 기초적인 생활권역을 구분하는 기준은 다양하다. 물리적인 거리뿐만 아니라 심리적인 거리까지 포함하여 지역성을 파악해야 한다.

7. 지역사회복지실천의 가치와 윤리

지역사회복지는 사회복지 서비스 대상자인 클라이언트(Client)를 의존적인 지역사회 내에서의 약자로 유지시키는 것이 아니라, 지역사회 내에 주체자 혹은 동반자로서 인식을 전환하여 지역사회 조직내에서의 다양한 욕구와 다양한 문제를 찾아내어서 해결해 줌으로써 지역사회 내에서 스스로 극복해 나가도록 지원하고 사회복지 서비스 대상자인 클라이언트(Client) 스스로가 주체적인 지역사회 내에서의 참여를 통해 역량을 강화하도록 하는 것이다.

또한 웨이스(Robert Weiss)는 보호제공에 관한 이론에서 서로 다른 사회적 관계에 따라 보호의 형태도 달라진다고 강조하였다. 그에 의하면, 사회적 역할보다는 정서적이고, 인지적인 욕구에 초점을 두고 사회적 관계를 구분하고, 사회적 관계는 다음과 같이 다양한 형태의 비공식 보호를 제공한다고 한다.

〈표 2-1〉을 살펴보면 사회적 관계와 비공식 보호의 형태와의 결합을 나타내고 있다. 물리적 보살핌, 물질적 원조, 심리적 지원, 일반적 관심과 같은 보호의 형태는 전통사회에서 배우자나 가족과 친지의 역할이었다. 그러나 현대사회에서는 가족이나 공동체 기능의 한계로 지역사회복지가 그 자리를 대체하는 보호 역할 수단으로 필요하다는 것이다(이양훈 외, 2010).

〈표 2-1〉 사회적 관계와 비공식 보호의 형태

구 분	애정적 유착	사회통합	부양의 기대	가치의 확인	신뢰성 있는 원조	조언
물리적 보살핌	배우자 또는 동거자		딸 또는 어머니		혈연	
물리적 원조	배우자 또는 동거자	혈연	어머니, 자매		혈연, 이웃	
심리적 지원	배우자 또는 동거자	친구		친구, 직장 동료, 핵가족	혈연, 이웃	
일반적 관심					혈연, 이웃	성직자, 의사

출처: Martin Bulmer(1987). The Social Basis of Community Care, Unwin Hyman, p.147; 오정수, 류진석 공저, 2006, 재인용.

1) 지역사회복지실천의 가치

가치란 선하면서도 바람직한 옳은 행동들을 선택하게 되는 지침 혹은 기준을 의미하는 것이다. 지역사회복지의 가치를 사회적 관계와 보호 형태로서의 가치, 보호 제공동기로서의 가치, 지역사회복지실천을 위한 기본가치로 구분하여 설명하면 다음과 같다(오정수 외 2014, 재인용).

(1) 사회적 관계와 보호 형태로서의 가치

① 애정적 유착과 친밀성

안정감과 편안함을 느낄 수 있는 관계에서 얻는다. 부부관계에서나 기타 지속적인 이성관계에서 이루어지며, 모성이나 자매관계 등을 통해서 발견된다.

② 사회통합

유사한 목적을 추구하거나 동일한 상황에 처해져 있는 사람들이 자신들의 경험과 정보, 생각으로 나누는 관계에서 이루어지며, 친구나 직장동료, 자조집단에 의해 제공된다.

③ 부양에 대한 기대

자녀를 부양하는 부모에게 발견되며, 노인인 부모를 돌보는 성인자녀가 미래의 부양에 대한 기대로 형성된다.

④ 가치의 확인

일정한 사회적 보호제공의 역할에 있어서 개인의 능력을 입증하는 관계에 의하여 제공되어야 된다.

⑤ 신뢰성 있는 원조

긴밀한 혈연관계에 의해서 가능하다. 친구나 이웃에서도 나타나 원조의 근원이 될 수 있다.

⑥ 조언

사회복지사, 의사, 상담사, 교사, 성직자 등 존경받는 타인과의 관계에서 나온다.

(2) 보호 제공동기로서의 가치

지역사회복지에서 보호 제공동기로서의 가치는 이타주의, 자선, 전통, 의무, 상호성으로 다음과 같이 제시한다.

① 이타주의

이타주의(Altruism)는 인간행위의 원리로 타인에 대한 배려를 의미하는데, 증여나 선물 등의 행위는 일방적 거래로서 경제적 행위의 쌍방적 거래와는 구분된다.

② 자선

자선(Beneficence)은 도덕적 권위와 의무감을 말하며, 상위계층이나 중상위계층의 사람들에 의해서 이루어지는 기부행위나 원조는 사회적 위치에 따른 책임감으로부터 나온다.

③ 전통

전통(Tradition)은 오랜 기간의 관습으로부터 전해오는 행동에 기초하고 있으며, 노년의 부부가 서로 보살피는 모습에서 발견된다.

④ 의무

의무(Obligation)는 전통과는 구별되면서 약간의 유사성이 있고 자선과도 관련이 있고, 혈연관계의 유대와 이웃관계의 유대가 구별되는 것은 의무로 설명할 수 있다. 혈연관계의 유대는 출생과 함께 시작하여 지속되는 것으로 본다.

⑤ 상호성

상호성(Reciprocity)은 사회적 보호를 제공하는 인간의 행위를 설명하는 가장 일반적인 해석이다. 경제적 시장과는 다른 가치에 의해 지배된다.

(3) 지역사회복지실천을 위한 기본가치

① 다양성과 문화에 대한 이해

소외된 문화적 집단구성원을 위한 정책결정과정에 대한 지원과 참여에 대한 동등한 접근을 촉진시키기 위한 행동을 필요로 한다.

② 자기결정권과 역량강화

사회복지사가 힘을 가지는 것이 중요한 것이 아니라 지역주민이 스스로 문제를 해결할 수 있는 힘을 강화시켜줌으로써 궁극적으로 그들 스스로 힘을 가져야 한다는 것이다.

③ 비판적 의식의 발전

사회복지사가 개개인 또는 집단과 상호 행동하는 것이고, 그 결과 개개인이나 집단도 비판적으로 인식을 발전시키게 되어 지역에 개입하여 변화시킨다.

④ 상호학습

사회복지사가 실천과정에서 그들 자신이 가진 가치와 신념, 행동과 풍습만 강조할 것이 아니라 지역주민이나 지역사회 후원자로부터 문화적 배경에 대한 지식을 얻는 활동적 학습자가 되어야 한다.

2) 지역사회복지실천의 윤리

가치는 좋은지, 바람직한지 함에 그 의미를 두는 것이라면, 윤리란 무엇이 옳고, 바른지에 대해서 의미를 두는 것이라 하겠다.

지역사회복지실천의 윤리에 있어서 윤리와 가치의 강조는 곧 지역주민이나 집단성원들의 조직과 복지의식의 성장에서 나타나게 된다. 어떠한 직업도 직업적 윤리를 바탕으로 하지 않는 직업은 없으며, 지역사회복지실천에서도 직업적 윤리의 바탕인 사회복지가치와 그 실천윤리강령이 강조되어야 한다(김치영 외, 2009, 재인용).

(1) 사회복지사의 윤리강령과 사회복지 가치

사회복지사는 인본주의, 평등주의 사상에 근거하여 모든 인간의 존엄성과 가치를 존중하고, 천부의 자유권과 생존권의 보장활동에 헌신해야 한다. 특히 사회적 · 경제적 약자들 편에 서서 사회정의와 평등, 자유, 민주주의 가치를 실현하는 데 앞장선다. 사회복지사 윤리강령 전문에 나와 있다(보건복지부, 2015a, 재인용).

(2) 지역사회복지실천의 자유

지역사회복지 분야에서 사회책임적 치유는 사람과 사람 간의, 사람과 집단의 또는 집단과 집단 간의 착취를 용인하지 않지만, 개인적 이익보다는 집단적 이익 또는 공공의 이익을 강조함으로써 사회적 만족을 증진시킨다(김수정, 이순배, 2016).

(3) 지역사회복지실천의 평등

지역사회복지실천의 분야에서 윤리적으로 제일 중요시 되어야 하는 부분이고, 평등은 지역사회에서 차별과 멸시가 없는 사회를 밑바탕에 두는 것으로 한다.

(4) 지역사회복지실천의 평화

지역사회복지실천의 분야에서 평화는 지역주민과 지역사회, 행정과 정책이 함께 하면서 각자의 위치에서 각자의 맡은 업무를 수행함으로서 지역사회의 균형을 유지하는 것에 둔다.

(5) 지역사회복지실천의 사회정의

지역사회복지실천의 분야에서 사회정의는 서로를 존중하면서 지역사회조직 및 구성원들이 살기 좋은 삶을 유지하고 지역사회가 서로 공존하면서 지역사회복지실천이 차별 없이 유지되는 사회로 보는 것이다.

(6) 지역사회복지실천의 집합주의

지역사회복지실천의 분야에서 집합주의는 지역사회 주민이 지역사회 안에서 모든 사람과 상호교류하며 자신의 존재감을 가지게 되면서 사회나 지역사회의 전반적인 영역에서의 활동이 다른 사람들과 함께 공동의 만족 또는 안정된 복지를 유지하는 것으로 보는 것이다.

(7) 지역사회복지실천의 인간의 존엄성

지역사회복지실천의 인간의 존엄성은 복지의 권리 확보를 의미한다고 볼 수 있으며, 구체적으로 사회 불균형이나 불평등을 시정하는 요구로 받아들여지고 있는데, 이것은 개인적 의지에 의해서 나타나는 것이라기보다는 사회적 의지에 의해 건설된다고 볼 수 있다(김수정, 이순배, 2016).

(8) 지역사회복지실천의 헌신

지역사회복지실천의 헌신은 억압적이거나 정의롭지 못한 지역사회복지실천이 처해있는 현실을 개혁하기 위해서는 정치, 사회, 경제, 문화 부분에서 끊임없는 노력이 부단히 필요하다고 보는 것이다.

8. 지역사회복지의 구성체계

지역사회복지는 하나의 구성체계로서 주체, 대상 또는 개체, 방법 등으로 이루어져 있으며, 이와 같은 구성체계를 진행하기 위해서 주체는 조직과 재원 등이고, 대상 또는 개체는 지역사회복지 대상자 중심이어야 하고, 방법에는 정책 · 행정, 실천적 접근이 전제되어야 한다. 지역사회복지는 크게 정부의 '지역사회정책'과 지역사회 주인이 행하는 '지역사회사업'으로 나눌 수 있다. 지역사회정책은 정부가 직접 개입하는 것을 의미하고, 지역사회사업은 자유주의 사회에서 주로 접근하는 지역사회사업을 말한다. 이러한 지역사회복지의 구성체계를 살펴보면 다음과 같다(김윤재 외, 2010).

1) 지역사회복지의 주체

지역사회복지의 주체는 지역복지를 실천하는 주된 체계로서 공적조직인 정부를 비롯한 시, 군, 구, 읍, 면, 동, 개인, 가족, 교회, 시민단체, 지역사회 복지기관 등에 이르기까지 다양하며, 이들 중 개인은 전문적 지식과 기술을 구비하여 지역사회복지사업의 전문 인력들이 전문성을 발휘하여 좋은 성과와 함께 지역사회복지 현장에서의 중심이 되고 있다.

2) 지역사회복지의 대상

지역사회복지의 대상은 문제에 봉착한 대상이나 문제를 야기하는 여건 등을 의미하는데, 여기에는 지역주민의 공통적으로 결핍된 욕구 등이 있다. 지역사회조직의 경우 주로 이익집단과 지역집단이 구성원이 될 수 있다. 따라서 지역사회복지의 대상은 다양한 지역사회복지의 형태에 따라 달라질 수 있으며, 그 대상이 달라지는 것은 지역사회복지의 목적이 서로 다르기 때문이다. 이러한 지역사회의 결핍된 욕구는 지역주민에 따라 다양할 수 있으나, 무엇이 지역사회의 욕구라고 단정하기는 어렵다. 지역사회복지의 행정과 정책에서 자원은 소득, 보건, 교육, 주택 등과 같이 지역주민이 가장 기본적인 욕구를 해결하는 데 중요한 수단이 되어 왔고, 구호, 치료, 개혁 등을 위하여 실시해 온 지역사회복지 활동 역시 지역주민의 기본적인 욕구와 사회적 욕구해결에 중요한 역할이 되고 있다.

3) 지역사회복지의 방법

지역사회복지의 방법은 정책적 접근과 실천적 접근으로 구분할 수 있다. 그러나 지역사회복지의 궁극적 목적은 지역사회 통합에 있으므로 통합적인 접근방법이 필요하다. 지역사회의 통합은 지역사회주민들의 자조력과 적응력, 응집력, 인간관계 형성 등으로 지역주민들의 상부상조의 협동적인 노력이 필요하다. 특히 지역주민들의 조직화와 협동이 강화되지 않고는 자발적이고 생산적 활동의 민주적인 지역사회 통합이 불가능하다. 그러므로 지역주민들의 자기결정력과 의식의 개혁을 향상시키고 이들의 의식변화를 통해서 지역사회복지를 실현시켜 나갈 수 있어야 한다.

지역사회복지의 계획은 사회복지사가 적극적으로 추진하되, 지역주민들을 조직화하여 추진하기 때문에 지역사회복지프로그램 내용에 대한 교육과 홍보가 필요하다. 지역사회 조직화는 대중매체와 주민소식지를 이용하여 다양한 집회를 통해 지역사회복지의 필요성과 목적 및 방법 등을 지역주민에게 다양하게 홍보하여야 한다. 지역사회복지에 접근하기 위해서는 지역사회자원의 동원과 주민참여 과정이 필요하다. 그러므로 지역사회복지의 활동에 필요한 인적 · 물적 자원을 동원함에 있어서 지역주민의 적극적인 협력과 참여를 유도해야 하며, 가능한 조직체계의 물리적 · 경제적 · 사회적 잠재력을 최대한 활용하는 방법을 모색해야 한다.

주요내용

지역사회복지(Community Welfare)라 함은 지리적으로 행정적 분할에 의해서 일정한 지역 안에 성립되어지는 지역사회생활공동체(地域事會生活共同體)의 네트워크이다.

지역사회복지의 궁극적인 목적은 지역주민들의 자발적인 조직화와 지역주민들의 의식적 변화를 통해서 지역사회의 조직과 구성원들의 발전을 도모하여 지역사회복지의 안녕을 유지시키므로 지역사회의 모든 노력들을 통해서 인구 사회적 문제와 욕구들을 해결하는 것이다.

지역사회복지의 그 특성은 예방성, 종합성, 전체성, 연대성 · 공동성, 지역성으로 나누어진다.

지역사회복지실천의 윤리 가치는 좋은지(Good), 바람직한지(Desirable) 함에 관심을 가지고 그 의미를 두는 것이라면, 윤리란 무엇이 옳고(Right) 바른지(Correct)에 대해서 관심을 두는 것이다.

CHAPTER 03

지역사회복지의 역사

학/습/목/표

1. 지역사회의 각 나라별 발전과정을 이해한다.
2. 지역사회복지 발전의 특성과 상황을 이해한다.

지역사회복지의 실천 역사는 자선조직협회(COS: Charity Organization Society)와 인보관운동(Settlement Movement)이 지역사회복지에 많은 영향을 미쳤다고 할 수 있다. 자선조직협회와 인보관운동은 최초에 영국에서 시작되었지만 활발한 활동과 발전은 미국에서 나타났다(조추용 외, 2015).

본 장에서는 영국, 미국, 우리나라의 지역사회복지의 역사에 대해 알아보고자 한다.

1. 영국 지역사회복지의 역사

영국 지역사회복지의 역사는 1601년 엘리자베스 「구빈법」 제정, 1834년 「신구빈법」 제정, 1948년 「국가부조법」 제정과 그 후 복지국가 주도기, 1970년대 이후 신보수주의로 인한 복지후퇴 및 다원주의 시기 등으로 나누어 볼 수 있다(남일재 외, 2015). 현대적 전문화된 의미의 지역사회복지는 최초의 자선조직협회(COS)운동과 인보관(Settlement Movement)운동이다. 이 운동은 영국에서 시작하여 근대적인 의미의 지역사회복지의 모체가 되었고 현대까지도 면면이 이어오고 있기 때문이다(김범수, 2012). 그리고 제2차 세계대전 이후 지역사회복지가 국가 책임 하에 수행되기 위한 지방정부기구의 구성, 전문적 사회사업제도의 확립, 시설보호의 문제를 개선, 재가서비스 확대를 위한 지역사회보호서비스 확충 등 다른 국가들에 앞서 다양한 지역사회복지로 발전되어 왔다.

1869년에 설립된 자선조직협회는 중복구호를 방지하기 위하여 여러 가지 자선활동을 조정하고, 환경조사와 적절한 원조의 제공을 목적으로 활동하였다(오정수 외, 2006; 이태숙 외, 2015). 인보관운동은 1884년 세계최초로 토인비 홀을 설립하면서부터 시작되었으며, 빈민을 위한 교육, 문화 활동 전개, 사회개량, 사회입법 등을 위해 노력하였다(홍봉수 외, 2015).

영국의 지역사회복지 역사는 공공부문 중심의 사회복지서비스 전달이라는 특성으로 인하여 지역사회 중심의 지역사회보호(Community Care)와 연관되어 발전해왔다.

지역사회보호(김종일, 2004; 전해황 외, 2014)란 지역주민에 의해 이루어지는 노인, 장애인, 아동 등에 대한 도움, 지지, 보호를 포괄하는 개념으로 지역사회 안에서 지역사회에 의해 제공되는 사회복지서비스를 의미한다.

1) 자선조직협회와 인보관운동

(1) 자선조직협회

지역사회조직사업의 뿌리는 사회복지의 이념적 토양이 발달한 영국에서 자라기 시작했고 1869년 자선조직협회가 설립됨으로써 싹을 틔우기 시작했다고 할 수 있다(홍봉수 외, 2015). 자선조직협회의 성립과 관련된 시대적 배경을 정리해 보면, ①「빈민법」 당국과 민간자선사업 간의 협력관계의 결여, ② 다양한 자선기관 간의 종파적 성격의 차이로 인한 협력의 결여, ③ 개인의 자선활동에 관한 정보의 부족, ④ 그 결과 구제의 중복과 낭비만이 야기되었을 뿐 아니라 효과적인 자선에 관한 불충분한 동기와 무책임한 자선활동이 성행케 되었고, 또 곤궁한 자들을 자립시킬 수 있는 효과적인 재원이 탕진되고 있는 것 등을 들 수 있다(양정하 외, 2008; 이태희 외, 2015).

영국의 빈민구제기관들은 빈민구제에만 관심을 가지고 있었고 빈곤의 원인과 합리적인 구제 방법에 대해서는 관심이 없었다. 또한 19세기 산업혁명으로 인한 신흥자본가 및 기업가의 기부로 많은 자선·박애단체 등을 난립하게 되었고, 필연적으로 오용과 남용의 문제가 초래하게 되었다. 이에 자선활동의 민간시설에 대한 조직화 및 합리화가 요구되어 출현하게 된 것이 자선조직협회(Charity Organization Society, COS)이다.

자선조직협회는 빈민들의 의존문화를 근절하기 위해 구호 신청자의 상황을 면밀히 분석할 필요가 있었고, 그래서 개발된 것이 호별방문(우애방문, Friendly Visit)과 개별사회사업(Case Work)이다. 호별방문자들은 구호를 신청한 본인과 가족은 물론 이들의 집주인, 이웃, 고용주까지도 방문하여 이들의 상황을 보다 총체적으로 파악하려고 노력했다(김종일, 2005, 재인용). 이것은 구호 신청자가 구호 받을 만한 자격이 있는 빈민(Deserving Poor)인가의 여부를 판단하는 근거로 활용되었다.

자선조직협회는 사회복지정책의 역사에 있어서는 극히 간략하게 언급되고 있지만, 사회사업의 역사에 있어서는 비중이 대단히 크다. 그 이유는 이 협회의 활동이 후에 전문사회사업의 효시가 되었기 때문이다(양정하 외, 2008). 중복구빈을 피하기 위하여 연락기관이 설치되었는데 이는 오늘날의 지역사회사업으로 발전하였고, 빈민에 대한 철저한 환경조사는 가족사회사업 또는 개별사회사업으로 발전하였다(홍봉수 외, 2015).

(2) 인보관운동

인보관운동(Settlement Movement)은 1854년 데니슨(Edward Denison)목사가 주축이 되어 캠브리지 대학과 옥스퍼드 대학의 학생들과 슬럼가의 노동자들을 결합시킴으로써 빈민의 문제를 해결하려는 일종의 사회이상주의 운동으로 시작되었다(홍봉수 외, 2015). 이 운동은 바네트(Samuel Barnett) 목사가 계승하여 더욱 발전시켰는데 그는 대학생들과 빈민가에 거주하면서 가난한 노동자들과 그 가족들이 빈곤을 벗어날 수 있도록 문화와 교양 등을 교육하였다(김광희, 2015). 인보관운동의 배경에는 현장실천의식이 깔려 있었다. 즉, 빈민을 돕기 위해서는 빈민지역에 직접 들어가 그들과 동고동락하면서 그들의 문제가 무엇이며, 무엇을 요구하는지를 체험함으로써 빈민과의 관계를 형성하고 그들과의 우정과 동료애를 강조하여 사회적 갈등을 해결하려는 사회개량적 의식이 그 배경이었다(전해황 외, 2014).

인보관 사업의 기본적인 목적은 빈민들과 교육받은 계층 간의 상호교류를 증진시키는 일이었고, 이러한 공동 활동과 연구를 통해서 서로 문화를 공유하자는 것이었다. 인보관 사업은 단지 아동과 성인들을 위한 강좌 개설만을 하는 것이 아니라 이 지역 사람들에게 폭넓은 교육기회를 제공하고 강좌와 집단토의에 참여함으로써 가르치는 사람과 배우는 사람 간의 협조와 배움을 나누는 환경을 증진시키는 것이었다(함세남 외, 1996, 재인용). 또한 빈곤의 책임을 개인에게만 돌리려는 자선조직협회 활동가들과는 달리 빈곤문제를 지역사회의 맥락에서 접근하였다. 즉, 자선조직협회 활동가들이 빈민과의 개별적 접촉을 기피하고 그들을 선도의 대상으로 여긴 것과는 달리 인보관 활동가들은 빈민과의 개별적 관계를 중시하였고 그들을 이웃과 동료로 접근하였다(김종일, 2005, 재인용).

토인비 홀은 빈곤문제에 대한 지역사회수준의 개입을 확장시키는 데 크게 기여하였다. 빈곤자들을 위해 사회개량운동을 하던 인보관은 토인비 홀의 영향으로 1910년까지 영국 전역에 46개소가 건립되었고, 1889년 미국 시카고에 헐 하우스, 1897년에 일본 동경간다(神田)에 킹스레이(Kingsley)관이라는 이름으로 세계 각 지역으로 확산되었다. 우리나라는 1906년 원산에서 미국 감리교회의 여선교사인 노울즈(Knowles)에 의해 시작되었다. 그러나 영국의 인보관운동은 국가가 사회복지를 책임지게 되면서 그 영향력이 줄어들게 된다(이양훈 외, 2014).

2) 지역사회복지의 전개과정

지역사회보호(Community Care) 또는 재가복지의 개념은 수용시설에 대한 부정적인 평가로 시작되었다. 영국에서는 재가복지의 개념보다 지역사회보호의 개념이 보다 일반화되어 사용되고 있고, 지역사회중심의 지역사회보호가 발전하였기 때문에 그 역사도 지역사회보호의 발전과정을 중심으로 전개 되었다. 전개과정은 크게 4단계로 구분하여 진행되었다(김기태 외, 2008; 김범수 외, 2007; 전해황 외, 2014).

(1) 지역사회복지의 반성기

영국의 지역사회복지는 1920년대 정신장애인의 치료와 서비스를 위해 시작하였으나, 열등처우와 격리에 의존하는 시설수용방식에 대한 반성이 일기 시작하면서 약물요법의 발전과 더불어 지역사회 내에서의 치료와 서비스가 강조되었다. 이러한 반성은 요보호아동위탁으로 발전되어 지역사회복지의 시작을 촉진하였다.

(2) 지역사회복지의 태동기

지역사회복지의 시작은 수용보호에 대한 반성으로 출발하였다. 1957년 『정신병과 정신장애에 관한 왕립위원회 보고서』가 제출되고, 이 영향으로 1959년 정신위생법 제정되어 지역사회보호가 법률적으로 규정됨으로써 형식적이나마 재가복지서비스 중심의 지역사회보호정책이 전개되기 시작했다. 1963년과 1966년에 「보건과 복지, 재가복지서비스 개발」에 관한 정책이 제기되면서 재가복지서비스 정책이 본격화되었으며, 이러한 정책으로 인해 정신병원의 수가 크게 감소하였다. 따라서 정신병과 정신장애를 지닌 사람은 지역사회에서 제공하는 적절한 서비스와 훈련을 통해 지역사회 내에서의 자립을 영위할 수 있는 기반을 제공받게 되었다.

또한 노인복지에 있어서도 이러한 경향이 강화되어 '탈시설이론'에 기초하여 노인을 위한 소규모 보호주택이 건설되었다. 이렇게 수용되었던 사람들이 지역사회로 분산·재배치됨으로써 지역사회가 사회문제와 관련하여 개인과 분리되어 있는 지역이 아니라 상호 밀접한 관계가 있는 지역으로 인식하게 되어 지역사회에 대한 새로운 인식의 전환을 초래하였다. 1960년대에는 수용시설의 실패를 입증하는 학술적인 조사연구가 많이 이루어진 시기였다.

(3) 지역사회복지의 형성기

영국에서 지역사회복지 형성기는 1968년 시봄보고서(Seebohm Report)를 시작으로 하여, 1980년대 후반까지라고 볼 수 있다. 「구빈법」 체계가 종결되면서 시봄위원회는 보고서를 발간하며 서비스 통합의 중요성, 즉, 여러 부서에 산재되어 있는 서비스를 통합하여 가족의 총체적 욕구의 측면에서 각각의 문제를 인식하는 가족지향적 서비스의 제공을 주장하였다(오정수 외, 2004; 전해황 외, 2014).

1960년 후반 이후로부터는 지방행정당국을 중심으로 공공과 민간의 다양한 서비스가 제공되었다. 또한 시봄보고서는 「주택지방자치부 지침 82호」(1969), 「주택재정법」(1972)에도 영향을 주어 노인주택건설을 촉진하였고, 1975년 이후에는 노인주택 다양화 정책에 의해 의료 · 보건 · 복지시스템으로의 전환을 통해 이루어졌다. 그리고 1979년 보수당의 대처 정권의 등장으로 신보수주의 이념에 의한 사회복지개혁이 추진되었다. 이 외에도 지역사회복지에 영향을 미친 보고서는 하버트보고서(Harbert Report)와 바클레이보고서(Barclary Report)가 있는데, 이 보고서들의 공통적 주장은 지역사회의 비공식적 서비스 역할의 필요성을 강조하는데 있다. 즉, 지역사회의 다양하고 복잡한 주민의 모든 욕구를 공공 및 민간 서비스만으로는 충족시키는 데 한계가 있기 때문에 비공식적 서비스를 통해 서비스를 제공해야 한다고 주장하였다. 특히 바클레이보고서는 시봄보고서 이후 지속적인 논의의 주제였던 사회사업가의 직무와 역할에 대하여 광범위한 제안을 하였다.

(4) 지역사회복지의 발전기

1980년대 후반부터 현재까지라고 볼 수 있다. 보수당 정부는 1988년 그리피스보고서(Griffiths Report) 발표하였는데, 그 내용을 보면 첫째, 지역사회보호의 1차 책임은 지방정부에 있다는 점, 둘째, 지방정부는 대인서비스의 직접적 제공자가 아닌 계획 · 조정 · 구매자로서의 역할을 수행한다는 점, 셋째, 주거보호에 대한 욕구는 지방정부에 의해 사정된다는 점 등이다. 따라서 이 보고서는 지역사회보호를 위한 권한과 재정을 지방정부로 이관하여 재정지출을 통제하겠다는 정책의지를 표현하였다.

그리피스보고서의 내용이 반영된 「주민보건서비스 및 지역사회보호법」(1990)이 제정되었고, 1993년 지역사회보호개혁에서는 시장경제의 원리, 즉, 소비자의 선택과 서비스 제공자 간의 경쟁을 통한 지역사회보호서비스 수준의 향상과 케어매니지먼트(Care Management)의 도입으로 적절한 서비스 제공 등을 강조하였다. 그 구체적 정책내용을 보면 다음과 같다.

첫째, 지역사회의 욕구와 자원분석과 관련된 보호계획의 수립

둘째, 보호욕구의 정확한 판단과 이에 기초한 보호서비스를 제공하기 위해 케어 매니지

먼트의 도입

셋째, 공공서비스에 대한 민간서비스와 경쟁유도, 욕구중심의 서비스제공 등 지방자치단체의 역할변화

넷째, 보호계획과 관련된 외부기관과의 동반자적 관계 추진

다섯째, 복지서비스에 대한 감독제도의 강화

여섯째, 중앙정부에서 지방자치단체로의 권한과 재정의 이양 등으로 지방자치단체의 재량권 발휘

이와 같은 정책의 변화로 인해 지역사회보호에서 민간부분의 역할이 강조, 즉, 비공식부문, 민간부문, 자원부문의 역할이 강조되었다.

2. 미국 지역사회복지의 역사

미국은 짧은 역사 속에서도 많은 다양한 사회문제가 발생하였다. 영국의 경우는 국가복지가 발달하면서 자원부문 중심의 지역사회복지가 퇴조하였지만, 미국의 경우는 지속적으로 발전해 왔다.

미국의 지역사회복지의 이념과 역사를 네 단계의 시기로 구분하여 살펴보고자 한다(사회복지교육연구센터, 2014; 조추용 외, 2015).

1) 미국의 지역사회복지의 이념

(1) 사회진화론

19세기말에서 20세기초에 널리 유행했던 사회진화론은 다윈의 생물진화론에 기초한 사회이론으로 환경에 대한 적응력이 높은 자만이 생존할 수 있고, 그렇지 못한 자는 자연히

도태된다는 자연과학의 적자생존론에 기초로 자선조직협회 기본이념의 하나이다. 사회진화론자들은 인간사회의 생활이란, 생존경쟁이라고 생각했고 그 투쟁은 스펜서가 제창한 적자생존(適者生存)에 의해 지배된다고 주장했다. 즉, 개인이 사회적으로 실패하는 것은 그의 타고난 열등성에 기인하므로 그러한 자들에게 도움을 주는 것은 자연법을 범하는 것이다. 따라서 최소한의 정부 역할은 주창하였고, 이에 따라 정부의 역할은 국민의 재산을 보호하고 인권을 보장하는 데 역점을 두었다.

(2) 급진주의

인보관 기본이념의 하나로 사회적으로 불이익을 받는 사람들의 권익을 적극적으로 보호하고자 하는 사상이다. 즉, 기존의 사회진화주의를 재구성하여 강자뿐만 아니라 약자도 사회적응을 위해 의도적으로 개입해야 한다는 것이다. 사회진화주의가 고위층과 경제적으로 안정된 사람들의 이익에 부합된 반면, 급진적 이데올로기는 적합지 못한 사람들의 운명을 변화시키고자 하는 사람들의 노력에 합리성을 부여했다. 이러한 사상은 노동운동과 인권운동으로 사회적 약자의 생존권 투쟁에 앞장서며, 지역사회복지에도 많은 영향을 끼쳤다.

(3) 실용주의

19세기 말에 피어스(Pierce)와 제임스(James)에 의해 주장되고, 20세기 초반에 듀이(Dewey)와 미드(Mead)에 의해 구체화된 미국의 실용주의 철학은 사회개선을 위한 노력의 토대는 사회과학이라고 생각했다. 실용주의는 사회의 고정된 원리와 형식주의를 배제하면서 사회개선에 초점을 두는 사상이다. 즉, 모든 인간 활동은 틀에 얽매인 기계적인 공식 속에 있는 것이 아니라 지적인 토대에서 자율적으로 이루어져야한다는 견해다. 루즈벨트 대통령은 실용주의의 바탕에서 개인의 성장이 이루어지고 사회적 약자들의 권리를 보장하고 균등한 혜택을 주면서 지역사회복지를 실천하고자 하였다.

(4) 자유주의

러너는 '그것의 정신은 전진이며, 그것의 감정은 낙관적이고, 인간의 본성을 합리적이고 유연한 것으로 생각하며, 재산권보다 인권을 목표로 삼으며, 이를 달성하는 수단으로 사회복지제도를 강조한다'고 설명한다. 기회와 개인적 자유 및 사회적 분배 방식으로 시장의 중요성을 강조한다. 시장을 생활자원 분배의 중요한 결정기준으로 받아들이고 선택자유의 중요성을 인정한다. 그러나 사람들의 생활수준에 있어서는 최저 수준의 보장을 위한 정부의 책임을 인정한다.

2) 자선조직 기간(1865~1914년)

(1) 사회적 상황

사회복지의 기원이 되는 이 기간은 학자마다 조금씩 다른 견해를 가지고 있는데, 미국에서는 자선조직협회가 생기기 전부터 제1차 세계대전 당시 전쟁모금회가 조직된 때까지를 말한다. 이 시기에 전개된 미국의 지역사회 조직활동을 크게 두 범주로 나눌 수 있다. 첫째, 사회복지활동에 직접적인 영향을 미친 자선조직협회, 인보관운동, 도시연맹(Urban Leagues) 등의 등장이고, 둘째, 지역사회 사업가들의 관심영역이 된 활동으로서 정치집단, 인종집단, 특정 지역의 사회행동집단 등을 들 수 있다.

이 시기는 남북전쟁이 끝나고 제1차 세계대전이 시작되는 시기로 당시 사회 상황으로 다음과 같은 사회적 사건들이 나타났다.

① 산업화

기술의 발전과 산업의 집중화 현상은 노동시간, 작업조건, 안전, 아동노동 등 사회문제 발생했다.

② 도시화

급속한 산업화에 따라 수많은 농촌인구가 도시로 이주하게 되었다.

③ 흑인문제

전후의 복구 기간에 흑인들은 자신들의 권익을 옹호하기 위해 온갖 노력을 했다.

이 당시 흑인사회의 가장 큰 관심사는 교육문제였는데, 특히 직업교육과 고등교육상의 결함을 해결하는 것이었다. 이와 관련하여 1881년에 흑인을 위한 교육기관인 터스키기 학원이 설립되었지만 흑인에 대한 폭력행위가 성행하여 1900년을 전후해서 수천 명의 흑인이 목숨을 잃어야한 했다.

④ 이민문제

19세기 초반에 북서부 유럽으로부터 온 이민자들은 전국 각지에서 흩어져 주로 땅을 경작하였다. 적은 수이기는 하나 멕시코인과 동양인들은 서부와 남서부에 정착하였고, 푸에르토리코인과 쿠바인들은 동부에 정착하게 되었다.

이들 이민자들은 그들 나라로부터 종교적 · 사회적 제도뿐만 아니라 여러 가지 형태의 사회문제까지도 갖고 들어 왔다. 그들은 과거의 생활방식에 집착했으며, 이 때문에 미국의 생활관습을 터득한 자녀들과 갈등을 빚기도 했다.

이 시기의 미국 지역사회복지 변천과정의 특징은 미국 지역사회복지 출현 시기로서 남북전쟁이 종식된 이후, 지역사회복지사업의 명칭과 내용이 체계화된 시기는 1920년 전후에 이루어졌고, 자선조직협회 운동과 인보관 운동이 지역사회복지의 전문화에 원동력이 되었다(최일섭 외, 2006; 조추용 외, 2015).

(2) 자선조직협회(COS)

미국 최초의 자선조직협회(COS)는 영국의 자선조직협회를 본받아 1877년 버팔로(Buffalo)에서 거틴(Gurteen) 목사에 의해 창설되었다. 자선조직협회의 목적은 빈민을 구호하기 위해 설립된 많은 사회복지단체들의 업무를 조정하는 것은 물론, 직접적인 구호와 서비스를 제공하는 데 있다. 머피(Murphy)는 자선조직협회의 프로그램에 대하여 다음과 같이 세 가지로 설명하고 있다.

첫째, 자선조직협회는 참여한 사회복지기관들로부터 구호를 받고 있는 개인 중심의 케이스가 수록된 사회복지사업지표(Social Service Indexed Or Exchanges)를 만들었다.

둘째, 자선조직협회는 케이스분석회의(Case Conference)를 개최하여 사회복지기관 및 단체들의 직원들이 모여 케이스에 대한 원조방안을 모색하였다.

셋째, 자선조직협회는 사회적, 경제적 문제에 대한 광범위한 연구 및 분석을 통하여 정부에 특정 조치를 건의하였다.

자선조직협회의 주요 활동내용은 자선의 중복을 예방하고 빈민자를 구호하기 위해 존재했던 수많은 민간단체의 업무를 조정하기 위해서 창설되었으나, 기관들 간의 업무조정뿐만 아니라 직접적인 구호와 서비스도 제공했다. 또한 다양한 사회문제의 개선과 해결을 위하여 자선기관들과 협력적인 계획을 모색하고, 새로운 사회복지기관을 설립하고 낡은 기관을 개혁하는 활동을 전개했다. 구제대상인 빈민을 '가치 있는 빈민'과 '가치 없는 빈민'으로 구분했는데, 이는 당시 사회진화론이라는 이념의 영향을 받은 것이다.

자선조직협회가 끼친 가장 의미 있는 공헌은 지역사회계획 전문기관을 탄생하게 했고, 피츠버그 서베이 실시(1907-1908)로 사회조사기술을 발전시켰으며, 사회복지기관협의회가 만들어졌으며, 이 협의회 조사에서 건의된 사항을 실천에 옮기고, 계속적인 연구와 개혁을 시행하는 책임을 수행했다(사회복지교육연구센터, 2014).

(3) 인보관

미국에서의 인보관 활동은 자선조직협회보다 15년 뒤에 코이트(Coit)가 1886년 영국의 토인비 홀을 방문한 다음, 미국 최초의 인보관을 뉴욕 시에 근린길드(Neighborhood Guild, 현재 University Settlement)를 설립하였고, 1889년 아담스(Adams)는 1888년에 토인비 홀을 방문하고 돌아와 다음해에 시카고에 헐 하우스(Hull House)를 설립하였다.

미국 인보관 운동의 특징은 다음과 같다.

첫째, 산업화와 도시화 등 여러 근대적 사회문제에 대처하기 위하여 시작되었고, 둘째, 사회봉사를 통하여 사회개혁을 추구했으며, 셋째, 다양한 계층, 계급 간의 거리 좁히기, 빈궁한 사람이라는 생각보다는 이웃이라는 생각으로 접근하였고, 넷째, 외부세력에 의한 희생물이 된 사람들을 자신의 삶에 책임질 수 있는 사회적 참여자로 변화시켰으며, 다섯째, 지역사회봉사 단체에 의해 운영되는 광범위하고 유용한 활동을 전개하며, 개인보다는 가족과 근린중심으로 활동하는 것을 옹호하고, 여섯째, 개별적인 접근보다는 전체적인 접근을 옹호하는 특징을 지니며, 일곱째, 사회문제에 대한 분석, 이에 대처하는 방식과 사업내용에서 자선조직협회와 뚜렷이 구별되는 특징이 있다(사회복지교육연구센터, 2014: 조추용 외, 2015).

(4) 다수의 구빈기관으로 인한 문제점

구빈을 위하여 다양한 미국 내 민간기관과 단체의 등장으로 발생된 문제점은 여러 가지가 있지만 대개 다음과 같은 것들이다.

① 소수의 사회 지도층 인사에게 재정적 지원요청을 하면서 이들에게 지나치게 의존하는 경향 발생
② 여러 기관으로부터 중복 구호를 받는 대상자들이 많이 생겨나고, 따라서 고질적인 구걸 근성의 예방에 대한 필요성 제기
③ 실용주의 철학에 영향을 받는 유급의 구호담당 직원으로 활동을 합리화시킬 수 있는 방안 모색
④ 필요한 서비스를 제공하기 위한 재원이 부족하여 새로운 재원을 모색하기 위한 시도 필요

3) 지역공동모금과 협의회 발전시기(1914~1929년)

(1) 사회적 상황

지역공동모금의 시기(1914~1929)는 제1차 세계대전의 종식과 대공황으로 연결되면서 산업화와 도시화 현상, 인종 간의 갈등심화 등이 가속화되는 시기이다. 1920년까지 미국

인의 반 이상이 도시에 거주하게 되었고, 제1차 세계대전으로 인해 생산품의 수요가 증대됨에 따라 산업도 크게 신장되었다. 이 기간 동안에 흑인의 생활도 어느 정도 진전을 보여 참전했던 흑인들에게 붙여진 '새로운 흑인(New Negro)' 이라는 호칭이 1920년대에 유행하면서 흑인들의 자긍심이 증진되었다.

특히 도시화에 따라 도시민의 구조적 문제를 취급하는 사회복지기관들이 점차 증가하였다. 그러나 사회복지기관들은 재정상의 어려움을 겪게 되었으며, 이들의 지원요구를 충족시키기 위해 전시모금기구(War Chests)가 설립되었는데, 전시모금 기구는 지역공동 모금회의 시초가 되었다.

(2) 지역공동모금 제도

지역공동모금 제도의 등장배경은 도시화가 가속됨에 따라 도시빈곤의 문제를 다루는 사회복지기관들이 늘어났고, 이들 기관들이 재정난에 허덕이게 되었다. 그리고 제1차 세계대전이 진행되는 동안 약 300개에 달하는 지역사회가 사회복지기관의 지원요구를 충족시키기 위한 전시모금기구를 설립하였는데, 이는 공동모금제 발전의 촉진제가 된 시기이다. 사회복지기관들의 지원요구가 증가하게 되자 자선가들과 전문가들이 구호방법을 개선할 필요성을 인식하게 되었다. 그러나 상호 두 집단의 이익이 일치하지 않아 별개이지만 상호 밀접한 관계를 갖는 기관을 설립하게 되였다. 즉, 자선금을 기부하는 사람들의 이익을 위한 지역공동모금제와 사회복지기관들 간의 효과적인 업무조정의 필요에 따른 지역사회복지협의회가 생겨난 것이다.

지역공동모금제도의 시행 과정상에 나타나는 특징은 다음과 같다.

① 사회복지기관들이 단독으로 하는 것보다 공동으로 하는 것이 더 많은 모금을 할 수 있다는 생각에서 공동모금제를 실시하게된 경우이다.

② 공동모금제가 사회복지협의회에 의해 조직된 경우이다.

③ 가장 일반적인 형태로 거액의 기부자들에 의해 공동모금제가 실시된 경우이다.

④ 초기 지역공동모금의 업무는 대부분 자원봉사자들에 의해 수행되었다.

지역공동모금회 회원의 구성은 기부자(특히 거액을 희사한 사람), 모금활동을 돕는 사람(소기업가, 기업의 중견간부, 서비스 클럽 회원 등), 기금을 지원받는 보건복지 오락단체를 대표하는 '자원봉사자'이다(최일섭 외, 2006; 조추용 외, 2015).

(3) 사회복지기관협의회

이 시기에 빈민을 돕는 사람들 사이에 점차 전문성을 갖추기 시작하였으며, 그 결과 협의회가 설립되었다. 그 증거로 기금의 우애방문원이 유급 직원으로 대체되었고, 자선조직협회에 뿌리를 두고 있는 메리 리치몬드(Mary Richimond)가 설립한 자선학교를 세웠는데 사회사업대학원으로 발전하였으며, 사회계획에 필요한 자료를 얻기 위한 사회조사도 사회사업의 전문화를 나타내는 것이었다. 또한 수많은 복지전문가들이 자선단체들의 이사로 활약하고 있는 '자원봉사자'들의 협력을 얻어 지역사회의 복지욕구에 합리적이고 체계적인 접근을 하려 했으며, 지역사회 서비스 간의 부족을 보완 및 지역사회가 당면한 문제와 앞으로의 욕구를 미리 찾아내고자 했다.

또한 복지서비스의 조정과 계획에 관심을 가졌던 자선조직협회 지도자들과 다른 복지전문가들이 협의회를 조직하는 데 직접적으로 관여하였으며, 협의회의 조직 이유는 사회복지사업을 합리적으로 조직화하고 지역공동모금회의 모금 능력을 강화하여, 자신들과 사회복지기관의 자치성을 보호하기 위함이다. 1909년에 최초로 협의회가 밀워키와 피츠버그에 설립되었고, 1926년까지 시카고, 보스턴, 세인트루이스, 로스앤젤레스, 디트로이트, 신시내티, 콜롬비아, 뉴욕에 설립되었다(사회복지교육연구센터, 2014).

사회복지기관협의회의 1차적인 목적은 지역사회의 문제와 욕구를 충족시키기 위해서 복지사업을 계획하고 조정하는 것이다. 협의회 활동의 목적은 일반시민과 전문가로 구성된 사회복지서비스에 관한 각종 위원회를 만들어서 지역사회문제를 연구하고 해결방안의 계획과 실천, 시범사업 전개, 새로운 서비스 제공, 기존의 사업 개선, 이러한 목적을 달성하기 위해 시민의 지지를 구하고 정부의 관련조직 촉구, 복지기관에서 일할 전문가와 자원봉사자 선발 훈련, 사회복지기관과 단체의 명부 발간, 기타 여러 가지 관련 활동들을 추진하였다.

(4) 전문분야의 발전

20세기에 들어서서 리치몬드에 의해서 교육받은 사회복지사들은 거의가 사회문제해결에서 환경적인 변화보다는 개인적인 치료를 중시하는 개별사회사업가가 되고자 하는 사람들이였다. 그러나 1925년 스테이너(Steiner)가 집필한 지역사회복지와 관련된 교과서인 『Community Organization』이 최초로 발간되었다. 그 후에 1930년까지 지역사회 조직에 관한 책은 다섯 권 정도가 발행되었으며, 이 책들에서는 인보관 운동에 참여했던 사람들이나 흑인지역사회의 복지를 위해 일한 사람들의 경우에는 사회문제의 원인을 개인적인 면보다 환경적인 면에서 찾으려는 경향을 보였다. 그러나 실제로는 이 사람들조차도 자신을 교육자, 레크리에이션 지도자, 집단사회사업가로 생각했으며, 지역사회복지사로는 생각하지 않았다.

4) 공공복지사업의 발전시기(미국, 1929~1954년)

(1) 사회적 상황

공공복지의 발전시기는 1929년의 대공황으로 실업이 급증하고 은행과 증권시장이 도산하고 집, 농장, 영세사업체를 잃는 국민이 속출하게 되었고, 제2차 세계대전이라는 역사적 사건으로 인해 사회복지분야에 큰 변화를 경험했던 시기이다. 당시 대공황으로 인해 지역사회복지사업이 대량의 사회복지수요를 감당하기에는 불충분하였고, 이러한 상황 속에서 기존의 민간복지단체를 중심으로 실시하였던 구호활동이 정부기관으로 이양되면서 본격적으로 공공복지사업이 전개되었다. 한편으로는 대공황을 타개하기 위해 경제와 사회분야에 있어서 정부의 개입이 확대되었다. 사회복지분야에 있어서 정부의 역할이 증대되어, 미국 역사상 처음으로 연방정부가 사회보장법, 최저임금법 등을 제정하여 공적부조사업을 포함한 다양한 사회복지프로그램을 계획 시행하였다. 이와 같은 사업은 주로 사회복지업무의 기준을 설정하고 서비스의 조정, 사회문제의 실태파악, 공교육의 계획, 기타 법률제정 등의 활동을 전개하였다.

한편 대공황은 노동조합운동이 활성화되어 자동차, 제철, 전력 등의 산업에서 결성된 사업별 노조는 초창기 미국 노조운동의 발전에 커다란 공헌을 하였고, 당시 국제적인 상황으로서는 소년 공산당이 기반을 갖게 되었고, 스페인, 이탈리아, 독일 등에 파시스트 정부가 정권을 장악하게 되었다. 이런 영향을 받아 미국에서도 공산당이 조직되어 노조활동에 영향을 미쳤고, 뉴딜정책으로 흑인의 사회적 지위가 어느 정도 향상되었으며, 1941년 루스벨트 대통령에 의해 공평고용위원회가 설치되었다. 또한 1949년 법무성에 민권담당과가 신설되었으며, 군복무에 있어 대우와 기회의 평등을 위한 대통령특별위원회를 설치하였다. 한편 대법원에서는 주택입주와 시외버스 승차에 있어서의 흑인차별을 불법화함으로써 흑인의 사회적 지위가 어느 정도 향상되었다(사회복지교육연구센터, 2014).

이념적으로 이 시기의 변화는 대공황으로 인한 실업과 빈곤상황 때문에 인간의 운명에 대한 책임이 개인에게 있다는 사고는 대량 실업과 빈곤상황에서 정당화되지 못하였고, 많은 사람들이 보다 나은 사회를 건설하기 위해 사기업보다 정부의 역할이 증대되어야 한다고 생각하게 되었다.

(2) 공공복지사업의 출현

대공황으로 인해 파생된 대량의 복지수요를 충족하기에는 지역사회조직사업은 물론, 사회사업 분야는 불충분했다. 과거 민간복지단체를 중심으로 이루어지던 구빈과 이에 관련된 활동이 정부기관으로 이양되었으며, 지방 중심의 사업이 지역적 혹은 국가적 차원으로 확대되었다.

연방정부는 정부기관을 통해 사회계획 역할을 수행했다. 처음에는 1933~1936년 연방긴급구호청을 통해서 사회계획의 역할을 수행하였고, 이후 연방보장기관을 통해 복지업무의 기준을 설정하고 서비스의 조정, 사회문제의 실태 파악, 공교육에 대한 계획 등의 활동을 전개하였다.

또한 제2차 세계대전으로 군 관계 노동자와 군인의 수가 급증하였고, 이들을 위한 복지서비스의 수요가 늘어나게 되어 지방중심으로 행해졌던 공 · 사 기관의 지역사회계획 업무가 국가적인 차원에서 이루어지는 경향을 보이기 시작하였다. 연방보장기관에 지역사회전쟁구호사무소를 설치되어 전쟁으로 인해 영향을 받은 지역을 위한 오락과 공중보건사업에 관한 계획업무를 취급했다. 이 시기에 사회복지 분야의 의미 있는 내용은 1935년 「

사회보장법」 제정, 1947년까지 전시복지기금 모금, 1939~1953년 연방보장기관 설립, 1953년 보건 · 교육 · 후생부 설립(나중에 연방보장기관이 계승함) 되었다(사회복지교육연구센터, 2014).

(3) 전문분야와 전문교육

이 기간의 사회복지 분야의 주요관심사는 지역사회복지와 사회사업과의 관계, 지역사회복지의 목표, 지역사회조직사업 워커의 적절한 역할 등이다. 사회복지 분야 전문화에 영향을 미친 주목할 만한 내용은 1930년경 『사회사업연감(Social Work Year Book)』 출판, 1939년 전국사회사업대회에 제출한 레인(Lane) 위원회가 지역사회조직의 실천분야(The Field of Community Organization)라는 보고서를 제출하였고, 1945년 웨인 맥밀런(Wayne McMillen)의 『사회복지를 위한 지역사회조직사업(Community Organization for Social Welfare)』의 출간이다. 이러한 책들은 지역사회조직사업에 관한 최초의 교과서이다. 또한 지역사회조직사업에 관한 연구협회도 조직되었다.

5) 지역사회복지의 정착시기(1955년 이후)

(1) 사회적 상황

지역사회복지의 정착시기는 1955~1970년대 말까지 국가 주도사업의 강화와 세계경제의 도약시기이다. 이 시기에 미국의 공립학교에서는 흑백차별을 금지(School Degradation)하는 대법원의 결정이 내려짐과 동시에 사회개혁을 위한 연방정부사업이 활성화되었다. 즉, 1960년대와 1970년대 미국은 인종문제가 결부된 빈곤문제가 새로운 사회적 쟁점으로 떠올라 심각한 빈부 격차, 이에 따른 빈부 간의 위화감이 사회문제의 큰 원인이 되었다. 한편 민권 운동, 빈곤과의 전쟁, 학생운동, 베트남전쟁 등은 시민참여와 사회정의에 대한 활동을 더욱 촉진시킨 계기가 되었다.

미국의 이념 변화는 1970년대 후반부터 밀려오기 시작한 반복지주의적 물결, 즉, 레이거노믹스로 불리는 신보수주의의 영향으로 사회개혁과 지역사회개입을 위한 전문 사회복지방법은 위축되었고, 지역사회복지실천에 있어서도 자조를 기반으로 하는 모델들이 강조되었다. 또한 '작은 정부' 지향과 함께 연방정부의 책임 하에서 지방 민간기업 가족에 중심을 두는 방향으로 바뀌게 되었다(사회복지교육연구센터, 2014; 조추용 외, 2015).

(2) 지역사회복지정책의 추진

사회복지문제에 대한 연방정부의 책임은 케네디와 존슨 행정부의 산물인 빈곤과의 전쟁(War on Poverty)에 의해 더욱 확대되었다. 이 사회복지프로그램은 많은 지역사회사업가들의 관심을 불러일으켰는데, 그 구체적인 사업으로는 Head Start, VISTA, Neighborhood Youth Corps, Jop Corps, 직업훈련, 성인교육, 농촌주민에 대한 부조, 법적 원조, 보건, 주택, 소비자교육 등의 지역사회의 자치적 활동 프로그램 (Community Action Program, CAP) 등을 들 수 있다.

그러나 연방정부에 의한 1960년대의 각종 복지프로그램이 1970년대에 들어서면서 심한 인플레이션과 석유파동 등으로 축소되어 가는 양상을 보이게 되었다. 그 후 1970년대 후반부터 밀려오기 시작한 반 복지주의적 경향, 즉, '레이거노믹스'로 불리는 신보수주의 세력화 과정에서 사회복지에 대한 정부지원이 축소되었다. 따라서 레이건 행정부에 들어와서는 사회복지에 대한 보수주의적 시각이 지배적이었으며, 특히 작은 정부의 지향과 함께 사회복지에 대한 지원책이 연방정부의 책임 하에서 지방, 민간기업, 가족 등에게 중심을 두는 방향으로 전개되었다.

(3) 전문 분야의 발전

이 시기에는 지역사회복지 교육과정이 늘어나 대학원 수와 학생 수가 현저하게 증가하고, 지역사회복지를 가르치는 사회사업대학원 수는 1965년 36개에서 1969년 48개로 늘어났다. 사회사업대학원 석사과정에서 지역사회복지를 주 전공으로 한 학생 수는 1960년 85명으로 전체 학생의 1.5%이었는데, 1969년에는 1,125명으로 전체학생의 9%로 늘어났다.

이와 같은 양적인 성장과 병행하여 지역사회복지의 성격을 명확히 하고 지역사회복지 분야에서 워커의 역할이 무엇인가를 찾아내고, 지역사회복지를 사회복지실천의 전문분야로서 인정하려는 노력들이 이루어졌으며, 1950년대 말에는 사회사업교육협의회가 실시한 사회사업대학원의 교과과정에 대한 연구에서 지역사회복지를 독자적인 전문영역으로 취급하였으며, 1962년 사회사업교육협의회는 지역사회조직을 개별사회사업, 집단사회사업과 함께 사회사업전문기관의 하나로 공식적으로 인정하였다.

더불어 지역사회조직사업위원회를 구성하여 지역사회복지에 관한 지식을 집대성하고, 지역사회복지를 사회복지실천의 전문영역으로 인정하기 위한 연구 자료를 준비하였다(최일섭 외, 2006; 조추용 외, 2015).

(4) 1980년대 이후의 경향

1970년대 초 유류파동에 따른 복지국가의 위기 후 재편 과정이 있었고, 1980년대 이후 사회복지에 영향을 미친 사회적 조건들로는 사회복지의 민영화, 정보사회의 출현, 세계경제화의 가속, 경제력의 분산화 등이 있다. 이 시기 미국 지역사회복지의 경향은 지역중심의 지역사회복지에 있어서 평가 등 외부의 영향력이 증대되고 있고, 사회계획과 사회행동을 위한 센터들이 늘어가고 있으며, 정부기관의 사업이 활발해지고, 사회변화를 추구하는 경향이 엿보인다. 지역사회실천 모델의 접근방식, 프로그램, 목표 등이 다양화 · 세분화 되고 있으며, 민간 비영리기관이 활성화되고 있다.

또한 참여적 민주주의를 재강조하는 경향으로 지역단위 조직의 출현, 흑인세력, 지역사회 통제, '가능한 한 최대한의 참여' 등과 같은 개념들이 상당한 호응을 얻고 있다.

3. 한국 지역사회복지의 이념

현대적인 의미의 사회복지와 이에 포함되는 지역사회복지, 지역사회개발과 조직 등의 용어가 사용된 것은 주로 서양에서는 20세기 이후이고, 우리나라의 경우에는 1940년대에 들어와서부터라고 볼 수 있다(최일섭 외, 2007).

한국의 지역사회복지 전통은 주로 촌락단위의 자주적 복지관행에 의한 것이었으며 이는 공동체적 상부상조의 형태로 이루어졌다. 민간차원의 대표적 관행으로는 계, 두레, 품앗이, 향약, 사창 등이 있었으며 그 외에도 국가적 차원에서의 상설복지기구로서 오가통제도, 의창, 상평창, 진휼청을 설치하여 지역 주민의 복리 증진과 빈민구제를 담당하게 하였다(이양훈 외, 2014).

여기에서는 우리나라의 지역사회복지 역사를 근대사회 이전의 협동사업, 일제강점기의 지역사회복지, 광복 이후의 지역사회복지활동 등으로 나누어 살펴보기로 한다(최일섭, 2006; 박용순, 2007; 이태희 외, 2015).

1) 근대시대 이전의 지역사회복지

(1) 민속적인 부락협동관행

우리나라의 전통적인 지역사회복지 활동은 국가나 군현 단위의 행정적인 복지사업과 부락단위의 민속적인 협동관행으로 나눌 수 있다. 국가나 군현 단위의 행정적인 복지사업은 의창, 상평창, 진휼청 등 주로 상설복지기구를 통해서 시행되었고, 부락단위의 복지사업은 두레, 계, 품앗이, 공굴, 부근, 향도, 고지, 부조, 향약 등 민속적 관행을 통해서 이루어졌다. 그러나 국민이 복지혜택을 가장 많이 받고 또 효과를 누렸던 복지사업은 국가나 군현 단위의 행정적인 복지사업이라기보다는 부락단위의 자주적인 복지관행에 의해서였다. 이것은 농촌공동체로서 자연 발생한 민속적 관행과 유교문화의 교화로 이루어진 문화적인 관행이라고 할 수 있다. 여기에서는 전국적으로 널리 행해진 두레, 품앗이, 계, 향약 등에 대해 살펴보고, 지역적으로 행해진 특수한 단체관행들에 대해 설명한다.

① 두레(농사)

두레란 옛날부터 우리나라 민간협동체 가운데 하나로, 촌락단위에 조직된 농민들의 상호협동체를 말한다. 두레의 조직은 그 기원이 원시공동체에서 유래한 유풍, 유제로 인식되며 자연발생적으로 생긴 소박하고 원시적인 농촌의 농민중심의 협동체라고 할 수 있다. 두레의 촌락공동체의 내부질서는 공동 노동, 공동 예배, 공동 유흥, 상호부조, 공동 소유 등의 기반 위에 협동조직체로 우리 민족의 촌락자치질서를 이끌어 온 모체였다. 두레조직이 지금은 사라졌지만 공동주의 정신은 아직도 농촌사회의 자치와 협동의 영역에서 역할을 하고 있고, 노동형식은 지금도 농촌개발을 위한 사업에 영향을 미치고 있다.

② 계(契)

우리나라 역사상 계의 유래와 연대는 정확하지 않으나 문헌상으로 신라시대 초기 유리왕 때 시작된 가배계가 최초의 것이라고 한다. 또한 신라시대의 화랑도에서 유래된 향도계는 남성조직으로서 최초의 계였다. 계는 한국사회 특유의 조합적 성질을 지닌 협동조직으로서 전통적 생활구조의 사회 · 경제적 측면을 반영한 동시에 우리사회의 전통적인 모든 자생적 조직의 실체적 구조였다는 점에서 특별한 의의를 갖는다.

우리 전통사회에 있어서 계의 목적은 공익을 위한 것, 산업을 위한 것, 영리를 위한 것, 친목을 위한 것, 공제를 위한 것 등으로 대별할 수 있겠으나 복지와 관련된 공제를 위한 계의 종류로는 혼상계, 군포계, 종계, 학계, 양로계, 동방계 등을 들 수 있다.

혼상계는 가장 많이 조직되고 운영되었지만 많은 돈이 들기 때문에, 주로 미래 위험을 감당할 수 없는 저소득층을 뜻 있는 사람들을 중심으로 계를 맺고 공제를 했으며, 보부상 등 직업단체의 부수사업으로 보급되기도 하였다.

군포계는 중인과 상인에게 부과된 병역의무가 영조 26년에 미전대납으로 군대 복무를 연기 또는 면제해주는 제도로 바뀌었다. 병역 대신 납부하게 되는 곡식(전포곡)을 군포 또는 휴식포라고 하였다. 그러나 탐관오리들은 이 군포를 죽은 사람들에게도 부과하고(백골포), 갓난 사내아이까지 부과(황구포), 부과할 대상자가 행방불명되었거나 죽고 없을 경우 그 가족이나 그 마을에 공동부과(족징 · 인징)시키는 가렴주구의 폐단이 상습화되었다. 이에 대한 촌락의 자조의식적인 공동 담보조직이 군포계였다. 종계는 씨족계로서 종족의 단체행사에 필요한 비용을 염출하기 위한 것이나 씨족 가운데 빈곤, 병, 재앙, 길흉사 등으로 도움을 받지 않으면 안 될 사람이 생기면 공제하기도 했다. 다시 말하면 혈연복지의 전형적인 형태라고 할 수 있다.

학계는 종계에서 파생된 것으로 종계의 자손이면 학비가 없어도 다닐 수 있게 한다는 점에서 공제성을 띠었다. 이 종적학계가 부락학계로 발전하여 마을에 돈이 없어 서당에 다니지 못하는 아이에게 배움의 길을 터주는 공제계로 보편화되었다.

양로계는 계원들의 노부모에게 정기적으로 경로·양로의 잔치나 선물을 베푸는 계와 계원뿐 아니라 마을의 노인들을 보살피는 두 가지 종류가 있었다.

동방계는 각종 과학시험에 합격한 동기생들끼리 맺는 계로서, 종계 이상으로 계원의 재앙이나 불행 등 빈곤에 공제를 하였다.

③ 품앗이

품앗이라는 말에서 '품'이란 노동을 의미하며, '앗이'란 공용한다는 의미이다. 품앗이는 부락 내 농민들이 노동력을 서로 차용 또는 교환하는 조직으로서, 우리나라 농촌의 가장 대표적인 노동협력 양식이며 정신적 교환의 의미도 내포한다. 이것은 사회윤리적 원리와 사회공리적 질서의 조화를 의미함과 동시에 임의적·비타산적인 협력에 구속적·이익적인 성질을 부여한 것으로 그 동인은 소농구조하의 농민사회가 자조적인 복지향상을 이룩하려는 협동체제라고 볼 수 있다. 두레와 품앗이의 차이는 두레가 공동작업이나 공동노동이 공동사회적(Gemeinschaft) 성격을 지니고 있는 반면에 품앗이는 이익사회적(Gesellschaft) 성격을 띠고 있다.

④ 향약

향약(鄕約)이란 지역사회의 발전과 지역주민의 순화, 덕화, 교화를 목적으로 한 지식인들 간의 자치적인 협동조직이라고 정의할 수 있다. 향약은 유교의 영향을 받아 일어난 순전한 민간 자치적인 상부상조의 활동으로 현재의 지역사회복지의 정신과 상통할 수 있는 철학을 가지고 있다고 볼 수 있다. 향약은 중국의 송대에 서안부라는 현(縣)에 있는 남전지역의 여씨 4형제에 의하여 처음 만들어졌다고 전해지며, 이른바 남전여씨향약이라는 고유명사를 줄인 것이다. 이와 같이 중국의 여씨향약은 주자학의 전래와 함께 우리나라에 도입되었는데, 처음 실시된 것은 성종 25년(1494)에서 연산군 4년(1498)까지의 5년 사이에 안음현감으로 있던 유학자 정여창이 향약을 베풀었다고 한다.

여씨향약은 화민성속(化民成俗)이라는 기본목적 하에 4대 강목을 바탕으로 모든 향약에 공통적인 것으로 덕업상권(德業相勸), 과실상규(過失相規), 예속상교(禮俗相交), 환난상휼

(患難相恤)이다.

⑤ 사창

사창(社倉)은 재앙이나 흉년을 대비하여 미리 향민에게 곡식을 징수 또는 기증 받아 저장해두는 촌락 단위의 규휼제도로서 의창, 상평창과 더불어 삼창의 하나이다. 사창제도는 중국 송나라의 주자가 의창을 본받아 실시한 제도인데, 우리나라에는 이이가 면원향학과 해주향약을 실시했을 때 병행해서 베푼 것이 최초이고, 이이의 학통을 이어받아 송시열과 윤선도가 그들의 향촌에서 사창제도를 실시했다.

사창은 흉년을 대비하고 수시로 빈민을 구제하는 이중의 복지 기능을 가졌고 촌락단위에서 자치적으로 행해지면서 국가의 지도와 감독을 받는 것은 오늘날의 민간지역사회복지활동과 유사한 점이 있다.

⑥ 기타 민속적인 협동관행

공굴은 마을 안에 중병자나 불구, 과부, 초상당한 사람의 농사를 같은 마을 사람들이 공동으로 지어준 민속을 말하며, 무보수 봉사를 원칙으로 하며 각자 관심을 갖고 와서 일을 해주나 그 마을의 유력자 또는 부자가 공굴날 주식을 부담하는 관례도 있다.

부근은 주로 북한에서 널리 행해지던 풍습으로 공굴보다 봉사범위가 넓어 농사일뿐만 아니라 동네사람이 집을 신축할 때, 10세 미만의 아이가 죽었을 때의 장사 등 동원봉사를 의미한다.

향도는 상여 메는 사람을 향도라 한 것과 연관이 있는 것으로 향도의 집회는 마을에 흉사가 있을 때만 무보수로 봉사한다는 점에서 부근과 다르다.

고지는 궁핍한 마을사람들끼리 연대책임으로 농업경영자와 노동청부의 계약을 맺고 양식이 떨어진 춘궁기에 노임으로 양식을 선불 받아 그것으로 춘궁기를 나고 농번기에 계약된 노동을 제공하는 것을 말한다.

부조는 지금도 대사를 치른 집에 금품공여를 부조라 하여 성행하고 있지만, 우리나라 전통사회에서의 부조의 범위는 보다 넓다. 예를 들면, 마을에서 누군가가 집을 지을 때, 농사를 짓지 않은 사람이나, 과부, 홀아비, 노인만 사는 집의 지붕을 이을 때 짚단을 무료로 공여하거나 하는 것, 불난 집의 뒤치다꺼리와 재건에 물자와 노력을 무상으로 제공하는 것을 부조라 하였다.

(2) 정부에 의한 인보제도

위에서 살펴본 촌락단위의 주민자치적인 인보복지의 관행 외에 군현 혹은 국가단위에 의해 다양한 복지제도가 고려시대와 이조시대에 존재하였다.

목민심서에 애민육조로 표현하고 있는 여섯 가지의 복지시책은 노인을 대상으로 하는 양로, 고아를 대상으로 하는 보호, 지극히 가난하여 상을 치를 수 없는 사람을 대상으로 하는 애상, 남의 힘에 의존하지 않고는 살 수 없는 사람들을 대상으로 하는 진궁, 불치의 환자나 위독한 병자를 대상으로 하는 관질, 수재 · 화재 · 기근 등 재앙을 당한 사람들을 대상으로 하는 구제가 그것이었다.

① 오가통제도

오가통제도는 정부에 의해 어느 정도 강제성을 지닌 인보제도로서 각 하급지방 행정구획을 일정 수의 호수로 세분하여 그 구역 내에 거주하는 모든 성원이 인보상조와 연대책임의 관념으로 자기 지역 내의 치안을 유지하고 복리를 증진하여 교화를 향상하여 지방행정의 운영을 돕는 지방자치제도였다. 우리나라에서 중국의 인보제도를 본받아 최초로 오가통제도를 실시한 것은 세조 때로서 향약보다 약 100년 앞섰다. 이 제도는 가구원의 수, 재력의 빈부와 관계없이 반드시 인접해 있는 다섯 가구로 1통을 편성함을 원칙으로, 남는 가구가 있을 때에는 적당히 인접의 통에 첨부시켰다. 5가 중에서 지위나 연령이 높은 사람 1인을 뽑아 통수로 삼아 통 내의 사무를 관장하게 했다.

② 국가단위의 상설복지기구

국가단위에서 주민의 복지를 증진시키기 위해 설립한 상설복지기구로는 의창, 상평창, 진휼청, 동서대비원, 활인서, 혜민서, 기노소 등을 들 수 있다.

의창은 흉년이 든 해 기민을 구제하기 위해 양곡을 저장 · 보관해 두고 무상 구제해 주는 제도이다. 문헌상으로는 의창에 대한 최초의 기록은 신라 남해왕 15년(서기 18년)으로 서울의 기민들에게 창곡을 풀어 구제했고, 19년(서기 75년)에도 크게 흉년이 들어 기민들에게 창을 풀어 지급했다. 이를 고려 태조가 '흑창'이란 이름으로 답습하였고, 이 흑창제도를 성종 6년 7월에 의창으로 개명하여 본격적으로 제도화하였다.

상평창은 빈민에 대해 곡물을 대여하고 상환의 의무가 주어졌다는 점에서 의창보다는 발전한 제도라고 할 수 있다. 최초로 문헌에 나타난 것은 고구려 고국천왕 16년(916년)으로 매년 3월에서 7월에 이르기 까지 창곡을 풀어 어려운 정도에 따라 진대를 해 주고 10월에 이르러 이를 환납시키는 제도로 시작하였다.

진휼청은 의창과 상평창과 같이 흉년에 빈민을 구제하는 국가기관이었는데, 조성왕조시대에 상평창이 진휼보다는 이곡(利穀)에 치중하게 되면서 생겨난 제도였다. 조선왕조에서 최초로 진휼사무 관리기관을 설치한 것은 태종 5년으로, 호조 내에 판적사를 둔 데서 비롯되었다. 그 후 세종 때에 호조에서 이 진휼사무를 떼어 내어 구황청을 신설하였고, 인조 4년에 이르러서는 구황청을 진휼청으로 개칭하였다. 이 해에 상평사무와 진휼사무를 합쳐 진휼을 할 때만 진휼청이라 호칭하고 일이 끝나면 상평창으로 호칭하였다.

2) 일제강점기의 지역사회복지

(1) 배경

일제시대의 구호사업은 근대적인 복지이념에 의해 시행되었다기보다는 일제의 시민정책의 일부로, 시해 또는 자선으로서 우리 민족이 그들에게 충성하게끔 하려는 정치적인 의미가 크다고 할 수 있다. 일제시대는 근대적 의미의 지역사회복지사업이 싹튼 시기라 할 수 있다.

기존의 민간협동단체가 한민족의 단결을 촉구한다는 것을 인식하고 강압적으로 계조직과 여타 단체를 해체시키는 데 매진하였다. 전통사회의 부락 자치단체인 동리계는 읍면제도 등 새로운 행정기구의 정비로 자연히 해체되었다. 일본의 강압적인 반대에도 불구하고 민간협동조직은 지역사회복지와 관련한 운동을 활발하게 전개하였다. 당시의 협동조합은 민간주도로 실시되었으며 빈곤에 허덕이는 농민들을 구제하기 위한 노력을 하였으나, 일본은 자발적이고 민간주체적인 협동조합이나 농촌운동 억제하면서 관제조합이나 농촌진흥운동을 시행하였다. 이들의 목적은 어떤 것이었든 간에 어디까지나 침략과 약탈의 수단으로 이용하고자 했던 것이다. 농민을 위한 이러한 조직들이 상부상조와 자조자립을 위한 자주적인 협동체로서 조직되어야 하는데 우리나라의 농민조직은 일제의 자본주의를 부식시키고 성장시키기 위한 관제로 도입한 데에 한계가 있었다.

(2) 일제강점기의 지역사회복지

일제시대의 지역사회복지사업은 총독부 내무부 지방국 지방과에 자선사업에 관한 사항을 맡게 되었고, 1912년 내무부 지방국에 제1과, 제2과를 두고 사회복지사업을 제2과에서 관장하게 했다. 1919년에 내무부 지방국이 내무국으로, 1921년부터는 내무국 제2과에서 한반도의 사회복지사업의 지도 · 통제를 담당하게 했다. 그리고 사회복지사업의 연락 · 조사연구기관으로 1921년 조선사회사업연구회가 조직되었는 데 이 협회는 오늘날 사회복지협의회와 유사한 업무를 가진 협의체이지만 그 조직이 관에 의해 통제되고 있었다는 점에서 정부기관으로 간주된다.

제1차 세계대전 이후 빈곤은 반드시 개인의 책임이 아니라 사회적 · 경제적 요인에 의한 구조적 모순의 결과로 발생한다는 사실을 인식하기에 이르렀다. 일본은 이런 사회 정세하에서 1929년 구호법을 제정하여 공포하였다. 우리나라는 약 22년이 지난 후 조선구호령 전문 33조 원본을 그대로 공포하여 실시하게 되었는데, 이 구호령은 해방 이후 1961년 생활보호법이 제정되기 전까지 공공부조의 기본법 역할을 하였다.

일제하에서 특이할 만한 사회복지시설로는 각종 어린이 보호시설이 설립 · 경영되었다는 것이다. 전국적으로 육아시설 22개소, 임산부 상담소 5개소, 탁아시설 4개소, 영아건강상담소 5개소, 불량아 감화시설 5개소, 빈궁아교육기관 9개소, 맹아보호시설 2개소 등 각종 아동보호시설이 설립 · 경영되었다. 1937년 중일전쟁이 시작되면서 인보, 상부상조와 국민 자각을 향상시킨다는 명목으로 서부인보관(1938), 용강인보관(1939), 성동인보관(1940), 영등포인보관(1941) 등을 개설하였다.

일제 강점기 학문적 업적으로서 연구활동은 사회사업에 관한 각종 문헌 발간, 사회사업

강습회 실시, 사회사업협회 설치 등이 활발히 이루어졌다. 연구문헌 면에 있어서는 일반 사회사업 종사자들뿐만 아니라 학생들까지도 사회사업에 대한 연구를 활발히 하였다. 그러나 대학에 독립된 사회사업학과는 아직 설치되지 않았으며, 1922년 9월에 조선사회사업연구소가 개소되었으나, 중단되었다가 1933년 8월에 다시 사회사업일반과 조선사회사업개요가 강습되었다.

3) 광복 이후의 지역사회복지

(1) 개관

1945년 해방은 되었지만 1940년 이후의 제2차 세계대전의 혼란을 극복하지 못한 정치·사회·경제적 불안정이 국토의 남북분단과 6·25동란으로 격화되어 사회적 불안이 1960년대까지 지속되었다. 이와 같은 혼란과 불안은 사회사업에도 예외가 아니었다. 해방 이후 우리나라 지역사회복지의 역사적 발달을 이해하기 위해서는 사회복지협의회, 사회복지공동모금회, 사회복지관, 외원기관과 지역사회복지의 관계 및 지역사회개발 등으로 나누어 살펴보아야 할 것이며, 대학을 중심으로 한 전문사회사업교육, 특히 지역사회조직론의 교육으로 전문 지역사회조직가를 양성·배출했다는 점은 중요한 의미가 있다.

(2) 사회복지공동모금

사회복지공동모금회는 시민과 사회복지기관의 협동조직으로서 지역사회 전체를 주 대상으로 하여 가맹기관을 위한 자금을 수집하고 체계적인 예산을 편성한 후 가맹 기관에 분배하며, 지역사회의 복지와 보건 및 오락사업의 협동적인 계획, 조정 및 관리를 추진하는 곳이다. 당시 우리나라에서 가장 잘 알려져 있는 공동모금은 '백만인 걷기 운동'이었는데 일반인의 큰 호응을 얻었다. 그 외에 대한적십자사에 의한 모금, 언론사들에 의한 수재민 구호기금, 구세군에 의한 자선냄비, 대한결핵협회에 의한 크리스마스 실 등이 1960년대부터 오늘날까지 모금활동의 전통을 이어오고 있다. 공동모금은 지역사회 주민들로 하여금 지역사회복지를 위한 활동에 자발적으로 참여할 수 있는 계기를 마련해 준다는 점에서 중요한 의의를 갖는다. 최근 사회적 인식이 개선되면서 모금방법이나 모금액에 있어서 매우 적극성을 보여주고 있다. 그러나 아직 우리나라 공동모금은 완전히 정착된 단계가 아니라서 자발적인 민간운동으로서 나아가야 공동모금이 성공할 수 있으며, 누가 어떠한 방법으로 조직하고 추진하느냐가 중요한 과제이다.

(3) 외원기관과 지역사회복지

6·25 동란 중인 1952년 7개 기관이 모여 외국의 민간 원조단체인 한국연합회(Korean Association of Voluntary Agencies: KAVA)가 조직되었다. 1964년에 이르러 KAVA의 회원단체는 70여 기관으로 늘어났고, 이들은 주로 기독교 복음전파의 사명과 목적을 갖고 종교사업과 함께 교육, 구호, 보건, 사회복지분야의 사업활동을 전개하였다. KAVA는 정부기관과 유대를 갖고 효과적으로 협조 통합된 단체로서의 사회복지활동에 대한 교량적 역할을 해 왔다.

외원사업은 전쟁난민과 고아들을 돕기 위한 구호작업을 시작하였는데, 민간단체 중심의 외원사업은 전쟁고아를 돕기 위한 시설보호사업이 대부분을 차지하였으며 이는 우리나라의 지역사회복지사업을 전문화하는 데 커다란 공헌을 하였다.

(4) 지역사회개발사업

지역사회개발사업은 자본주의 여파로 전통적인 농촌사회가 점차 변화되면서 지역주민의 경제적인 상태를 바람직한 방향으로 촉진하기 위한 주요활동을 말한다. 즉, 지역사회개발사업은 제2차 세계대전 이후 독립된 신생국에서 대두된 정책수단으로 UN과 미국에서 후진국을 중심으로 대두된 정책수단이며, UN과 미국에서 후진국개발사업의 하나로 채택되었다. 우리나라에서도 1950년대 후반에 지역사회개발사업이 농촌지도사업과 함께 농촌개발을 위한 미국 원조사업의 하나로 착수되었다.

지역사회개발사업은 농촌지도사업의 일원화를 위해 1962년 3월 농촌진흥법이 제정되면서 농촌지도사업과 통합하였다. 그 결과 농촌진흥청 지도국 사회지도과로 이관되었으며, 각 도의 산업국 지역사회과는 도 농촌진흥원 지도과로 편입되었다. 지역사회개발사업은 다양한 변화를 거쳐 지역사회개발과와 청소년과로 분리되었으며, 시범농촌건설사업(1962-1968), 주거지역개발(1969-1972), 새마을 소득증대시범지역 육성사업 등의 명칭 하에 지역사회복지 활동이 전개되었다.

(5) 새마을운동

우리나라의 지역사회복지 역사상 조직과 사업규모, 이를 수행하고자 하는 집념과 열기에 있어서 새마을운동만큼 막대한 변화를 준 운동은 없었다. 새마을운동이 공식적으로 시작된 것은 1970년 4월 박정희 대통령이 '우리 스스로가 우리 마을은 우리 손으로 가꾸어 나간다는 자조 · 자립의 정신'에 의해 출발하였으며, 9월에는 새마을 가꾸기 운동을 공식적으로 전개하였다.

새마을운동에서는 과정중심의 목표라고 볼 수 있는 '근면 · 자조 · 협동'을 표방하고 있으면서도 실제에 있어서는 가시적인 과업중심의 목표를 달성하는 데 치중하는 경향이 농후했다.

지역사회의 복지를 증진시키기 위한 조직적 활동이 소기의 목표를 효과적 · 효율적으로 성취하기 위해서는 조직체를 구성하는 것이 불가피하다. 새마을운동은 공 · 사 지도자들로 구성된 '지역개발위원회'가 있었지만, 정부의 권고나 지시에 의해 소수의 지도자에 의해 주도되었다고 할 수밖에 없다.

새마을운동의 프로그램 내용은 소득증대, 환경개선, 정신개발로 대변할 수 있다. 이러한 사업들은 경제적, 사회적으로 낙후한 우리나라의 전통적인 농촌생활의 조건을 근대화시키는 데 큰 공헌을 하였음은 사실이다.

1981년 새마을운동은 제2의 도약으로서 민주주의 실천운동, 범국민적 생활운동, 국민정신개혁운동 등을 토대로 국민화합운동으로 확산되었다. 그러나 '위로부터의 지역사회개발 전략'이었기 때문에 정치권력의 통치수단으로 가능하여 지역사회복지의 일환으로 전개된 새마을운동은 많은 한계를 지니고 있다.

우리나라의 새마을운동은 지역사회개발 모델의 대표적인 형태라고 할 수 있다. 그러나 1980년 중반 이후 우리나라의 정치, 경제, 사회적인 변화는 새마을운동의 퇴조를 불러왔고, 지역사회조직사업의 유형도 지역사회개발 모델에서 지역사회행동 모델(지역사회복지

운동)로 점차 확대되는 경향을 띠기 시작하였다. 이러한 변화가 구체화된 시점을 민주화 운동과 더불어 생활권 보장이라는 차원에서 전개되는 사회운동과 연관되면서였다. 이것은 기존의 지역사회개발 모델을 넘어서 복지와 관련된 이슈 또는 지역사회의 문제 해결을 위해 사회행동 모델로 점차 변화되는 경향을 보여 주고 있다.

4) 지역중심서비스 제공 확대 및 지역사회복지의 새로운 변화

(1) 1980년대: 지역사회중심의 서비스 확대

1980년대는 절대빈곤 대신 빈부격차와 상대적 빈곤의 문제가 새로운 쟁점으로 떠오른 시기였다. 그러나 지역사회실천의 측면에서 본다면, 그 어느 시기보다 역동적인 지역사회 조직사업이 펼쳐진 시기로 평가할 수 있다(김종일, 2005). 이 시기에 정부의 주도하에 지역사회복지관의 설립, 재가복지서비스의 도입, 사회복지전담요원제도의 실시, 지역사회행동 모델의 확산 등 지역사회복지가 구체화되었다.

사회복지관은 1983년 사회복지사업법 개정에 따라 종합복지관 가형, 나형 그리고 사회복지관으로 나누어 공식적으로 국가의 지원을 받게 되었다. 특히 임대 아파트 단지 내 사회복지관 건립이 법제화되면서 저소득층 밀집지역을 중심으로 사회복지관이 증가하여 저소득층 복지향상에 기여하였다.

또한 이 시기에 기존 시설보호중심의 정책을 탈피하여 지역사회중심의 사회복지서비스를 제공하는 재가복지사업이 도입되었고, 재가복지는 노인복지와 장애인복지의 민간분야에서 처음으로 시도되었다. 그리고 가정봉사원파견사업은 구호에 비중을 두는 기존의 방식에서 탈피하여 대인사회복지서비스의 제공이라는 원조내용의 변화, 자원봉사자의 활용, 정기적인 서비스제공 등과 같은 차별화된 특징을 담고 있다.

한편 지역의 생활보호대상자(국민기초생활보장수급자)를 중심으로 하는 공공부조 업무를 수행하기 위해 1987년부터 전국 읍·면·동사무소에 사회복지전담요원(사회복지전담공무원)을 배치하기 시작했다. 이 제도는 공공부조사업뿐만 아니라 지역사회중심의 공공사회복지 전달체계가 발달하는 계기가 되었다(이양훈 외, 2007).

또 다른 흐름은 주로 빈민지역의 철거 반대투쟁, 핵발전소 설치반대운동 등 지역사회행동 모델로 점차 확대되는 경향을 띠기 시작했다.

(2) 1990년대 이후: 지역사회복지의사업의 전개

1990년대 이후 지역사회복지는 정부정책, 사회복지실천, 사회복지교육면에서 변화와 발전이 있었다. 이 배경으로는 정치적 민주화, 자원봉사활동의 확대, 지방자치제의 정착, IMF 경제위기라는 외부환경의 변화로 인해 새로운 전환기를 맞았다. 과거에 비해 지역중심성에 대한 강조, 전문성의 강화 등을 기초로 질적인 변화를 경험하고 있다.

1995년 지방자치제도의 실시는 지역사회복지의 전개에 지방자치와 주민참여의 활성화를 가져왔고 이는 지역사회복지정책의 결정과 집행에 참여하여 사회복지서비스의 적절성을 높여 주고, 지역주민들의 자원봉사활동의 활성화에 기여하였다. 또한 사회복지관과 재가복지센터의 증가로 지역사회를 중심으로 하는 사회복지서비스가 확대되었다(양정하 외, 2008).

1997년 사회복지사업법의 개정에 따른 사회복지기관에 대한 평가의 실시는 사회복지사업의 운영 및 프로그램의 효과성과 효율성 제고, 지역사회 중심의 자원동원 및 서비스 전달체계의 확립, 지역사회 주민조직화 사업을 강화하는 등 지역사회복지실천 영역의 확대와 전문성을 높이는 계기가 되었다(이양훈 외, 2007). 2000년대 광역단체 및 기초 자치단체 사회복지협의회의 독립법인화, 지역사회복지협의체의 수립과 실행, 사회복지재정의 지방분권화 등으로 지역사회중심의 사회복지가 더욱 강화되고 있다. 최근에는 지역사회자본을 확대하는 일과 지역화폐운동(또는 지역품앗이운동)이 널리 퍼지고 있는 추세이다(김종일, 2005, 재인용).

또한 국민기초생활보장법의 시행으로 지역사회 중심의 자활급여를 실시할 자활후견기관(지역자활센터)을 전국 시 · 군 · 구에 설치하여 본격적으로 자활사업이 전개되었다.

2003년에는 노무현 대통령의 참여정부가 국정과제의 하나로 '지방분권과 국가균형발전' 정책을 추진함에 따라 사회복지 분야에도 많은 변화들이 일어나게 되었다. 특히 이 시기 「사회복지사업법」 개정을 통해 시 · 도 및 시 · 군 · 구 단위의 지역사회복지계획수립을 의무화하였다. 지역사회복지계획수립의 목적은 시 · 도가 처해있는 복지환경과 활용 가능한 복지자원을 고려해 시·군·구 지역복지계획의 시행을 지원함으로써 시·도의 전체적 복지수준을 높이는 데 있었다. 시·군·구의 지역복지계획은 각 기초단계별로 복지 대상자 및 지역사회주민의 욕구를 파악하여 예산을 편성하고 각 분야의 전문가들이 참여하여 모든 영역에 복지서비스를 제공하기 위한 것이다(조추용 외, 2009).

지방분권화에 따른 사회복지의 변화는 사회복지사무의 지방이양과 재정분권화, 지역사회협의체의 구성, 사회복지전달체계의 개선 등을 들 수 있다.

2008년 7월 1일부터는 정부는 노인인구 증가로 인한 초고령사회(노인인구가 20% 이상)에 대비하여 노인장기요양보험제도를 시행하고 있다.

주요내용

영국 사회복지의 역사는 1601년 엘리자베스 구빈법의 제정, 1948년 국가 부조법 제정, 그 이후의 복지국가 주도기, 1970년대 이후 신보수주의로 인한 복지후퇴 및 다원주의 시기 등 새로운 전환점을 형성하는 시기별로 나누어 볼 수 있다. 19세기 후반 영국 지역사회복지 발전과정의 핵심은 자선조직협회와 인보관 운동이라고 할 수 있고 영국에서 시작하여 근대적인 의미의 지역사회복지의 모체가 되어 현대까지 이어오고 있기 때문이다.

한편 20세기 영국 지역사회복지 발전과정의 핵심은 지역사회보호의 출현과 발달이며 이는 공공부문 중심의 사회복지서비스 전달이라는 특성으로 인하여 지방정부중심의 집행체계 및 전문사회사업의 확립, 시설보호의 문제를 개선하기 위한 지역사회보호서비스 확충 등 다양한 지역사회복지의 발전과정이 지역사회보호와 연관되기 때문이다.

미국 지역사회복지의 역사는 19세기 말 산업화 이후 농촌 및 유럽지역에서 이주한 이주민들의 도시 집중화로 인한 지역사회 문제에서 출발하여 1차 세계대전, 대공황, 제2차 세계대전, 빈곤과의 전쟁, 신보수주의 시기를 거치면서 지역사회복지가 발달해오고 있다.

우리나라 사회복지역사는 6·25 전쟁이후 50여년 밖에 되지 않고 지역사회복지역사도 그 흐름을 같이하고 있다. 우리나라의 지역사회복지역사는 근대 이전 시기, 일제 강점기를 포함하는 근대화 시기, 새마을 운동을 중심으로 하는 지역사회개발 시기, 지역사회 중심의 서비스 확대 시기, 지역사회복지의 새로운 변화가 진행 중인 현대시기로 나누어 볼 수 있다.

CHAPTER 04 지역사회복지의 이론

학/습/목/표

1. 지역사회복지 이론의 의미와 관점을 이해한다.
2. 사회체계이론과 생태학의 이론을 구분하여 설명할 수 있다.
3. 갈등 이론과 교환 이론을 각각 이해하고 설명할 수 있다.
4. 사회구성론의 특성을 이해하고 설명할 수 있다.

1. 지역사회복지 이론의 의미

지역사회복지 이론의 의미는 지리적, 구조적 형태와 사회적 동질성을 강조하는 자연지역으로서의 의미를 갖는다.

1) 지리적 지역사회복지의 의미

지리적 의미는 일정한 지리적 범위 내의 사람들의 집단 또는 공통의 이해관계, 소속감, 문화에 기초하여 활동하는 사람들의 집단으로 구성된 사회적 단위 기반 위에, 지역사회는 한 지역을 구성하는 사람들과 조직들의 지리적 분포라는 견지에서 고려될 수 있는 사회집단에 적용되며, 지리적 특성이 된다.

2) 기능적 지역사회복지의 의미

기능적 의미의 지역사회는 사회적으로 동일한 특성을 지닌 지역으로서 지역사회에서의 동일한 관심과 기능을 함께 지향하는 사람들의 집단을 말한다. 타 지역과 구별될 수 있는 지역 사회적 특성을 지닌 독립적인 지역으로, 지역사회 주민의 화합성, 일체성, 공동생활 문화양식, 동일한 관심과 가치, 공동의 합의와 노력, 지역소속 의식의 사명감 등이 강조된다.

3) 사회적 동질성을 강조하는 지역사회복지로서의 의미

지역사회는 다양한 지역사회 문화형태의 사회접촉(Social Interaction)이 가능한 지역 내에서 생활하는 소속된 사람들로 형성되어 있는 지역주민들은 서로 도우면서 상호 보호와 복지를 위해서 그 지역 내의 여러 종류의 사회조직망을 형성한다. 워렌(Warren)은 급속한 산업화와 도시화가 이루어지고 있는 현대지역사회에서는 기존의 지역사회복지의 개념은 적합하지 않다고 보았다. 그리하여 현대지역사회란 심리적인 면에서 공동의 이익과 특성, 연합을 의미하며, 지리적인 면에서는 사람들이 모여 사는 특정지역을 의미하고, 사회적으로는 이 두 가지 측면을 결합시키는 것이라고 하였다.

전통적 사회는 일정한 지역사회를 바탕으로 하여 인위적이 아닌 자연적 지역사회 발생적 집단이라 하면, 그 지역에서 생활 공동체로서 서로 공유하면서 공통된 어느 정도의 자급자족이 이루어지고, 지역사회 주민들의 생활 전반에 대한 관심을 함께하므로 공동체 의식이 형성된다. 또한 공통의 동일한 문화와 사회체계가 형성되어 자생적으로 다른 지역과 구별되는 사회적 특징인 폐쇄성, 배타성을 나타낸다.

2. 지역사회복지를 보는 관점

일반적으로 지역사회복지를 보는 관점은 다양한 이론들에 의해서 정립되고 적용되어지고 구분되는데, 그 기본적인 이론은 지역사회복지 문제를 해결하기 위해서 접근하는 방법과 그 지침을 제시하고, 지역사회복지 현장에서의 여건상 주어진 환경에서 정치, 경제, 사회, 문화 등의 차원에서 다루어지면서, 다양한 이론에 의해 지역사회복지 문제 해결이라는 원칙 아래 바람직한 지역사회복지의 실천에 다가가기 위한 기본적인 이론의 접근이 필요하므로 다음과 같이 다양한 이론들을 살펴보고자 한다.

1) 기능주의

지역사회복지에서 기능주의는 지역사회를 하나의 사회체제(Social System)로 보며, 지역사회의 질서와 균형, 안정을 강조한다. 사회체제는 다양한 사회구성요소로 이루어지고 있다. 구성요소는 정치, 경제, 사회, 문화, 종교, 가족 등이며, 구성요소 간의 상호관련성, 상호작용을 한다. 또한 구성요소들 간에는 일정한 경계를 유지하면서 존재하며, 사회 구성요소들은 경제유지활동을 수행하고 있다. 이 결과 사회적 · 심리적 · 지리적 경계를 가지며 상호작용 속에서 기능을 수행하며, 이를 통해 질서와 균형, 안정을 유지하도록 한다(김형수 외, 2010).

기능주의 이론(Functional Theory)은 지역사회가 다양한 조직체계로 구성되어 상호교류하여 서로 상부상조하고 의존하여 바람직한 지역사회복지가 만들어 진다고 보았고, 이런 측면에서는 생물학적 유기체의 유추에서 그 근본적인 것을 찾아 볼 수 가 있고, 지역사회복지의 모든 조직체계는 서로 상호작용하면서 모든 조직이 이루어진다고 할 수 있다.

(1) 기본개념

기능주의 이론(Functional Theory)은 사회과학의 대표적인 이론으로서 19세기 초의 유기체론에 그 뿌리를 두고 발전하였다. 지역사회는 특수한 지리적 여건과 환경이라는 지역이 정치, 경제, 사회, 교육, 문화 등의 다양한 차원에서 다루어져야 한다.

이 이론에 의하면 지역사회는 상호의존적인 부분들로 구성되어 있는 체계로 본다. 각 부분들은 체계의 장에 기여하며 이로써 전달체계는 순하게 기능하며 균형 상태를 유지한다.

기능주의 이론 관점에 의하면 사회가 유지되기 위해서는 마치 생명체가 유지되기 위해서 기본적인 요건들을 충족시켜야 하듯 유기체인 사회도 기본적인 조건들이 수행되어야 하며, 만약 그렇지 못할 경우 사회는 해체되거나 충족시키기 위해 정치, 경제, 사회, 문화, 교육 등의 다양한 사회제도를 구성하고 하나의 체계를 이루면서 지역사회의 요보호대상자들이 균형을 유지할 수 있도록 충분한 자원지원이 되도록 해주고, 균형이 되지 않을 때는 균형이 정상적으로 될 수 있도록 다양한 초점으로 자원지원이 될 수 있어야 한다(김윤재 외, 2010).

현대 기능주의 이론가들 중 대표적인 학자는 파슨스(T. Parsons)는 AGIL도식이란 사회체계에서 적응(Adaptation), 목표달성(Goal attainment), 통합(Integration), 잠재성(Latency)의 4가지 특성적인 기능이 있는데 다음과 같이 요약하였다.

첫째, 적응(Adaptation)의 기능은 사회체계가 유지함에 필요한 자원들을 확보해야한다는 사회체계의 기능이며, 이러한 기능은 경제적 기능이 여기에 포함한다.

둘째, 목표달성(Goal attainment)의 기능은 사회체계의 목표를 달성하기 위해 이루어지는 사회체계기능이며, 이것은 정부의 기능이 여기에 속한다.

셋째, 통합(Integration)의 기능은 사회체계의 통합을 이루는 가장 기본적인 체계의 합의라 할 수 있는 기능이며, 사회적 문제와 일탈자들을 재제하는 일종의 사회체계유지를 위한 법원의 기능들이 여기에 포함된다.

넷째, 잠재성(Latency)의 기능은 사회체계가 개인들에게 사회적, 문화적, 행동양식과 삶의 존재방식을 공급하고 유지하고 갱신해야 한다는 사회체계로서 이를 유지하기 위해서는 가정, 학교, 종교적인 사회화 기능이 여기에 속한다(남진열 외, 2009, 재인용).

(2) 기능주의 이론과 지역사회복지

지역사회에 적용되는 기능주의적 관점을 다음과 같이 정리할 수 있다(최일섭, 이현주,

2008, 재인용).

첫째, 지역사회는 다양한 사회적 제도로 구성되어 있는 하나의 체계로 파악할 수 있다. 지역사회 수준에서 발견되는 독특한 제도적 체계의 수는 사회에 따라 달라지지만, 중요한 제도적 체계들은 정부, 경제, 사회, 종교, 가족 등과 같은 하위체계들이다.

둘째, 하위체계들 간에 상호관련성이 있으며, 또한 각각의 하위체계들은 다양한 사회적 또는 결사체적 집단으로 구성되어 있다.

셋째, 지역사회를 포함한 모든 사회체계는 균형상태를 향해서 움직이는 경향이 있다. 이는 체계 내 한 구성요소의 변동이 다른 구성요소의 변동을 자극한다는 것을 의미한다. 그 결과 한 사회체계의 다양한 부분들 간에는 조절, 조정, 통합이 이루어지면서 균형상태를 유지한다는 것이다.

넷째, 하위체계들 간의 상호관련성이 있다 하더라도 각각의 하위체계들 역시 하나의 분리된 실체를 이루고 있고, 모든 사회체계의 구성원들은 의식적으로든 무의식적으로든 다양한 경계유지활동에 종사하게 된다. 그 결과 사회체계는 심리적 사회적 경계를 가지게 된다.

2) 갈등주의

갈등주의 관점에서는 기능주의가 지역사회의 갈등주의적 측면을 고려하지 못했다고 하면, 갈등주의는 사회변화과정의 사회본질로 보고 있다. 지역사회 구성원들 간의 정치, 경제·문화적 자원, 권력, 지위 등의 불평등 배분 관계 때문에 갈등이 발생한다고 보고 있으며, 사회갈등관계로 인하여 지역사회 내에서 변동이 초래된다. 예컨대, 사회복지시설에 님비현상으로 인한 지역 구성원들과 행정적 처리문제로 인한 주민과 행정기관 간의 갈등과 같이 결국 지역사회문제 해결과 관련하여 이를 해결하기 위해서 지역갈등의 주 원인은 지역사회 내에서 권력, 경제적·문화적 자원 등의 재분배 요구 및 사회행동으로의 표출이 있게 된다(김형수 외, 2010).

또한, 갈등 이론은 각 체계들의 갈등을 통해 지역사회 내 욕구와 문제와 같은 다양한 복지를 해결해야 한다는 관점에 초점을 두고 지역사회 내의 각 계층들이 이해관계 속에 의하여 형성되고 분열되는 과정을 보이고, 지역사회의 이익 또는 자원의 차이가 갈등을 유발한다고 보았다(김윤재 외, 2010).

(1) 기본개념

갈등 이론에서는 인간은 그 사회적 구성원들이 소유하고 있는 자원은 한정되어 있기 때문에 어떤 사회이든 갈등은 피할 수 없다는 입장이다. 이러한 갈등의 원인은 다음과 같다.

첫째, 경제적 문제에 대한 갈등이다.
둘째, 권력이나 권위를 둘러싼 갈등이다.
셋째, 가치나 신념의 차이로 인한 갈등이다.

이러한 측면에서 갈등이 발생하면 사회마다 그것을 어떤 방식으로든 해결하려고 노력한다. 가장 널리 활용되고 있는 갈등 해결방법으로는 회피(Avoidance), 타협(Negotiation), 조정 및 재판(Arbitration And Adjudication)이 있다(양정하 외, 2008, 재인용).

① 회피(Avoidance)

회피의 방법은 갈등의 소지가 있는 상황에서 사람들이 갈등 상황을 무시하거나 갈등 및 논쟁 추구를 선택하지 않는 것이다. 갈등을 회피함으로써 사람들은 논쟁과 싸움으로 시간을 허비하는 것을 막을 수 있다.

② 타협(Negotiation)

타협의 방법은 갈등 당사자들이 직접 또는 그들의 대표자를 통해서 갈등해결을 위한 합의점을 모색하는 것이다. 타협은 서로의 합당한 주장과 갈등 당사자들이 인정하는 객관적 규칙에 기초하여 이루어지며 때로는 돈과 물질의 실용적 교환과 거래를 활용하기도 한다.

③ 조정 및 재판(Arbitration And Adjudication)

조정과 재판은 갈등 당사자들이 누가 옳고 그른지에 대한 판단을 공식적으로 요구할 때 사용하는 방법이다. 조정은 갈등에 대한 판단을 공식적인 사법절차에 맡기는 것이 아니라 중립적인 조정위원으로 구성된 위원회 같은 데서 갈등해결을 모색하는 방법이다.

(2) 갈등 이론과 지역사회복지

갈등이론은 지역사회복지의 적용에 있어서 지역사회 내 다양한 욕구들을 사회적, 기본적인 본질로 접근하고자 할 때, 지역사회의 갈등주의적 접근은 지역문제나 주민욕구를 해결하기 위해서 지역사회에서 구성하고 있는 다양한 문제들의 구성요인들인 정치, 경제, 문화, 사회, 자원, 교육, 권력 등의 재분재가 이루어지도록 지역사회 행동으로 나타난다는 점을 강조한다. 갈등은 기능 이론이나 사회체계 이론과는 달리, 갈등이 지역사회에 부정적인 결과만을 초래하는 것이 아니라 사회를 변화시키는 원동력으로 여기고 있다.

갈등 이론은 지역사회문제해결을 위해 매우 유익하게 활용할 수 있는 데 다음과 같이 기여 할 수 있다.

첫째, 갈등 이론의 적절한 적용은 지역사회의 문제 해결 과정에서 지역사회복지실천가의 노력이 제한적이나마 보다 사회적 원인이 지향적이고 사회정의 지향적인 모습을 갖추도록 하는 데도 기여할 수 있다.

둘째, 지역사회갈등은 지역사회 내의 정치, 경제, 권력, 재산 등의 불균등한 배분 때문에 발생하고, 또한 문화적 가치와 신념의 차이로 발생한다. 그리고 갈등 이론은 바로 이러한 갈등관계를 통해 지역사회복지제도가 변화한다고 본다.

셋째, 갈등 이론은 지역사회문제의 원인을 개인에게 두지 않고 사회의 구조적 모순에 두기 때문에 지역사회복지실천가로 하여금 지역사회행동을 통해 적극적으로 표출할 것을 강조한다(김윤재 외, 2010).

3) 사회체계 이론과 생태학 이론

(1) 사회체계 이론

사회체계 이론은 독일의 대표적 사회학자 니콜라스 루만이 정립한 이론으로 체계란 체계를 구성하고 있는 부분적 요소들이 상호 의존적이고, 역동적인 관계를 맺고 있는 단위들이 서로 영향을 주고받으므로 상호작용이 일어나는 장이라고 볼 수 있다. 사회체계가 갖고 있는 속성을 살펴보면 체계는 자신을 환경과 구별하는 동시에 연결하는 경계선이 존재한다. 즉, 체계는 체계와 환경을 구분하는 울타리가 있는데, 경계선(Boundary) 체계가 가지고 있는 또 하나의 속성은 항상성이다. 그런데 체계는 일관성을 유지할 수 없는 외부의 정보를 접하게 되는 경우에는 스스로 변화한다. 체계의 변화를 변형성이라고 한다. 체계의 변형성은 항상성 다음에 오는 것이 특징이다. 체계는 항상 변화를 하기 전에 먼저 체계 자체를 유지하려고 노력하기 때문이다. 체계 자체의 노력으로 외부정보가 효과적으로 통제되어 변화가 필요하지 않으면 체계는 항상성을 유지한다. 그러나 이 노력이 실패하게 된다면 체계는 변화하려고 노력하게 된다(김용태, 2000, 재인용).

이러한 체계는 개방체계, 폐쇄체계, 대상체계, 상위체계, 하위체로 나누는데, 개방체계를 통하여 서로 다른 체계와 정보라는 에너지가 상호 교류한다면 폐쇄체계를 통하여 서로 다른 체계와 상호 교류하지 못 하게 되는 것이다. 또한 대상체계는 분석의 대상이 될 수 있는 특정한 사회체계에 있는 모든 상황들에게 영향을 주는 것이고, 상위체계는 이 대상체계의 외부적인 기능을 연결해 줌으로써 영향을 주고, 하위체계는 대상체계에 있어서 내부적인 기능을 다른 체계와 서로 상호 연결할 수 있도록 상호작용한다(김광희, 2011).

(2) 생태학적 이론

생태학적 이론에 따르면 지역사회는 다양한 공간적 분포를 보이는 곳으로 이동, 인구변화, 사회조직 및 사회계층의 구조적 변동 등은 지역사회의 공간적 변화를 설명하는 요소가 된다. 생태학에서는 지역사회의 성장과 조직의 독립적인 영향을 미치는 과정을 다음의 개념으로 설명한다. 기능의 중심(Centralization), 인구의 집중(Concentration), 격리(Segregation),

침입(Invasion), 계승(Succession)으로 다음과 같이 설명한다(Poplin, 1985, 재인용).

첫째, 기능의 중심(Centralization)은 기관 및 서비스가 교통과 의사소통의 중심지 부근에 집중하는 경향을 말한다.

둘째, 인구의 집중(Concentration)은 도시의 어떠한 부분이 과도하게 혼잡하고 인구가 과밀한데 비해 도시 다른 부분은 인구가 과소한 기능을 지칭한다.

셋째, 격리(Segregation)는 여러 집단 및 기관들이 그 도시 안에 분리되어 있고 특정 지역에 위치하는 경우를 말한다.

넷째, 침입(Invasion)은 원래의 지역이 외부로 성장하고 팽창하는 것이고, 또 어떤 지역으로부터 다른 지역으로 영구적으로 이동하는 것이다.

다섯째, 계승(Succession)은 침입이 완결된 상태로 어떤 지역의 용도가 완전히 전환되는 것을 말한다. 이전에 주거지역이었던 곳이 완전히 상업지역으로 변할 때 또는 이전에는 부유층만 살았던 지역이 빈민층만 살게 된 때 일어난다. 계승이란 지역적 현상일 뿐만 아니라 시간적 현상이라는 것을 의미한다. 계승으로 오래된 인구집단들이 새로운 인구집단으로 배치되고 그 지역에 새로운 제도적 유형들이 출현하게 된다. 계승은 지속적인 변동을 요구하는 것이다.

이러한 관점을 따라 실천 하면 사람과 사회 환경 간에 질서가 있고 건설적인 방식으로 변화가 일어날 때, 지역사회의 역량이 커지고 지역주민들을 위한 필요한 자원을 원활히 제공할 수 있게 된다(김광희, 2011).

이러한 측면에서 콤프톤과 갤러웨이(Compton & Gallaway)가 구분한 환경의 수준을 4가지로 정리하면 다음과 같다.

첫째, 개인이 최근접의 상황에서 경험하는 부분적 환경으로서 '개별상황(Individual Circumstances)'이 있다.

개별상황(Individual Circumstances)은 우리가 직접 마주치는 환경으로, 환경과의 경험을 통해 외부세계를 다루는 방법을 발달시키는 것이다.

둘째, 개인이 일상생활 속에서 경험하는 가족, 학교, 직장, 여가생활에서 다루는 '미시수준(Micro Level)환경'이 있다.

미시수준(Micro Level)환경은 개인의 가장 친밀한 상호과정에서 개입하는 사회복지사가 직접 접촉하고 교류하는 활동이며, 클라이언트와 사회복지사 간에 1:1로 이루어지는 것이다.

셋째, 전체 환경 중에서 미시수준환경에 영향을 주어 그 성격과 기능을 결정하는 '중간수준(Mezso Level)환경'이 있다.

중간수준(Mezso Level)환경에는 학교의 구조, 운영, 정책결정과정, 규칙의 경직성 또는 유연성, 재단의 교육의지가 여기에 속한다.

넷째, 전체 사회구성원에게 공통적으로 해당되는 물리적 · 사회적 · 문화적 · 경제적 · 정치적 수준의 '거시수준(Macro Level)환경'이 있다.

거시수준(Macro Level)환경은 사회 구성원들의 전반적 기술의 정도와 지역사회 구성원들의 언어, 문화 · 경제 · 주택수준, 제도 내의 법률적인 성격, 지역사회 내면에 녹아있는 규칙이나 관습상의 내용 등을 포함한다(고수현, 2013).

4) 자원동원 이론과 교환 이론

(1) 자원동원 이론

사회운동조직의 역할과 한계를 규명한 자원동원 이론인 사회운동은, 사회운동이 성공하기 위해서는 조직원들의 헌신과 함께 집합적 정체성 형성을 돕고 이것을 토대로 환경의 조성이 필요하다고 주장한다.

사회운동조직이 대중의 인지와 정당성을 획득하기 위해서 일차적인 방법의 하나인 사회적 항의를 사용하며, 사회운동의 성패좌우는 조직원 충원과 자금조달 그리고 적절한 조직구조를 개발할 수 있는 능력에 달려 있다고 본다. 그러나 자원동원을 위한 외부자원의 의존은 조직의 자율성과 역동성의 약화를 가져 올 수 있다는 근본적 한계를 갖는다.

새마을운동, 촛불집회와 태극기 집회 등과 같은 인적자원의 동원 다양성, 사회운동의 다른 집단에 대한 연계, 외부자원의 역할, 정부가 운동을 통제 혹은 통합하기 위해서 활용하는 전술 등이 될 수 있다. 자원동원 이론의 적용은 지역사회복지에서 사회적 불만의 팽배를 사회운동의 직접 원인으로 보는 전통적 시각을 비판하고, 사회행동으로써 집합행동이 일어나기 위해서는 계기가 필요하다고 주장한다. 이러한 계기를 만들어내는 사람은 조직 속에서 활동한 운동가이며, 조직이 활성화되기 위해서는 자원이 필요하며 자원의 유무에 따라 사회운동의 성패가 결정되는 것으로 본다(김광희, 2011).

자원에는 지역사회의 돈, 정보, 사람, 조직원 간의 연대성, 사회운동의 목적과 방법에 대한 정당성이 포함되어야 하며, 이러한 자원이 동원되기 위해서는 일차적으로 조직원이 확보되고, 조직의 철학과 이념이 잠재적 조직원들에게 전달되어야만이 잠재적 조직원 충원에 큰 영향을 준다(김종일, 2006, 재인용).

(2) 교환(Give & Take) 이론

교환(Give & Take) 이론은 인간은 합리적인 사회적 동물이며, 최대의 이익을 추구하려는 경향이 있다고 전제한다. 타인의 인정이든 물질적 보상이던 만족할 만한 보상들이 사람들 사이에 이루어지는 교환과정에 초점을 두고 사회적, 물질적 자원의 교환을 인간 상호작용의 근본형태로 파악한다. 개인이나 집단은 다른 사람이나 집단에게 무엇을 주는 대신 다른 보상을 서로 주고받을 수 있다고 생각할 때 상호작용이 일어난다. 쌍방 간에 교환의 행위가 반복이 되다 보면, 개인이나 집단 간의 사회적 관계는 더욱 더 강화될 것이라고 보는 관점이다(김광희, 2011).

또한, 블라우(P. Blau)는 그의 교환 이론에서 교환은 미시적인 수준에서 출발해서 사회구조와 조직까지 연결하며, 교환이라는 인간의 사회적 행동이 어떠한 경로를 통해 차별적 지위구조(불평등의 관계) 또는 사회적 유대(평등의 관계)를 만들어내는지에 관심을 가지며 교환이 평등한 관계로 이루어질지 불평등한 관계로 이루어질지는 교환에서 얻는 이익의 호혜성(Reciprocity) 여부에 달려 있다고 주장한다. 호혜적 관계는 사람 사이의 신뢰와 유대를 강화하고 타인이 필요로 하는 서비스에 대해 통제력을 가지는 한편, 타인의 서비스를 필요로 하지 않는 사람은 타인에 대해서 권력을 행사할 수 있는 위치에 있게 된다.

즉, 권력구조는 불평등한 교환관계로부터 만들어진다. 교환 작용이 일어나면서 자원의 소유 여부에 따라 권력과 지위는 분화되고 집단의 인정을 받기 시작한 권력은 권위로 굳어져서 조직의 안정과 균형의 기본을 이루게 된다(김종일, 2006, 재인용).

교환 이론의 대표학자 호마스(G. C. Homans)가 제안한 교환 이론의 기본적 원리들은 다음과 같다(남진열 외, 2009, 재인용).

① 성공 명제

어떤 사람의 특정행위가 자주 보상되면 될수록 그 사람이 그 행위를 수행할 가능성이 커진다.

② 자극 명제

만약 과거에 어떤 특정 자극이 발생한 것이 어떤 사람의 행위가 보상된 경우였다면, 현재의 자극이 과거의 자극에 비슷하면 비슷할수록 지금 그 사람이 그 행위나 다른 비슷한 행위를 수행할 가능성이 더 커지게 된다.

③ 가치 명제

어떤 사람의 행위의 결과가 그에게 가치가 크면 클수록 그가 그 행위를 수행할 가능성이 더 커진다.

④ 박탈-포만 명제

어떤 사람이 최근에 특정 보상을 자주 받았다면, 받았을수록 그 보상의 추가되는 어떤 단위도 그에게는 별로 가치가 없게 된다.

⑤ 공격-인정 명제

어떤 행위에 대해 기대한 보상을 받지 못하거나 기대하지 않은 벌을 받는다면 그 사람은 화를 낼 것이다. 따라서 그는 공격적 행동을 취할 가능성이 더 커질 것이다. 반대로 어떤 행위에 대해 기대한 보상을 받든지 혹은 기대한 것보다 더 큰 보상을 받든지, 아니면 그가 기대한 벌을 받지 않을 때 그 사람은 기뻐할 것이며, 그는 인정받는 행동을 취할 가능성이 더 커질 것이다.

⑥ 합리성 명제

사람은 서로 대인적인 행위들 중 하나를 고를 때, 자기가 그 결과의 가치와 그 결과를 얻는 확률을 곱한 것이 크다고 자각하는 행위를 말하는 것이다. 즉, 사람들은 여러 가지 서로 대안적인 행동방향에 대해 계산한다.

(3) 교환 이론과 지역사회복지

교환 이론에 의하면 지역사회복지실천 역시 교환의 장에서 이루어진다. 하드캐슬, 위노커 및 파워스(Hardcastle, Wenocur & Powers, 1997)는 교환참여 주체인 A와 B의 교환에서 발생하는 힘균형 전략으로 경쟁(Competition), 재평가(Re-Evaluation), 호혜성(Reciprotity), 연합(Coalition), 강제(Coercion)전략의 다섯 가지를 제시하였다(김정기 외, 2009, 재인용).

① 경쟁(Competition)

A가 필요한 자원을 B가 독점하여 B에 대한 복종이 예상될 경우 B와의 교환을 포기하고 C나 D로부터 필요한 자원을 획득하려고 하는 전략이다.

② 재평가(Re-Evaluation)

A는 B의 자원을 재평가하여 B에 대한 종속을 회피할 수 있다. 이때 B가 A와의 지속적 교환을 위해 A에게 새로운 제안이나 유인책 등을 제시할 수 도 있다.

③ 호혜성(Reciprotity)

A와 B가 서로에게 필요한 교환관계임을 인식하면 B에 대한 A의 의존관계는 독립적 관계로 바뀌어 쌍방적이거나 동등한 것으로 변하게 된다.

④ 연합(Coalition)

연합은 B에 종속된 A가, 마찬가지로 B와 종속되어 있는 C, D, E 등과 연대적 관계를 구축해 집단적으로 B와 교환관계를 갖는 것이다.

⑤ 강제(Coercion)

이것은 물리적 힘을 동원하여 B가 갖고 있는 자원을 A가 장악하는 것으로 윤리적 문제가 발생한다.

5) 엘리트주의와 다원주의 이론

(1) 엘리트주의 이론

엘리트 이론의 공공정책과 행정업무의 결정 과정에서 국민 대중이 아닌 그 사회의 지배적 소수 엘리트의 가치가 반영되어 문제의 의사결정이 이루어진다고 주장한다. 엘리트 이론이 전제하는 것은 몇몇의 소수만이 사회적 가치를 할당받고 있으며, 대다수의 대중은 정책과 행정결정에서 소외된다고 한다. 그리고 이렇게 제한된 소수의 계층은 그들의 후계자가 그 사회에서 특권을 향유하고 있는 계층에서만 선발하는 폐쇄성이 강한 집단으로 본다.

그러다 보니 공공정책과 행정의 수립 집행과정에서 지배 엘리트 집단의 가치관이 우선 반영되어 정책의 변화는 혁신적이기보다는 점증적이고 보수적인 경우가 많다(김영오, 2006, 재인용).

엘리트 이론은 소수의 지배 엘리트 집단(정치와 경제 등에서 중요한 정책과 행정을 결정할 때 우월한 지위에서 영향을 미치는 사람 또는 집단)이 국가의 정책·행정을 좌우하고 권력을 장악하고 있다고 보는 견해이며, 다양한 지역사회 집단의 역할을 강조하는 다원주의와는 상반되는 관점인 이 이론은 사회복지정책과 행정의 부분에 관련해서 엘리트들 자신들의 이익을 위해 사회복지정책을 도입하는 것으로 본다. 이 이론은 사회집단들은 지역사회 수준에서 또는 전국적인 수준에서 서로 결탁하여 권력을 독점하고, 소수의 기업인, 관료, 정치가 등이 존재하며 이들에 의해 지역사회가 지배된다.

지역사회마다 엘리트 지배의 영향력 정도는 다르게 나타날 수 있다. 엘리트 이론은 지역사회복지실천가로 하여금 지역사회수준에서 소수의 기업인 관료, 정치인 등의 권력 구성 및 권력관계 그리고 그 영향력을 평가하여 지역사회문제해결을 위한 의제 선정과 정책과 행정업무의 결정과정을 준비하도록 만들 수 있다(김광희, 2011).

(2) 다원주의 이론(Pluralism)

다원주의 이론은 다원화된 현대지역사회에서 개개인은 특정 목표를 중심으로 여러 집단과 함께 조직체계들을 구성하면서 이익을 창출하는 것을 통해서 정책과 행정업무의 과정에 영향을 줄 수 있다고 주장한다. 그래서 다원주의 이론에서 소수의 지도자가 서로 갈등하는 이익을 조정하여 공공이익을 실현시킬 수 있다고 보는 것은 환상이라고 간주하며 거대한 지역사회 변동에 대응하기 위하여 이익 보존의 필요성을 공감한 사람들, 특수한 부분의 이익을 공유하고 있는 개인들, 그리고 불리한 상황에 있던 사람들이 타 집단에 대한 그들의 위상을 개선하고자 이익집단을 만들어서 주장을 표현한다고 한다. 다원주의적 시각에서는 상호적인 이익집단, 상호 간의 관계들을 서로 경쟁적 상호관계로 인식하고 있다(김광희, 2011).

다원주의 이론은 사회복지정책과 행정은 개개인과 집단의 이익대결과 갈등을 정부가 공정하고 종합적인 입장에서 조정한 결과로서의 균형유지를 의미한다고 한다(현외성, 2000, 재인용). 사회복지정책과 행정의 내용과 형태들은 이익집단들의 상대적 영향력의 정도에 따라 달라질 수 있다. 지역사회 권력이 집중되어지는 형태들은 개개인보다는 전문성 등에 기반을 둔 다양한 사람들이 참여함으로써 다원화된 경향이 있다. 또한, 지역사회에서는 지역사회복지에 대한 영향력을 행사할 수 있는 집단들이 다원화 될 수 있으며, 시민들이 실제로 큰 권력을 가지고 정책과 행정적 업무의 결정과정에서 영향력을 행사할 수 있다. 지역사회 문제에 대해 시민집단이 갖는 이해관계와 영향력 등의 정확한 이해, 그리고 관련 전문가들의 영향력 등에 대한 정확한 이해는 지역사회복지의 현실을 더 정확히 이해하고 지역복지실천 과정을 더 효과적이고 효율적으로 발전시키는 데 기여한다고 본다(강철희 외, 2006, 재인용).

6) 임파워먼트 이론

임파워먼트 이론은 지역주민이 스스로 지역사회의 문제 상황을 파악하여 지역사회 환경을 발전시키고 통제권을 갖는 것을 의미하며, 지역사회의 환경에 영향을 미치기 위해 지역사회조직의 힘을 키우는 적극적 과정이다. 임파워먼트는 환경에 적응하는 것만을 의미하는 것이 아니라 적극적으로 스스로 환경을 변화시킬 수 있는 개인과 조직의 능력을 강조하는 개념이다. 특히 지역사회복지에서 임파워먼트는 지역사회의 문제로부터 고통받는 지역주민을 대상으로 지역사회의 구조적 변화를 위하여 정치적 힘을 증대시키는 과정으로 설명할 수 있으며, 개인기능과 집단기능, 지역사회의 사회적 기능의 능력을 회복시키고 강화하여 지역사회복지적 상태를 재 발전할 수 있도록 하는 것이다.

임파워먼트 이론은 미래지향적 관점을 가진 것으로 모든 지역사회의 문제는 그 맥락 안에서 타당성을 가지며, 사회적 환경 간의 교류 과정에서 발생하기 때문에 문제를 도전으로 인식하고 성장의 기회로 삼아 적극적으로 대응하는 과정을 강조한다(정일교, 김만호, 2007, 재인용). 따라서 지역사회의 문제 해결은 외부에서 주어지는 자극을 분명하게 인지하고 해결하는 과정을 통하여 지역사회 주민이 주체가 되어서 기술과 방법을 경험하고 배움으로써 문제 해결 역량을 적극적으로 습득할 수 있다(김만호, 2009).

7) 인간행동과 사회네트워크 이론

(1) 인간행동 이론

인간행동 이론은 있는 그대로 기술하고 인과관계를 설명하고 나아가 예측·통제하는 이론이라고 본다. 사회복지사로 하여금 인간이 왜 그런 행동을 하며 무슨 행동을 하고 있는지를 이해하는 데 도움을 주는 이론이다. 특히 인간행동에 영향을 미치는 요인으로 상호작용, 집단정체성, 가치, 욕구, 분화와 통합 등 5가지를 꼽는데 〈표 4-1〉과 같다.

〈표 4-1〉 **인간행동 이론의 초점과 결과**

인간행동이론	초점	결과
상호작용	사람들의 일상생활, 행동양식과 신념체계	어떤 지역사회에서는 구성원들에게 깊게 내재된 고유의 가치가 있음
집단정체성	지역사회 내에서 사람들을 결속시키려는 심리적 유대감	사람들은 심리적 유대감이 존재할 때 '지역사회의 의미'와 '우리의식'을 느낌
가치	가치는 사람들을 결속시켜 주지만, 동시에 다른 가치를 갖고 있는 사람들로부터 구별되어 줌	중요한 것은 가치 경계선의 명료성이 아닌 공통 가치에 의해서 만들어지는 상징적 경계임
욕구	저차원의 욕구로 부터 고차원의 욕구에 이르는 계층적 욕구를 이해하는 것	저차원의 욕구가 충족될 때 고차원의 욕구가 충족될 수 있음
분화와 통합	전체에서 부분으로 분화되고 통합 됨	분화되어서 하나의 개체로 형성 됨

첫째, 상호작용에 대해서는 지역사회 사람들의 일상생활, 행동양식, 그리고 그들의 신념체계가 상호작용을 하여 본인뿐 만 아니라 다른 사람들의 행동에 영향을 미치는 것으로 이해되어야 한다.

둘째, 집단정체성에 대해서는 지역사회 내의 사람들을 결속시키기 위해서 지역사회와 타인들과의 심리적 동일시에 기반을 둔 연대감이 필요하다고 주장한다. 왜냐하면 집단정체성을 개발하기 위해서는 지역사회 주민들을 결속시키는 것이 인간행동에 영향을 미치기 때문이다.

셋째, 가치에 대해서는 지역사회를 사람들이 공통적으로 가지고 있는 원숙한 상징, 가치, 사상으로 보았으며, 지역사회에서 발견된 공통적인 획일성이 없어야 한다는 점을 강조하고 있다. 또한 사람들이 갖고 있는 가치 역시 인간행동에 영향을 미친다.

넷째, 욕구에 대해서는 지역사회의 상호작용과 그 가치 속에 둘러싸인 지역사회 구성원들은 욕구를 갖고 있다. 또한 Maslow의 욕구체계([그림 4-1] 참조)에 따르면, 저차원 욕구로 부터 고차원 욕구로 이어지는 욕구체계는 저차원의 요구가 어느 정도 충족되어야만 상위욕구가 발동하는 것을 나타낸다. 저차원의 욕구들은 고차원의 욕구보다 더욱 직접적인 반응을 필요로 하기 때문에 더 높은 긴급성을 요구하고 또한 강렬하다.

다섯째는 분화와 통합에 대해서는 지역사회라는 전체의 부분에서 지리적 문화의 특성

속에서 현대문화와 과학의 발전으로 지역사회 내의 구성체들의 구조가 분화되면서 지역사회 구성원들의 다양한 특성으로 나누어지는 동시에 지역사회의 공통된 요구에 구성원들이 하나로 통합되어지는 과정으로 이루어져 나간다.

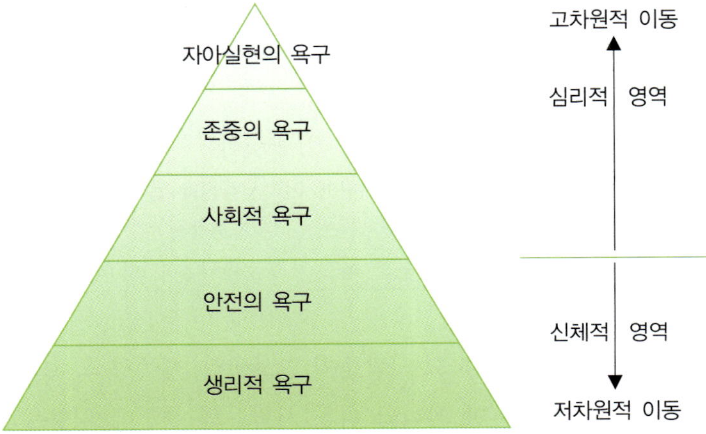

[그림 4-1] Maslow의 욕구체계

지역사회 내에서는 구성원들의 개인차와 지역사회의 연속성과 순서에 따라서 지역사회 내의 다양한 욕구와 문제들을 환경과 상호작용하여 변화하고 발전을 이루게 된다. 이렇듯 인간행동 이론은 개인 혹은 다른 사람들과 행동을 관찰하는 데 초점을 두고 있는데, 로봇이 아닌 인간행동은 상황에 따라 달라질 수 있다는 점에서 비판을 받고 있다. 전체 상황에 대한 이해 없이는 요구, 가치, 상호작용 그리고 관련성을 파악하는 것은 특정 행동의 의미를 잘못 이해할 수 있다. 그러므로 개인에 초점을 두는 인간행동 이론들은 '환경 속의 인간'으로 평가될 수 있도록 전체 상황적 관점에서 조명되어야 한다(김수정, 이순배, 2016).

(2) 사회네트워크 이론

네트워크의 개념은 한마디로 사회적 네트워크에 초점을 두고 있다. 이는 협력의 한 유형으로서 각각의 조직들이 자율성을 유지하면서 공유된 자원을 가지고 어떤 프로그램이나 서비스를 제공하기 위하여 함께 결합하는 시스템으로 활용되고 있다.

사회복지실천의 영역에서 네트워크는 보편적으로 한 사람이 자신에게 도움을 주려는 다른 사람을 필요로 할 때, 그리고 자신이 도움을 줄 수 있는 다른 사람을 필요로 할 때 시작하게 된다. 네트워크는 서로 도움을 주고받기 위해서 필요한 사회적 구조라고 정의할 수 있다.

관과 민의 협력 네트워크는 개인, 집단, 조직, 행정이 통합적으로 문제 해결 중심적인 서비스를 제공하기 위해 상호 간의 도움을 주고받는 사회적 교환체계이자 사회적 지지체계를 의미하다. 다시 말해 집단이나 조직에게 구체적으로 지원되는 사회적 지지는 일반적 사회적 지지와 구체적 사회적 지지로 나누어지는데, 일반적 사회적 지지는 소속감이나 수용 그리고 돌봄 등의 지지를 제공하는 것으로서 조직과 조직 간의 사회적 통합과 감정적 지지를 증진시키는 역할을 수행하고, 구체적 사회 지지는 존중이나 격려 그리고 구체적인 정보와 물질적 지원 등을 존재하는 공간적 영역에 제공하여 사회적 교환을 위한 도구로서의 역할을 수행하게 된다.

사회네트워크 이론은 다양한 욕구를 가진 클라이언트가 하나의 기관에 의한 서비스보다는 많은 기관들의 연계에 의해 복지서비스를 제공받을 때 더 큰 만족을 얻을 것이라고 주장한다. 따라서 클라이언트에 대한 효과성 평가를 가능하게 해주며 어떤 기관과 상호 의존하는지, 이런 의존을 통한 복지서비스 연계의 실제적이며 잠재적인 연계 패턴은 무엇이며 실질적인 자원의 흐름이 어떠한지 알 수 있게 해준다.

이러한 차원에서 지역사회의 서비스 제공기관 간 협동은 지역사회의 응집력을 강화시킬 뿐만 아니라 지역사회를 복지 제공자로서 인식할 수 있게 하여 사회적 지원의 적절성과 중요성을 인식하게 하여 지역사회구조가 어떤 관계형성과 발전을 하는지 그 특성을 상세히 기술할 수 있게 해준다.

8) 일반체계 이론

지역사회문제를 분석하는 다양한 이론들은 지역사회문제를 바라보는 관점들이 구체화된 것으로 일반체계 이론(General System Theory)은 원래 인류학과 사회학에서 출발한 이론이다. 체계의 구성요소들과 이것들의 하부체계들과 평행체계가 서로 안정과 유지를 통해서 이루어지고 통제수단 간의 서로 상호협력하는 작용을 인지함으로써 사람과 지역사회집단 간의 행동을 통합적으로 설명하려는 개념의 정의를 말한다.

일반체계 이론에서 다루어지는 것은 서로 각각의 다른 대상들의 속성, 그리고 서로 각각의 다른 대상들의 관계이다. 대상은 구성 체계요소(Elements, System Components)라고 부르며, 대상의 속성은 구체적인 구성 체계요소의 추상적인 성격들을 가지며, 서로 각각의 다른 대상의 관계는 일방적 인관관계가 아닌 상호적 보완적 관계를 가진다. 지역사회도 같은 맥락에서 체계로 볼 수 있으며, 지역사회도 일반체계 이론을 구성하는 다음과 같은 다섯 가지 개념에서 문제가 발생할 수 있는 것으로 설명될 수 있다.

첫째, 지역사회는 경계의 속성이 있다. 경계는 외부체계로부터 에너지가 들어오고 나가는 흐름을 통제하는 여과기 전의 역할을 한다. 개방체계는 어느 정도 투과성이 높은 경계를 갖고 있는 체계를 말하며, 폐쇄체계는 상호교류가 없는 체계이다. 그러므로 경계는 명확성(Clarity), 투과성(Permeability), 유연성(Flexblility) 등의 속성을 가지고 있다.

둘째, 에너지 교환의 속성이 있다. 에너지인 네겐트로피(Negentropy)와 체계 내의 조직 구성 및 기능을 쇠퇴하게 만드는 엔트로피(Entropy)를 가진다.

셋째, 위계적 질서의 속성이 있다. 모든 체계는 질서의 양상을 가지며 상위체계와 하위체계로 구분된다. 그리고 전체체계와 부분체계로 구분되며 이는 상대적인 개념이다. 즉, 특정한 체계는 그보다 작은 체계에서 보면 전체체계가 되지만 더 큰 체계에서 보면 부분체계가 되는 것이다.

넷째, 자기통제의 속성이 있다. 개방체계는 환기전과 체계 내의 요인을 통해 환경에 적응하기 위한 정보를 입수하고 균형을 유지하는 항상성(Dynamic Equilobrium)이 있다.

다섯째, 환류의 속성이 있다. 한 체계의 산출(Output)이 환경을 통해 평가되고 이것이 다시 체계 내로 투입(Input)되어서 영향을 주게 된다. 그러므로 환류는 원인-결과의 관계가 아닌 상호연결이 된 관계(Reciprocal Relationships)로 보는 것이다(고수현, 2013).

주요내용

지역사회복지실천과 관련된 주요 이론에는 기능주의, 갈등주의, 사회체계 이론과 및 생태학 이론, 자원동원 이론과 교환 이론, 엘리트주의와 다원주의 이론, 임파워먼트 이론, 인간행동과 사회네트워크 이론, 일반체계 이론 등이 있으며, 본 장에서 강조하고자 하는 주요내용 이론인 임파워먼트 이론은 지역주민이 지역사회의 문제 상황을 파악하여 지역사회 환경을 발전시키고 통제권을 갖는 것을 의미하며, 지역사회의 환경에 영향을 미치기 위해 지역사회조직의 힘을 키우는 적극적 과정이다. 임파워먼트는 환경에 적응하는 것만을 의미하는 것이 아니라 적극적으로 환경을 변화시킬 수 있는 개인과 조직의 능력을 강조하는 개념이다. 특히 지역사회복지에서 임파워먼트는 지역사회의 문제로부터 고통받는 지역주민을 대상으로 지역사회의 구조적 변화를 위하여 정치적 힘을 증대시키는 과정으로 설명할 수 있으며, 개인기능과 집단기능, 지역사회의 사회적 기능의 능력을 회복시키고 강화하여 지역사회 복지적 상태를 재 발전할 수 있도록 하는 것이다.

자원동원 이론은 사회운동조직의 역할과 한계를 규명한 이론으로, 사회운동은 사회운동이 성공하기 위해서는 조직원들의 집합적 정체성 형성을 돕고 이것을 토대로 조직원들의 헌신을 이끌어낼 수 있는 환경의 조성이 필요하다고 주장한다.

엘리트 이론의 공공정책과 행정업무의 결정 과정에서 국민 대중이 아닌 그 사회의 지배적 소수 엘리트의 가치가 반영되어 어떤 문제의 의사결정이 이루진다고 주장한다. 엘리트 이론이 전제하는 것은 몇몇의 소수만이 사회적 가치를 할당받고 있으며, 대다수의 대중은 정책과 행정결정에서 소외된다고 한다. 그리고 이렇게 제한된 소수의 계층은 그들의 후계자가 그 사회에서 특권을 향유하고 있는 계층에서만 선발하는 폐쇄성이 강한 집단으로 본다.

네트워크 이론에서는 네트워크는 사회복지실천의 영역에서 일반적으로 한 사람이 자신에게 도움을 줄 수 있는 다른 사람을 필요로 할 때 그리고 자신이 도움을 줄 수 있는 다른 사람을 필요로 할 때 발생하게 된다. 네트워크는 도움을 주고받기 위해 필요한 사회적 구조라고 정의할 수 있으며, 개인 집단의 영역을 뛰어넘는 조직과 조직사이의 사회적 교환을 위한 사회적 지지체계로서의 역할을 수행하게 된다.

PART

02

지역사회복지실천의 이해

CHAPTER 05 지역사회복지의 실천 모델

학/습/목/표

1. 로스만의 지역사회실천모형을 세 가지로 구분하여 설명할 수 있다.
2. 지역사회실천모형으로 로스만과 테일러와 로버츠의 모형을 구분해 설명할 수 있다.
3. 가 모델의 구체적 기법을 이해하고 초보적으로 사용할 수 있다.
4. 지역사회복지실천 모델의 최근변화를 이해한다.

1. 실천 모델의 목적과 필요성

1) 실천 모델의 목적

실천 모델은 두 가지의 기본목표를 가지고 있다. 하나는 과정목표(Process goal)이고, 다른 하나는 과업목표(Tast goal)이다. 과정목표(Process goal)는 지역사회 개입활동을 수행하기 위해 사용되는 수단과 방법에 초점을 두는 반면에, 과업목표(Tast goal)는 지역사회 개입노력에 따른 목적과 성과에 초점을 둔다.

2) 실천 모델의 목표와 필요성

지역복지를 실천하는 데 있어 실천 모델(Practice Model)이 필요할까? Hardina(2002)는 실천 모델이 사회복지사들에게 지역복지실천을 하는 데 있어 개입방법을 설명해주고 있다고 다음과 같이 제시했다.

첫째, 지역실천현장에 있는 사회복지사들에게 실천 모델을 통해 사회변화에 대한 노력의 통제를 어느 정도 할지를 알려준다.

둘째, 어떤 형태의 전략과 전술이 사용되어야 하는지를 알려준다.

셋째, 변화과정에서 분명한 사회복지의 역할들을 결정하는 데 도움을 준다.

넷째, 실천 모델은 또한 변화되어야 하는 사람 또는 조직 등의 표적체계(Target Systems)와 사회복지사와의 관계를 설명해 준다

Hardina에 따르면 실천 모델은 또한 지역사회변화를 함께 하는 구성원(Members)들과 사회복지사 사이의 관계에 관한 확실한 가치진술(Value Statements)을 포함한다고 한다.

2. 지역사회복지실천 모델의 유형

지역사회실천 모델은 각 사회마다 다른 전통과 사회, 정치, 경제 발전과정과 관련되어 있기 때문에 지역사회복지실천 모델을 단일 모델로 설명하기는 어렵다(김형수 외, 2010).

1) 로스만의 모델

지역복지실천에서 가장 많이 사용되는 실천 모델은 지역사회복지활동을 체계화하여 제시한 대표적인 학자 로스만(Rothman, 1976~1995)이 주장했던 지역개발, 지역사회계획, 사회행동 모델이다(Rothman & Tropman, 1987; Jacobsen & Heitkamp, 1995; Hardina, 2002).

지역사회복지활동을 체계화하여 제시한 대표적인 학자 로스만은 지역복지실천을 위한 실천 모델로서 지역사회 개발, 지역사회계획, 지역사회행동 세 가지 모델로 구분하여 개입방법을 설명하고 있다.

(1) 지역사회개발 모델

지역사회개발 모델은 지역사회 문제 해결을 위한 지역사회의 역량 강화와 사회통합을 목표로 한다. 지역사회의 기능적 통합과 사회통합이라는 목표를 통해 지역사회의 변화를 가장 효과적으로 하기 위해 시민참여의식을 갖도록 하는 과정을 강조한다. 따라서 사회복지사는 지역사회와 지역주민의 역량강화와 개발을 위해 조력자, 조정자, 촉매자의 역할을 수행할 수 있어야 하며, 문제 해결 기술 훈련자의 역할도 담당해야 한다.

한계점으로는 첫째, 지역사회 변화노력을 위해 지역사회와 관련된 집단들의 협력을 끌어내기가 용이하지 않다는 점 둘째, 지역사회 관련 집단들이 성, 계급, 인종 등과 관련 된 경계를 초월하는 공동의 이해관계를 가지고 있다는 가정의 현실성 문제 셋째, 실질적인 정책결정자가 사회변화를 지지할 수 없는 경우 지역사회 개발을 위한 협상을 거부 할 수 있는 권력구조의 문제점 등이 지적되고 있다.

(2) 지역사회계획 모델

문제해결을 위한 합리적인 계획의 수립과 통제된 변화에 기반을 두고 사회문제를 해결하고자 하는 기술적 과정을 강조한다. 문제 해결의 결과보다는 과정을 더 중시하며 계획이나 정책집행의 효과성과 효율성을 강조하기 때문에 과업목적에 초점을 두고 있다.

지역주민 스스로 주체가 되어 지역발전 · 문제해결에 기여하기 보다는 전문가가 문제해결의 대안을 합리적 · 과학적으로 제시하고 실행이 모델에서 사회복지사는 계획가, 행정가, 자료 분석가의 역할을 수행할 수 있고 해결하고자 하는 문제에 대한 전문지식을 보유하여 관련 자료를 수집하고 분석하여 그에 입각한 프로그램의 계획과 평가까지를 담당한다.

한계점으로는 첫째, 계획가는 무제한적인 시간과 자원을 가지고 있지 않다는 점 둘째, 계획과정의 합리성을 전제하고 있기 때문에 문제 해결과정에 미치는 정치적 영향력을 고려하지 못 하고 있다는 점 등이다.

(3) 지역사회행동 모델

지역사회의 소수계층이 보다 많은 자원과 향상된 처우를 받기 위하여 지역사회에 권력 균형을 요구하는 것을 전제로 한다.

사회행동 모델은 지역사회의 억압받고 소외 된 주민들이 사회정의와 정치적 공평성 입장에서 사회, 정치, 경제적으로 보다 나은 처우를 받을 수 있도록 도와주는 활동을 말하며 기본적으로 과업달성을 중시하기 때문에 적절한 의사결정 구조의 활용 또는 관계형성등과 같은 과정목표는 무시되기도 하며 다음과 같은 한계점이 있다.

첫째, 일부 실천가는 지역사회 상황에서 실천 활동을 대항활동으로 제한시키고 있다는 점이다. 이러한 경향은 지역사회 관련 집단들을 양극화시키거나 바람직한 결과를 달성하는 데 어려움으로 작용한다.

둘째, 일부 조직가와 지역사회 구성원이 대항 전략에 대해 주저 할 수 있다는 것이다.

셋째, 윤리적 이슈와 관련된 것으로 대항형태의 불법성이 있을 수 있으며 긴급 상황에서 사용 될 수 있어 조직가와 조직구성원이 위험에 놓일 수도 있다는 점이다.

〈표 5-1〉 **로스만의 실천 모델의 영역별 비교**

개입의 목표	지역사회개발 (Locality Development)	사회계획 (Social Planning/Policy)	사회행동 (Social Action)
개입의 목표	지역사회활동능력과 통합, 자조 (과정목표)	지역사회문제의 해결 (과업목표)	권력관계와 자원의 변화, 기본적인 제도 변화(과정 · 과업 목표)
지역사회구조 및 문제에 대한 전제 (Assumptions)	지역사회능력의 상실, 아노미; 관계 및 민주적 문제 해결 능력의 결여; 정태적 전통적 지역사회	실질적인 사회문제, 정신 및 신체적 건강문제, 주택, 여가 등	사회적 고통을 당하고 있는 사람, 사회부정의, 박탈, 불평 등
변화전략 (Strategy)	문제 결정 및 해결에 다수의 사람 참여	문제에 관한 자료수집과 최적의 합리적 행동조치 결정	이슈의 구체화와 표적대상에 대해 조치를 취할 수 있도록 주민 동원

<table>
<tr><th colspan="2">개입의 목표</th><th>지역사회개발
(Locality Development)</th><th>사회계획
(Social Planning/Policy)</th><th>사회행동
(Social Action)</th></tr>
<tr><td colspan="2">변화전술기법
(Tactics & Techniques)</td><td>합의, 지역상호집단 간, 이해관계 간, 상호의사소통, 집단토의</td><td>상황분석에 따라 합의 또는 갈등 전술을 선택</td><td>갈등, 정면대결, 직접행동, 협상</td></tr>
<tr><td colspan="2">실천가의 주요역할
(Salient Practitioner Roles)</td><td>조력자-촉매자, 조정자, 문제해결 기술과 윤리적 가치에 대한 교사</td><td>자료수집 및 분석가 프로그램 수행가, 촉진자</td><td>옹호자, 선동가, 중재자, 협상가, 열렬지지자</td></tr>
<tr><td colspan="2">변화 매개체</td><td>과업지향적 소집단에 대한 합리적 조종</td><td>공식 조직(정부기관)과 자료처리에 한 조정</td><td>대중조직과 정치적 과정에 대한 활용</td></tr>
<tr><td colspan="2">권력집단(주조)에 대한 이해</td><td>지역사회 일원으로서의 협력자</td><td>고용주와 후원자로서 권력구조</td><td>변화의 주요대상, 억압자</td></tr>
<tr><td colspan="2">지역사회 하부조직 이해관계에 대한 전제</td><td>공유된 이해관계 또는 조정 가능한 차이</td><td>특정 입장이 없으며 사안에 따라 실용적으로 접근</td><td>조정이 어려운 갈등의 이해관계</td></tr>
<tr><td rowspan="3">수혜 대상</td><td>범위</td><td>지리적 개념의 지역사회단체</td><td>지역사회 일부 또는 전체</td><td>지역사회 일부</td></tr>
<tr><td>구성원</td><td>지역주민</td><td>소비자</td><td>피해자(희생자)</td></tr>
<tr><td>역할</td><td>문제해결을 위한 합의도출 과정 참여자</td><td>소비자 또는 서비스 이용자</td><td>실천가의 고용주, 구성원, 조직원</td></tr>
<tr><td colspan="2">임파워먼트의 활용</td><td>협동적이고 의사결정을 할 수 있는 지역사회 능력 구축, 주민의 개인적 주인의식 고취</td><td>소비자로서의 욕구반영 및 소비자선택 관련 정보제공</td><td>수혜집단의 권력 획득
– 지역 의사결정 참여 및 자부심증진</td></tr>
</table>

출처: Rthman(2001); 오정수 외(2006), 재인용.

3. 테일러와 로버츠 모델

테일러와 로버츠(Taylor & Robers)는 후원자와 클라이언트 간의 의사결정 권한 정도에 따라 다섯 가지 모델로 구분하였다. 후원자의 의사결정 권한 수준이 높은 순서로 실천 모델을 나열하면 프로그램 개발 및 조정, 계획, 지역사회연계, 지역사회개발, 정치적 권력 강화 모델의 순이다.

1) 프로그램 개발 및 조정 모델(Program Development and Coordination Model)

프로그램 개발 및 조정모델은 어떤 특정 목적을 이끌어내는 과정에서 후견인이 전적으로 100%의 영향력을 행사할 수 있는 후원자 중심 모델로서 변화를 위한 실질적 힘을 발현시킬 수 있는 모델이다. 이러한 모델을 실행하는 대표조직으로는 인보관 운동과 자선조직협회 운동에 근거한 사회복지협의회 및 지역공동모금회 등을 들 수 있다.

2) 계획 모델(Planning Model)

계획 모델은 로스만의 사회계획 모델에서 인간지향적 측면을 강조하며, 과업목표는 물론 과정목표도 강조한다. 즉 지역사회문제해결에 있어서 전문적 지식과 기술을 가진 전문가가 합리성과 전문성에 기초하여 효율적이고 효과적으로 변화를 유도하는 모형이다.

3) 지역사회연계 모델(Community Liaison Model)

지역사회연계 모델은 지역사회의 문제 해결을 위해 클라이언트의 요구와 후원자의 영향력이 동등하게 반절씩 적용될 수 있는 모형이다. 지역사회의 문제 해결을 위해 실천가가 서비스 전달자 역할에만 그치는 것이 아니라, 지역사회와의 바람직한 관계를 구축하는 역할을 수행해야 함을 강조하는 모형으로 클라이언트의 요구와 후원자의 영향력이 동등하게 반절씩 적용될 수 있는 모형이다.

4) 지역사회개발 모델(Community Development Model)

지역사회개발 모델은 시민참여에 기반을 둔 자조적 활동, 시민역량의 자조 자체적 리더십 개발 등을 통해 지역사회 연구 및 문제 해결을 강조한다. 지역사회개발 모델은 실천방법, 대안적 전략 고려, 의사결정 등에 대한 영향력 측면에서 클라이언트의 영향력이 약 7/8 정도 적용될 수 있는 클라이언트 중심적 모형이라고 할 수 있다.

5) 정치적 권력강화 모델(Political Emppwerment Model)

정치적 권력강화 모델은 로스만의 사회행동 모델과 밀접히 관련된 것으로, 지역사회에서 자기권리를 인정받지 못하는 구성원들을 지지하여 그들 스스로가 자신의 권리를 인정받도록 하는 모형이다.

〈표 5-2〉 테일러와 로버츠의 지역사회복지실천 모델비교

실천 모델	후원자와 클라이언트의 결정권한 정도
프로그램개발 및 조정모델	• 후원자가 100% 결정권한
계획 모델	• 후원자가 7/8의 결정권한 • 합리적인 기획모델에 기초한 조사 전략 및 기술을 강조 • 기획에 있어 진보적이고 정치지향적인 접근을 포함 • 조직과정 관리, 영향력 발휘, 대인관계 등의 과정기술을 강조하고 설계 및 실행과 같은 기술적 측면의 필요성을 주장
지역사회 연계 모델	• 후원자와 클라이언트가 각각 1/2의 결정권한 • 사회사업기관의 일선 스텝이나 행정가들에 의해 수행되는 기능을 중심으로 설명 • 행정가들은 지역사회관계, 지지활동, 환경개선, 조직 간의 관계 등과 같은 역할을 수행
지역사회 개발 모델	• 클라이언트가 7/8 결정권한 • 지도력개발, 자조, 상호부조, 지역성에 바탕을 둔 지역사회 연구 및 문제 해결을 강조 • 시민참여와 교육과정을 매우 중요시하며 전문가는 주로 조력자의 역할을 담당

실천 모델	후원자와 클라이언트의 결정권한 정도
정치적 권력 강화 모델	• 클라이언트가 100%의 결정권한 • 의도된 시민참여에 의한 정치적 권력 강화에 초점 • 전문가들은 교육자, 자원개발가, 운동가로서의 역할을 하게 되며 이러한 경향은 합법적으로 위임된 조직이나 자생조직으로 진전됨

출처: M. Weil, Model Development in Community Practice; An Historical Perspective, Journal of Community Practice Vol. 3, 3/4, 1996, pp.32-33.(2006, 오정수 외에서 재정리)

4. 웰일과 갬블(Weil & Gamble)의 8가지의 모델

웨일과 갬블의 실천 모델은 로스만의 실천 모델을 더 확장하여 여덟 가지 모델을 포함한다. 지역사회개발 모델을 확장한 모델에는 근린지역사회조직 모델, 기능적 지역사회조직 모델, 경제적 지역사회개발 모델이 있다. 사회계획 모델을 확장한 모델에는 사회계획, 프로그램 개발과 지역사회연계 모델이 있다. 사회행동 모델을 확장한 모델에는 정치 · 사회행동 모델, 연합 모델, 사회운동 모델이 있다. 이들 각 모델은 변화를 위한 목표, 실천가의 역할, 지역사회 구성원, 표적체계, 전략과 핵심과업 등의 측면에서 차이가 있다.

1) 근린지역의 지역사회조직 모델(Neighborhood and Community Organizing Model)

근린지역사회조직 모델은 지역사회 개발을 통한 지역주민의 지리적으로 가까운 지역사회 조직화에 초점을 두고 있다. 비록 하나의 특정 이슈와 사건을 계기로 지리적인 의미의 지역사회조직이 만들어진다 하더라도 지역사회의 사회적, 정치적, 환경적인 이슈를 다루게 된다.

변화의 표적체계는 시와 같은 공공행정기관, 개발계획의 추진 기업이며 주요 관심영역은 지역사회 주민의 삶의 질에 있다.

사회복지사의 역할은 조직가, 교사, 코치 및 촉진자로서 역할을 수행한다.

2) 기능적 지역사회 조직화 모델(Functional Community Organizing Model)

기능적 지역사회조직화 모델은 지리적인 의미보다 기능에 초점을 두고 있다. 기능적인 의미의 지역사회조직이란 공동의 이해관계를 기초로 한 지역사회조직을 말 한다.

기능적인 지역사회조직의 핵심적인 관심과 목표는 자신들이 선택한 이슈의 정책, 행위, 태도의 옹호나 변화에 있다. 기능적인 지역사회조직의 1차적인 구성원은 공동의 이해관계를 갖는 동호인이다.

3) 지역사회 사회 · 경제적 개발 모델(Community Social and Economic Development Model)

지역사회의 사회 · 경제적 개발모델은 로스만의 지역사회개발 모델과 밀접한 관계가 있다. 이 모델은 저소득과 불이익 계층의 효과성을 제고시키기 위해서는 경제개발과 사회개발이 동시에 이루어져야 한다는 인식을 전제하고 있다. 따라서 변화의 표적체계는 은행, 재단, 외부개발자, 지역사회 주민 등이다.

4) 사회계획 모델(Social Planning Model)

사회계획 모델은 전문성과 합리적인 계획수립에 기반을 둔 지역사회의 문제를 해결하고자 하는 모형이다. 따라서 합리적 의사결정을 통해 문제에 대한 우선순위와 자원의 배분 등이 중요하다고 본다. 계획가의 중심역할은 대인서비스, 사회계획 서비스의 통합과정에서 보다 합리성을 발휘하는 것이고 계획가는 대인서비스에 필요한 자원결정과 자원을 효율적으로 이용해야 하며 구체적인 기술과 책임성을 가져야 한다.

5) 프로그램 개발과 지역사회 연결 모델(Program Development and Community Liaison Model)

오늘날 지역사회조직의 연결활동은 프로그램 개발 측면에서 더욱 강조되고 있다. 그래서 프로그램 개발과 지역사회 연결 모델의 목표는 지역사회의 대상자에게 필요하다고 평가되는 서비스를 향상시키거나 새로운 서비스를 계획하고 실행하는 것이다. 이러한 지역사회와 서비스 프로그램 간 상호작용은 다양한 방식으로 교류가 될 수 있다.

6) 정치 · 사회행동 모델(Political and Social Action Model)

정치 · 사회행동 모델은 지역사회에서 불평등을 극복하거나 구조적 모순을 해결하기 위한 방법으로, 지역사회의 욕구를 무시하는 의사결정자에게 대항하고 조직화의 필요성을 강조하여 불공평한 조건을 변화시키기 위한 것이다. 따라서 권력균형의 노력을 통해 의사결정과정에서 배제된 사람들이 미래의 의사결정에 중요한 역할을 하는 것이다.

7) 연합 모델(Coalitions Model)

연합 모델은 분리된 집단 및 조직을 연합적인 사회변화에 동참시키는 데 있다. 목표는 함께 힘을 모아서 지역사회의 문제들에 대해 집합적 변화를 만들어내는 것을 추구하는 모델이다. 이 모형의 관심영역은 연합의 구성 집단과 조직들이 지지하는 구체적인 이슈들이다.

8) 사회운동 모델(Social Movements Model)

사회운동 모델의 목표는 바람직한 사회변화이다. 변화를 위한 새로운 패러다임을 제공해서 지역사회 구성원들과 지역사회 조직체의 변화를 꾀하고자 하는 모델이다. 표적체계는 일반대중과 정치제도라 할 수 있다.

〈표 5-3〉 **웨일과 갬블의 지역사회복지실천 모형 비교**

구 분	목 표	변화의 표적체계	일차적 구성원	관심영역	사회사업가의 역할
지리적 지역 사회조직	조직화를 위한 구성원의 역량 개발, 부정적인 사회계획 등에 의한 파급효과 변화시키기	지역정부, 외부 개발자, 지역사회주민	지역사회주민	지역사회 주민의 삶의 질	조직가 교육자 코치 촉진가
기능적 지역 사회조직화	옹호와 함께 행위, 태도의 변화에 초점을 둔 사회정의를 위한 행동, 서비스 제공	일반대중, 정부기관	같은 생각 혹은 특성을 갖는 사람	특정 이슈와 인구집단의 옹호	조직가 옹호자 집필자 및 의사소통자 촉진가
지역사회의 사회 · 경제개발	지역 주민 관점에 입각한 개발계획 주도, 사회경제적 투자에 대한 주민의 활용 역량 제고	은행, 재단, 외부 개발업자, 지역사회주민	지역사회의 저소득계층, 주변계층, 불이익계층	소득, 자원, 사회적 지지망 개발, 기초교육과 리더십 기술 향상	협상가 사업촉진가 교육가 계획가 관리자
사회계획	선출된 기관 또는 사회복지협의회 등을 통한 지역복지 계획 마련	지역사회 지도자의 관점들, 서비스기관 지도자의 관점들	선거로 선출된 공무원, 사회복지기관, 연합조직	사회적 욕구에 대한 통합적 접근, 사회서비스 관계망 조정	조사자 사업계획제안자 의사소통자 기획가 관리자
프로그램 개발 및 지역사회연계	지역사회서비스의 효과성을 증진시키기 위한 기관 프로그램의 확대와 방향수정	기관 프로그램의 재정 제공자, 기관 서비스의 수혜자들	기관 이사회 또는 행정가, 지역사회 대표자	특정 대상자를 위한 서비스 개발	대변인 계획가 관리자 사업계획 제안자

구 분	목 표	변화의 표적체계	일차적 구성원	관심영역	사회사업가의 역할
정치 · 사회행동	정책 또는 정책 형성자의 변화에 초점을 둔 사회 정의를 위한 행동	선거권자, 선출된 공무원, 잠재적 참여자	정치적 권한이 있는 시민		옹호자 조직가 조사자 조정가
연대	프로그램의 방향 또는 자원을 최대한 끌어낼 수 있는 연대 조직의 형성을 통한 권력기반 구축	선출된 공무원, 재단, 정부기관	특정 이슈에 이해 관계가 있는 조직과 시민	사회적 욕구 또는 사회적 관심과 관련된 특정 이슈	중개자 협상가 대변인 조직가
사회운동	특정 대상 집단 또는 이슈에 대해 새로운 패러다임에 입각한 사회정의를 위한 행동	일반대중, 정치 시스템	새로운 비전과 이미지를 창출 할 수 있는 지도자, 시민, 조직	사회정의	옹호자 촉진자

출처: Weil & Gamble(1995); 양정하 외(2008), 재인용.

5. 포플(K. Poople)의 8가지 모델

포플은 영국의 경험을 '보호(Care)'와 '행동(Action)'의 연속선을 기준으로 지역사회복지실천 모델을 8가지로 유형화하고 있다. 그러나 각 모델은 독립적으로 구별되기 보다는 기법이나 기술 측면에서 중복될 수 있으며, 상이한 전통과 이데올로기를 반영하고 있다.

1) 지역사회보호 모델(Community Care)

지역사회보호는 노인, 장애인, 아동 등 지역주민의 복지를 위한 사회적 관계망과 자발적 서비스를 증진하는 데 목적이 있으며, 복지욕구를 충족시키기 위한 자조개념을 개발하는 데 집중시키고 있다. 이 모델에서 사회복지사는 지역사회주민을 자원봉사활동의 주도자와 보호를 제공할 수 있도록 격려해 주는 역할을 수행하는 데 있다.

2) 지역사회조직 모델(Community Organization)

지역사회조직은 타 복지기관 간의 상호협력을 증진시키는 수단으로 사용되고 있으며, 사회복지기관의 상호협력 및 조정은 중복서비스를 방지할 수 있으며, 자원의 부재현상을 극복하여 복지전달의 효율성과 효과성을 높이는 데 일조하고 있다. 이 모델에서 사회복지사는 조직가, 촉매자, 관리자로서 역할을 담당한다.

3) 지역사회개발 모델(Community Development)

지역사회개발 모델은 지역사회구성원의 삶의 질을 향상시키기 위한 기술과 신뢰를 습득할 수 있도록 집단을 원조하는 데 중점을 두고 있다. 사회복지사, 지역사회활동가, 촉진자로서의 역할을 수행한다.

4) 사회/지역계획 모델(Social/Community Planning)

사회/지역계획 모델은 지역사회개발 모델과 유사한 측면이 있지만, 사회적 상황, 사회정책과 사회복지기관의 서비스의 분석, 주요 목표 및 우선순위의 설정, 서비스 프로그램의 기획과 적절한 자원의 동원 그리고 서비스와 프로그램의 집행 및 평가 등에 중점을 두고 있다.

5) 지역사회교육 모델(Community Education)

지역사회교육 모델은 교육과 지역사회 간의 관계를 보다 밀접하고 동등한 관계로 방향 설정을 모색하는 시도로서, 비판적 사고와 담론을 통해 억압적 조건이나 상황을 변화시키는 행동양식을 고양시키는 데 중점을 두고 있다.

6) 지역사회행동 모델(Community Action)

지역사회행동 모델은 전통적으로 계급에 기초한 모델로 갈등과 직접적인 행동을 활용하며, 권력이 없는 집단이 자신들의 효과성을 증가시킬 수 있는 대응으로 볼 수 있다.

7) 여권주의적 지역사회사업 모델(Feminist Community Work)

여권주의적 지역사회사업 모델은 지역사회실천에 대한 페미니즘의 적용이라는 특징을 가지고 있으며, 여성 불평등의 사회적 요인에 대한 집합적 대응을 통해 여성의 복지를 향상시키는 데 초점을 두고 있다.

8) 인종차별철폐 지역사회사업 모델(Black And Anti-racist Community Work)

인종차별철폐 지역사회사업 모델은 지역사회실천에 있어서 인종차별에 저항하거나 그들의 권리보호를 위하여 상호원조와 조직화하는 데 초점을 두고 있다. 교육, 주택, 건강, 고용 등의 영역에서 차별을 극복하는 데 목적이 있으며, 캠페인, 자조집단 형성, 직접 행동, 보충적인 급여 제공 등 다양한 방식으로 전개되고 있다.

〈표 5-4〉 **포플의 지역사회복지실천 모델 비교**

모 델	주요 전략	사회복지사의 역할
지역사회보호	• 사회적 관계망과 자발적 서비스의 증진 • 자조개념의 개발	조직가 자원봉사자
지역사회조직	• 타 복지기관 간 협력 증진	조직, 촉매자, 관리자
지역사회개발	• 삶의 질 향상과 관련된 신뢰 및 기술 습득을 하도록 집단원조 • 적극적 참여	조력자, 지역사회 활동가, 촉진자
사회/지역계획	• 사회적 상황의 분석, 목표와 우선순위의 설정, 서비스 및 프로그램의 실행, 평가	조력자 촉진자
지역사회교육	• 교육과 지역사회 간의 밀접하고 동등한 관계 시도	교육자 촉진자
지역사회행동	• 지역수준에서 게급 및 갈등에 기초한 직접적인 행동	행동가
여권주의적 지역사회사업	• 여성복지의 향상 • 성 불평등 해소를 위한 집합적 활동	행동가 조력가
인종차별철폐 지역사회사업	• 소수인종의 욕구 충족을 위한 집단조직 및 활동 • 인종주의에 대한 도전	행동가 자원봉사자

출처: K. Popple.(1996), Community Work: British Models, joumal of community Practice, Vol. 3. No3/4, pp.149-150; 오정수, 류진석(2006), 재인용.

주요내용

전통적인 지역사회복지실천모델은 로스만의 지역사회개발, 사회계획, 사회행동으로 분류되었으나, 웨일과 갬블은 1990년대 이전까지 지역사회복지실천방법에 대한 종합적인 검토를 통해 8가지 유형으로 세분화하고 있다. 즉, 지역사회의 의미는 지역성과 기능성을 동시에 내포하고 있기 때문에 로스만의 지역사회조직 역시 '지리적 지역사회조직'과 '기능적 지역사회조직'으로 구분될 필요가 있다는 점을 강조하였다. 그리고 로스만의 사회행동모델을 정치·사회행동, 연합, 사회운동으로 구분하였으며, 기존의 지역사회개발모델을 지역사회·경제개발로 구체화하였다는 것이다. 이처럼 전통적인 지역사회복지실천모델로 언급되었던 유형들을 사회환경 변화에 대응할 수 있는 모델로 점차 세분화시키는 경향을 보여주고 있다.

지금까지 학습한 로스만의 실천 모델, 웨일과 갬블의 실천 모델, 테일러와 로버츠의 실천 모델 이외에도 다양한 하위 모델이 있다. 우선 지역사회개발 관련 하위 모델에는 지역자산 모델과 지역역량증진 모델이 있다. 또한 사회행동 관련 하위 모델에서는 풀뿌리 실천, 로비, 자원동원 실천 전략이 활용된다. 한편, 사회구성론에 기초를 둔 사회변환 관련 하위 모델에는 다문화조직 모델과 페미니스트 지역조직 모델 등이 있다.

CHAPTER
06
지역사회복지의 실천과정

학/습/목/표

1. 지역사회복지실천과정을 이해한다.
2. 지역사회복지활동의 효과적이고 효율적인 실천을 위한 지식을 함양한다.

1. 지역사회복지의 실천과정 논의

지역사회복지나 지역사회복지의 실천과정은 일반적으로 지역사회의 욕구를 파악하고 그 욕구에 대응할 인적·물적 자원을 동원하여 서비스체계를 갖추고 실천에 임하여 궁극적으로는 지역사회의 조직화를 기하고 지역주민의 복지를 증진시키는 내용으로 이루어진다(고수현, 2014). 지역사회의 문제 해결 과정에 대해서 수많은 학자들이 여러 가지 모델을 제시하고 있다. 이 모델들은 다양한 구분과 특유한 용어들에 관계없이 기본적인 골격은 같다고 할 수 있다(최일섭 외, 2007; 김광희, 2015).

대표적인 학자들의 모델에 대해서 살펴보면, 던햄(Dunham)은 문제 해결의 과정(Problem-Solving Process)을 ① 문제의 인식(문제인식과 분석을 위한 조작적 정의 필요), ② 문제의 분석(진단 또는 사실 발견), ③ 계획, ④ 조치, ⑤ 평가, ⑥ 차후단계로 보았다.

리피트(Lippitt)와 그의 동료 등은 변화매개자(Change Agent)가 계획된 변화(Planned Change)를 성취하기 위해서 수행해야 하는 지역사회복지실천의 과정을 다음의 7단계로 구분하고 있다(Ronald Lippitt et al., 1958).

① 변화의 필요성 개발
② 변화관계의 수립
③ 클라이언트 시스템의 문제 규명 혹은 진단
④ 대안적인 경로와 목표의 검토
⑤ 의도의 변화 노력에로의 전환
⑥ 변화의 일반화와 정착화
⑦ 종료관계의 달성

칸(kahn)은 계획과정(Planning Process)이라는 제목 하에 다음의 6단계를 제시하고 있다(Kahn, 1969).

① 계획의 선동
② 탐색
③ 계획과업의 결정
④ 정책형성
⑤ 프로그램화
⑥ 평가와 환류

길버트(Gilbert)와 스펙트(Specht)는 지역사회복지 형성과정을 정책형성의 과정으로서, 다음의 8단계를 제시하고 있다(Gilbert & Specht, 1974).

① 문제의 발견
② 분석
③ 대중홍보
④ 정책목표의 설정
⑤ 일반의 지지와 합법성 구축
⑥ 프로그램 설계
⑦ 실천
⑧ 평가와 사정

펄만(Perman)과 구린(Gurin)은 사회문제해결 모델의 5가지 국면(Aspects Or Phases)을 지역사회복지실천과정으로 보았다(Perman & Gurin, 1972).

① 문제에 대한 정의
② 문제를 개진할 구조와 커뮤니케이션의 구축
③ 정책대안의 분석과 정책의 채택
④ 정책계획의 개발과 실시
⑤ 반응 조사와 환류

한편 캐트너 등(Kettner et al., 1985)은 지역사회복지실천 과정을 변화기회라는 용어를 사용하며 설명하고 있는데 여기서 변화 기회(Change Opportunity)라는 용어는 사회문제나 욕구, 이슈만을 의미하는 것이 아니라, 더 나아가 실제로 사회복지사가 지역사회에서 이러한 문제들을 변화시킬 수 있는 가능성과 여건에 대한 판단까지도 포함하는 포괄적인 용어이라고 주장하면서, 변화기회는 지역사회가 가지고 있는 문제와 관련하여 전문적 실천의 관점에서 판단되는 변화 가능성과 실제 여건 등을 총괄하는 용어라 할 수 있다고 하였다.

캐트너 등이 제시한 9단계 과정은 지역사회복지실천의 보편적 속성을 갖고 있는데 그 9단계는 다음과 같은 과정으로 구성된다(김광희, 2015).

① 변화 기회의 확인
② 변화 기회의 분석
③ 목적과 목표의 설정
④ 변화 노력 설계와 구조화
⑤ 자원계획
⑥ 변화 노력 실행
⑦ 변화 노력에 대한 점검
⑧ 변화 노력 평가
⑨ 상황에 대한 재사정과 변화 노력 안정화

2. 지역사회복지실천의 과정

지역사회복지실천은 1) 문제 발견과 사정, 2) 지역사회 사정의 자료수집 방법, 3) 실행, 4) 종결 및 평가의 4단계로 살펴보기로 한다.

1) 문제 발견과 사정

(1) 지역사회사정의 개념

지역사회의 문제는 지역주민의 가치에 의해 정의되는 경향이 강하다. 일반적으로 지역사회는 사회적 안정과 질서유지를 위하여 사회적 규범을 정하는데, 사회적 규범을 위반하는 것이 사회문제라고 할 수 있다. 하지만 사회적 상황에 따라 사회적 규범이 변화하기 때문에 모든 사회문제를 사회적 규범에 의해 통제할 수 없다. 따라서 지역사회의 문제는 지역 주민의 가치에 의해 절대적 영향을 받기도 한다(김만호, 2015).

따라서 지역사회 사정은 지역사회를 변화시키려는 활동이기 때문에 지역사회에 대한 종합적인 정보를 바탕으로 실천하는 과정이기에 지역사회에 대한 사정(Assessment)은 문제가 무엇인지, 문제의 원인은 무엇이지, 그 문제의 해결을 위해서 무엇이 필요한 것인지, 이러한 실천은 어떤 과정을 거치는지 등을 분석하는 과정이다(이태숙 외, 2015).

그리고 지역사회의 문제를 해결하기 위해서는 지역사회의 특성을 정확하게 파악하는 지역사회사정이 중요하다. 지역주민이 사회문제를 어떻게 인식하고, 어떻게 대응해 왔는지, 그리고 문제 해결을 위한 주민의 의지와 적극성은 어느 정도 인지를 사회복지사가 파악함으로써 욕구를 파악하고 목표를 수립하기 용이하다(박태영, 2008).

지역사회사정에는 사회문제와 관련된 사항 외에도 지역사회의 발전과정, 정치사회구조, 경제적 상황, 사회문화적 상황을 중심으로 파악하는 것이 중요하다(김범수 외, 2006).

지역사회복지의 실천과정은 미시적인 사회복지의 실천과정과 거시적인 사회복지의 실천과정과 모두 연관되어 이루어진다. 지역사회복지의 실천과정을 지역사회를 중심으로 한 지역사회개발, 사회계획, 사회행동 모형 등 지역사회복지 모델의 과업 수행과정으로 이해할 수 있다(조추용 외, 2015).

(2) 지역사회사정의 내용

① 욕구 파악

지역사회사정에서는 지역사회의 문제와 지역주민의 욕구를 파악하여야 한다. 지역사회의 문제와 욕구는 공통적 형태의 집단 가치를 보유하며, 현재의 상황에 대한 불만의 표현이라고 볼 수 있다. 따라서 욕구는 지역주민의 표현된 욕구를 중심으로 파악하여야 하며, 전문가에 의한 규범적 욕구를 반영할 수 있어야 한다. 다만, 여기에서 고려하여야 할 사항은 지역주민 전체가 항상 대상이 되는 것이 아니므로 문제를 가진 표적 집단을 선정하여야 한다는 것이다(김민호, 2015).

욕구란 현실과 이상 사이의 차이(gap)로 지역사회 주민들이 어떤 서비스를 필요로 하는지를 결정하기 위해 지역사회 욕구사정을 수행하며, 지역사회에 영향을 미치는 사회문제를 확인하고 문제 해결의 우선순위를 결정하는 데 주안점을 둔다. 욕구는 다음과 같이 구분할 수 있다(이태희 외, 2015).

가) 규범적 욕구(Normative Needs)

전문가나 기존 자료에서 제시한 목표 기준에 바탕을 둔 욕구로 이 기준에 부족하면 욕구가 존재한다고 보는 것이다. 이 예로 세계보건기구(WHO)에서는 사람이 일일 섭취해야 할 영양분의 양과 내용에 관한 기준을 만들어 제시하는데, 이때 이 기준에 미달하는 경우 규범적 욕구가 존재한다고 보는 것이다. 이 욕구는 개량화하기 쉽기 때문에 객관성을 확보하기는 쉬우나, 욕구의 상대성이 잘 드러나지 않는 단점도 있다.

나) 인지된 욕구(Perceived Or Felt Needs)

누군가의 의견이나 관찰에 바탕을 둔 욕구로 구체적인 자료를 통해 입증된 것이 아니다. 즉, 자신의 느낌에 따라 욕구로 규정되기 때문에 느껴진 욕구(Felt Needs)라고도 한다.

그러나 사람의 느낌은 주관적이기 때문에 욕구에 대한 객관적 기준을 찾기가 어려운 한계를 지닌다.

다) 표출된 욕구(Expressed Needs)

인지적 욕구를 구체적 행동으로 표현한 것으로 요구하는 사람들의 수에 따라서 욕구로 결정된다. 대부분 사회복지 서비스 분야에서 일반적으로 사용하는 욕구의 기준이다. 그러나 표출적 욕구에 전적으로 의존하다보면 프로그램의 채택에 있어서 사람들이 요구하지 않거나, 수요가 없는 욕구를 소홀히 다룰 위험이 있다.

라) 상대적 욕구(Relative Needs)

제공되는 서비스에 대한 집단 간의 차이로 비교욕구(Comparative Needs)라고도 한다. 이는 일종의 욕구 불평등 개념으로 이해되기도 하는데, 그 예로 대도시의 의료적 만족도에 비해 지방의 의료에 대한 만족도가 떨어지는 것을 들 수 있다.

② 자원 파악

지역사회는 유기적 협력과 연대를 통한 상호 의존적 관계를 가지고 있다. 지역사회는 공동체를 구성하고 모든 사람이 상호 의존하며 함께 살아가는 생활공간이다. 지역사회의 욕구를 파악할 때 가장 중요한 것은 욕구조사를 할 때 자원조사도 동시에 이루어져야 한다는 점이다. 자원은 지역사회의 내·외부에 존재하는 것으로서 지역사회의 삶을 개선할 수 있는 모든 것, 인적·물적, 내적·외적, 비공식적·공식적 자원을 통칭한다. 지역사회의 자원은 다음 네 영역으로 구분하여 파악되어야 한다(조추용 외, 2015).

첫째, 인적 자원을 파악하는 것이다. 인적 자원은 가장 기본적인 문제를 제기한 사람이다. 이것은 지역사회에 거주하고 있거나 지역사회와 연고가 있는 주요 인물을 중심으로 자료화하는 것을 말한다. 또한 인적 자원에는 사회복지대상자들도 포함되어야 한다.

둘째, 물적 자원을 파악하는 것이다. 지역사회 내 후원금의 개발이 가능한 기업이나 복지재단, 자영업자, 근로자 등의 파악이 이루어져야 한다.

셋째, 공공기관 및 비공식 조직을 파악하는 것이다. 시청이나 군청, 구청, 경찰서, 소방서, 교육기관 등의 공공기관과 문화, 체육, 종교, 시민단체, 지역사회에서 다양하게 활동하고 있는 소집단의 주민 조직을 파악하는 것이다.

넷째, 정보 자원을 파악하여 지역주민에게 제공하는 것이다. 정보 자원에는 주민 생활과 밀접한 법률의 제정 및 개정 사항, 문화 공연, 보건(의료 및 복지서비스), 자원봉사 참여에 관한 사항이 제공되어야 한다.

③ 지역사회의 특성파악

지역사회의 특성에는 인구사회학적 특성, 주민의 가치 및 의식구조, 권력 구조 및 사회적 자원의 파악이 이루어질 수 있다. 지역사회의 문제가 가지고 있는 특성을 파악하는 것은 문제발견과 분석에서 주요한 측면이 된다. 일반적 문제 특성을 파악하는 데 다음과 같은 사항들이 고려된다면 유익하다(강철희 외, 2006; 김광희, 2015).

- 문제의 복잡성 정도: 문제 및 문제의 상황과 관련해서 얼마나 다양한 개인이나 이해집단들이 존재하는지 등을 파악해야 한다.
- 문제의 강도 정도: 문제와 관련된 이해관계자들의 감정적 투입이 어느 정도로 강하게 또는 약하게 개입되어 있는가를 파악해야 한다.
- 문제의 확산 정도: 문제가 어느 정도 확산되어 있는지를 파악해야 한다.
- 문제의 긴급성 정도: 문제가 얼마나 시급히 해결되어야 하는지를 파악해야 한다.
- 문제의 지속성 정도: 문제가 얼마나 오랫동안 지속되었는지를 파악해야 한다.

2) 지역사회 사정의 자료수집 방법

지역사회 사정은 지역사회 욕구를 파악하는 과정이다. 이때 욕구 파악을 위한 자료수집 방법은 크게 질적 접근방법과 양적 접근방법을 들 수 있다. 질적 접근방법으로는 공식·비공식 인터뷰, 민속학적 방법, 지역사회포럼, 대화기법, 명목집단 기법, 초점집단기법, 델파이기법 등이 있으며, 양적 접근방법으로는 구조화된 서베이, 프로그램 모니터링, 사회지표분석 등을 들 수 있다(오정수 외, 2012; 남일재 외, 2015).

(1) 질적 접근방법

① 공식 · 비공식적 인터뷰

지역사회복지실천가는 지역의 조건이나 특정 사회문제에 관한 전문적 지식을 소유한 주요 정보제공자와 공식적인 인터뷰를 진행할 수 있다. 공식 인터뷰는 지역조건이나 특정 사회문제에 관해 전문적 지식을 소유한 주요 정보 제공자, 즉, 지역사회구성원을 포함한 이해집단, 기업가, 정치가, 사회복지 및 보건 관련 전문가, 지역의 지도자 등과 공식적 모임을 갖거나 전화 등을 통해 이루어질 수 있다. 이 경우 신뢰도와 일관성을 위해 표준화된 인터뷰 도구를 사용하며, 응답자가 풍부하고 자세한 설명을 할 수 있도록 개방형 질문들로 구성된다. 경우에 따라 응답자의 동의를 얻어 기록하거나 녹음할 수도 있다. 또한 지역사회의 정확한 이해와 욕구를 파악하기 위해 비공식 인터뷰를 수행하게 되는데, 이는 '무계획적이고 기대하지 않은 상호작용'을 통해 자연스럽게 정보 제공자의 반응과 질문자의 정보욕구에 따라 이루어진다. 이때 응답자는 단순히 실천가와 대화할 뿐 자신이 인터뷰하고 있다는 사실을 인지할 수 없는 경우가 많다. 이러한 비공식적 인터뷰를 통해서 실천가들이 응답자들로부터 공통적 주제와 패턴을 인식할 경우 그 문제에 훨씬 용이하게 초점을 맞출 수 있다.

② 민속학적 방법

민속학적(Ehnography) 방법은 현장연구와 조사자의 관찰, 심층적 인터뷰를 통하여 진행한다. 사회적 약자계층의 문화적 규범과 실천행위를 규명하는 데 활용할 수 있는 방법이며 통상 지배문화로부터 벗어난 사람들의 삶의 양식을 조사하는 데 이용되고 있다. 지역사회복지실천가는 민속학적 방법을 통해 지역주민이 지역문제를 어떻게 인식하는지, 어떤 해결방법을 사용하고 있는가에 대한 통찰력을 얻을 수 있다. 민속학적 방법의 특징은 다음과 같다.

첫째, 사람 간의 사회적 표현을 기술하고 해석하는 과정으로, 조사자의 관찰과 심층 인터뷰가 함께 사용되어 응답자의 외양, 모습, 언어 등의 조사가 포함된다.

둘째, 민속학적 방법의 목적은 집단의 신념이나 삶에 대한 이해를 목적으로 한다.

셋째, 자료 분석은 조사자의 관찰과 인터뷰의 기록에 기초하며, 조사자가 발견한 내용을 서술적 형태로 묘사한다. 이러한 서술은 지역주민의 공통된 이슈, 행동패턴, 문화적 규범의 확인뿐 아니라 관찰된 사건, 관련 행위자, 특정 활동에 대한 규칙과 이러한 요소의 사회적 맥락에 대하여 묘사될 수도 있다.

넷째, 조사자의 감정이나 관점, 가치나 신념도 자료원이 된다. 즉, 조사자가 조사 활동 중 경험한 다양한 상황과 응답자의 반응이 기록된 일기 등도 자료원이 되는 것이다.

③ 지역사회포럼 및 공청회

지역사회복지실천가는 지역사회 이슈에 관한 자료수집과 지역문제 및 해결책에 대한 구성원의 공통인식을 촉진하려는 욕구사정의 방법으로 지역사회포럼(Community Forum)과 공청회(Public Hearings)의 방법을 사용한다.

지역사회포럼은 모든 사람에게 공개되거나 지역사회를 대표한다고 생각되는 사람들이 초대되어 특정한 지역문제에 대해 설명을 듣고 의견이나 피드백을 요청받기도 하고 지역문제를 확인하고 문제 해결방안을 제시할 수도 있다. 즉, 지역사회포럼은 대부분 참여자들로부터 정보를 수집하기 위해 구조화된 접근으로 이루어지며 문제에 대한 인식을 공유하거나 문제 해결방안을 함께 모색하는 데 그 목적이 있다.

한편 공청회는 지역사회구성원에게 정부의 프로그램이나 계획에 대한 의견을 제시할 기회가 제공되며 공청회의 실행에 대한 책임은 정부기관에 있다. 공청회의 단점은 첫째, 비구조화되고 통제하기 어렵다는 점, 둘째, 소수의 개인이나 집단이 공청회를 주도할 수 있어 공청회 자체를 혼란시킬 수 있다는 점, 셋째, 공청회의 참여자 및 그들의 견해가 실제 지역사회를 대표하는지 결정하기 어렵다는 점이다.

④ 대화기법

대화(Dialogue)의 목적은 지역사회 구성원이 지역문제에 대한 공통의 이해를 넓히고 문제를 해결하기 위한 행동을 동의하는 데 있다. 즉, 대화과정은 문제 해결을 위한 가능한 대안들, 문제를 효과적으로 다루는 데 필요한 자원을 확인하고, 산출목표의 설정과 행동

계획이 개발될 수 있는데 결과적으로 대화과정 동안 지역사회 구성원을 문제 해결과정으로 끌어들일 수 있다는 것이다.

⑤ 명목집단기법

명목집단기법(Nominal Group Technique)은 델파이기법과 마찬가지로 토론은 없으나, 토론자들이 한자리에 모여서 의사결정을 한다는 점이 다르다. 여기서 명목집단이라고 하는 것은 성원들이 한자리에 모이기는 하지만 이들 사이에 말에 의한 토론이나 의사소통이 없는 이름뿐인 집단(Nominal Group)이라는 점에서 붙여진 것이다. 명목집단 기법은 구조가 상당히 잘 잡혀있고 참여에 대한 촉진이 잘 되어있는 팀 회의에서 아이디어를 창출하고 우선순위를 부여하고 아이디어에 대한 팀의 합의를 도출하도록 하는 데 주로 사용된다.

이 방법의 주된 특징은 참여자들은 제시된 의견에 독자적으로 점수를 매기고 투표를 통해 최고점을 받은 의견을 최종안으로 결정한다.

① 아이디어 서면 작성, ② 아이디어 제출 및 전체 아이디어 기록, ③ 구성원 토의, ④ 투표 후 결정의 단계로 진행하는데 이 방법의 주된 특징은 참석자들로 하여금 서로 대화(말)에 의한 의사소통을 못하도록 하는 데에 있다. 그렇게 함으로써, 집단의 각 구성원들의 진실로 마음속에 생각하고 있는 바를 끄집어내려는 것이다. 특히 ①과 ②의 단계에서는 전혀 토의를 하지 않는다. 투표에 의해 대안을 평가하는 명목집단기법은 다른 집단모임에서 발생할 수 있는 적의(敵意)나 왜곡 등을 피할 수 있다.

⑥ 초점집단기법

초점집단(Focus Group) 기법은 지역사회문제에 대한 공통의 관점을 확인하는 데 사용하는 기법의 일종으로 지역사회포럼의 맥락 내에서 사용될 수 있다.

초점집단기법의 절차와 내용은 다음과 같다.

첫째, 실천가는 지역사회집단의 이해관계를 잘 대표할 수 있는 6~8명을 선택한다.

둘째, 선택된 사람들은 하나의 초점집단으로 구성되며, 이를 대상으로 편안한 분위기에서 독립적으로 인터뷰한다.

셋째, 인터뷰 시 이루어지는 질문은 6~8개 정도의 개방형 질문들로, 조사자는 각각의 질문에 대답하기 위한 시간을 참석자에게 허락하고 동의하에 응답내용을 녹음한다.

⑦ 델파이기법

델파이(Delphi)기법은 지역사회문제에 대한 전문가들의 공통적 인식과 동의를 확보하는 과정을 말한다. 즉, 전문가 중심의 주요정보 제공자로 학자, 사회복지 전문가, 기업인, 지역사회 지도자, 보건관련 전문가 등 통찰력을 겸비한 사람들의 의견을 우편이나 이메일을 통해서 수집할 수 있는 기법이다.

자료수집과정은 다음과 같은 순서로 진행된다.

첫째. 주요정보 제공자를 중심으로 설문에 응할 전문가를 선정한다.

둘째, 지역사회문제에 대한 개방형 설문지를 작성하여 발송한다.

셋째, 주요정보 제공자들은 지역사회문제에 대한 자신들의 의견을 작성하여 회송한다.

넷째, 회수된 설문지의 응답내용을 합의된 부분과 합의되지 않은 부분으로 종합 정리한다.

다섯째, 분석결과 합의되지 않은 내용에 대한 이유와 두 번째 설문지를 발송하여 다시 의견을 묻는다.

여섯째, 회수된 응답을 분석하고, 반복 과정을 통해 최종 합의에 도달한다.

(2) 양적 접근방법

① 구조화된 서베이

서베이(Survey)는 욕구사정의 자료수집방법으로 구조화 또는 반구조화된 설문지를 작성하여 우편, 이메일, 면접조사를 통해 체계적으로 자료를 수집하는 방법으로 가장 중요하게 사용되고 있다. 서베이의 장점은 응답 내용을 표준화시킬 수 있고, 지역사회 내의 다양한 인구학적 집단 간, 지역사회 구성원 간의 응답결과를 비교할 수 있다는 것이다. 단점은 조사자가 미리 응답항목을 결정해야하기 때문에, 지역사회 구성원들에 따라 지역사회문제 및 해결방안이 상이할 경우 이를 모두 포괄할 수 없다는 한계가 있다.

② 프로그램 모니터링

프로그램 모니터링은 지역의 기존 사회복지관이나 지역사회조직에서 소유하고 있는 기록들을 확보하여 자료를 분석하는 방법으로 이러한 기록들은 지역사회의 욕구나 기존 서비스의 효과성에 대한 많은 정보를 제공하기 때문에 자주 활용된다. 프로그램 모니터링을 하는 주요 목적은 프로그램의 적용대상이 적정한가, 특정 집단만 프로그램을 포괄하고 있는가를 파악하고 프로그램의 효과성을 검토하는 데 있다.

③ 사회지표분석

사회지표분석은 정부기관 또는 사회복지 관련 조직에 의해 수집된 기존의 자료를 이용하여 지역사회 구성원의 욕구나 문제를 분석하는 방법이다. 기존의 자료는 이차자료라고도 하는데, 통계청의 각종 통계자료, 보건복지가족부, 지방자치단체, 사회복지 기관에서 발행하는 자료를 이용할 수 있는데, 예를 들면 인구센서스 자료, 한국의 사회지표, 사회통계조사 보고서, 노동통계, 보건복지통계 등을 바탕으로 해당 지역사회의 문제 또는 욕구, 서비스 이용실태를 분석하는 것을 들 수 있다. 이 사회지표분석은 다양한 정보를 쉽게 수집하여 조사가 쉬운 장점이 있으나 해당 지역사회의 실정에 맞는 지표가 부족하기 때문에 분석에 제한이 있다.

3) 개입계획수립 및 프로그램 개발

앞에서 다룬 문제 확인과 욕구조사를 포함한 지역사회사정이 완료되면 문제 해결과 변화를 위한 개입계획에 해당하는 프로그램 개발 단계로 지역사회복지 프로그램은 지역사회복지조직의 목표달성을 실현하기 위한 보다 직접적인 수단으로서 일정한 절차에 따라 이루어지는 의도적이고 체계적인 활동들의 집합체로 지역사회 내의 개인, 집단, 가족, 지역사회를 대상으로 변화를 이루려는 노력이다.

프로그램은 용어상 계획이나 계획을 수립하는 과정을 의미하는 기획과 관련이 있으며,

프로그램 설계라고 하면 프로그램을 기획하는 데 있어 매우 구체적인 형태로 그 과정을 기술하는 것을 의미한다. 또한 프로그램 개발은 프로그램의 기획과 설계, 실행, 평가, 환류과정을 포함하는 매우 복잡한 절차와 방법을 포괄하는 과정이다. 즉, 사정단계에 해당하는 문제의 분석, 욕구조사, 자원체계의 확인을 거쳐 개입계획단계인 목적 및 목표설정, 대안설정, 실천계획의 수립과 프로그램 실천활동과 실행단계 이후의 프로그램 평가와 환류단계를 의미하기도 하는 개념이기도 하다.

따라서 프로그램의 개발과 관련해서는 보다 구체적으로 사용한 자원을 효과적이며 효율적으로 동원해야 할 방법이 전략적이고 전술적으로 모색되어야 한다(고수현, 2014).

4) 실행

프로그램의 실행은 주요 인력을 확보 및 조직화된 집단의 집행부를 구성하며, 실행에 필요한 재원을 확보하는 것으로 준비과정이 이루어진다. 지역주민 중에서 가장 핵심적인 인력을 확보하여야 하며, 지역주민 안에서 토착적 지도자를 발굴하여 집행부를 구성으로 프로그램 실행에 필요한 재원을 확보하는 것이다. 그리고 홍보활동, 주민조직화 및 자원동원, 연계협력적 활동, 협상, 사회활동을 실행한다(김만호, 2016).

(1) 홍보활동

현대를 PR(Public Relation)의 시대라고 하고 대중사회 혹은 정보화 사회라고도 한다.

지역사회 홍보란 조직이 활동하고 있는 지역사회에서 조직의 목적과 내용, 프로그램과 서비스 등을 알리고, 지역사회 주민들로부터 호응을 얻어 그들의 욕구를 보다 잘 충족시켜 줄 수 있도록 하기 위해 지역사회 주민 및 기타 다른 기관과 우호적이고 친밀한 관계를 추구하는 과정이다. 지역사회복지 기관이 계속 유지 존속되고 발전해 나가려면 그 기관이 위치한 지역사회로부터 인정받고 여러 사람에게 널리 알려져 그들의 지지와 참여를 유도해 낼 수 있어야 한다. 지역사회의 문제는 시급한 정도의 차이는 있지만 지역주민이 해결되기를 바라는 것으로 모든 지역주민에게 알려서 공유할 필요가 있다. 따라서 지역주민의 적극적 참여를 독려하고 자발적으로 문제 해결에 나설 수 있도록 하기 위해서는 지역주민과 문제의식을 공유하고 문제를 어떻게 해결할지를 나누는 의사소통과정이 반드시 필요하다.

이러한 의사소통과정을 통하여 문제 해결의 필요성과 정당성을 지역주민에게 알려야 한다. 알리는 방법으로 일반적인 것은 매스컴을 활용하는 것이다. 신문, 텔레비전, 라디오, 잡지, 주민 소식지, 리플릿, 인터넷 등을 최대한 활용하여 지역주민과의 공감대를 형성하는 노력이 홍보활동이다. 또한 매스컴만큼 광범위하지는 않지만 지역주민과 직접 대면할 수 있으면 홍보 효과는 아주 높다. 주민좌담회, 반상회, 각종 모임, 비공식적 모임에서 문제를 설명하고 해결방법을 공유하는 것이 더욱 바람직하다.

(2) 조직화 및 자원 동원

지역사회의 문제 해결 주체는 명백하게 지역주민이어야 한다. 하지만 모든 지역주민이 문제 해결에 적극적인 것은 아니다. 따라서 지역주민이 문제 해결에 참여하는 것은 문제 해결에 있어서 가장 중요한 관건이 된다. 이를 위하여 주민조직, 단체를 육성하고 강화하여야 하며, 지역 내의 리더를 개발하고 민주적 의사수렴과정을 수립하여 지역주민에게 신뢰를 형성하는 것이 중요하다.

조직화의 정도가 미약할 때에는 지역 내의 다른 조직이나 단체 등과 연계하는 것이 바람직하다. 하지만 지역주민의 참여를 강제적 방법에 의존하는 것은 한계가 분명하기 때문에 바람직하지 않다.

(3) 연계 협력

지역사회복지 연계 협력이란 지역사회복지 수요자의 복지증진을 위해 지역사회복지 서비스 공급주체 간의 정보공유, 서비스의 연결 등 지역사회복지조직 및 관련조직 간 유기적 연계체계를 의미하며 일회적 또는 사안별 연계와 협력보다는 지속적이고 체계적 · 구조적인 연계가 이루지는 과정이라 볼 수 있다. 지역사회 내의 문제 해결을 위한 조직은 단 하나의 조직만으로는 효과를 발휘하기 어렵다. 문제와 관련된 다양한 조직체가 연대하여 활동함으로써 효과성을 높일 수 있다. 물론 경우에 따라서는 협력체 및 연대 자체가 목적이 될 수도 있다. 이러한 지역사회복지 연계 협력은 지역사회의 다양한 자원을 조직하고 참여시킬 수 있으며 지역사회복지조직 간 공통의 목표나 문제 해결을 추구할 수 있기 때문에 지역사회조직화의 유용한 실천 전략이 될 수 있다. 따라서 연계 협력활동은 문제 해결을 위한 공감대 형성과 목표를 공유할 수 있다는 점에서 매우 필요하다.

(4) 협상 및 사회활동

지역사회의 문제를 해결하는 과정에서 모든 주민의 적극적 호응을 얻기는 어렵다. 오히려 이해관계에 있는 당사자 간에 갈등을 일으킬 수 있다. 실행과정에서는 이러한 갈등을 협상하거나 협상을 유리하게 전개하기 위하여 사회행동이 필요하다.

4) 종결 및 평가

이 단계에서는 활동을 평가하고 효과를 측정한다. 평가과정에는 사업에 투입된 자원에 비해서 결과가 어느 정도 효과적이었는지를 점검하는 것뿐만 아니라 앞으로의 재조직화를 위해서 목표의 달성도와 좌절의 원인을 검토하고 전체 과정을 재점검하는 것이 요청된다. 평가단계는 설정된 목표가 어느 정도 달성되었는가를 알아보기 위한 과정이다(조추용 외, 2015).

평가에는 두 가지 목적을 갖는다(김광희, 2015).

첫째, 프로그램의 실천과정에서 수집된 정보를 입수해서(Monitoring), 실천에 반영하여(Feedbark), 실천의 궤도를 수정하는 단계이다. 이러한 경우의 평가를 형성평가 또는 중간평가라고 한다.

둘째, 문제 해결의 전 과정이 이룩한 결과와 최종 산물을 평가하는 것이다. 이러한 평가는 일반적으로 프로그램을 통해서 성취하고자 하는 목표가 어느 정도 달성되었는지 즉, 프로그램의 효과성(Effectiveness)과 영향(Impact)을 측정하는 것이다.

펄먼(Perman, 1972)은 프로그램의 결과와 효과에 관해 수집된 자료는 문제 해결을 위해 수집된 정책이나 프로그램을 계속할 것인지, 중단할 것인지, 혹은 수정할 것인지를 결정하는데 쓰인다(최일섭 외, 2007; 이양훈 외, 2014).

던햄(Dunham)은 평가가 있은 뒤에 행하는 다음 단계에는 다음의 다섯 가지 경우가 포함된다고 했다. 첫째, 취했던 조치가 원래의 문제를 해결한 것으로 받아들이는 경우, 둘째, 문제를 재설정해야 하는 경우, 셋째, 새로운 문제를 발견하는 경우, 넷째, 변경을 하지 않거나 수정하여 조치를 계속하기로 결정하는 경우, 다섯째, 최소한 당분간은 그 문제를 해결하려는 노력을 포기해 버리는 경우, 여기서 둘째와 셋째는 새로운 문제가 발생했기 때문에 지역사회조직의 과정으로 지금까지 논의한 지역사회문제해결의 과정을 다시 시작해야 하는 경우라고 할 수 있다(Dunham, 1970: 최일섭 외, 2007, 재인용).

주요내용

지역사회복지실천의 과정을 네 단계로 구분해 볼 수 있다.

첫째, 문제 확인 단계로 ① 지역사회 문제 및 표적 집단에 대한 확인, ② 지역사회 문제 유형화와 특정화, 둘째, 지역사회 욕구사정 단계로 ① 욕구사정의 개념과 성격, ② 욕구사정 수행과 정상의 고려사항(적절한 조사방법 선택을 위해), ③ 지역사회복지 욕구사정의 유형(범위에 따라), ④ 욕구사정 기술, 셋째, 실천계획 수립 및 실천 단계로 ① 개입의 전략과 전술, ② 행동체계와 표적체계, 넷째, 평가 단계로 ① 개입평가, ② 형성평가 및 총괄평가 구분할 수 있다.

CHAPTER 07

지역사회복지의 실천기술과 사회복지사의 역할

학/습/목/표

1. 지역사회개발에서의 역할에 대해 이해한다.
2. 사회계획화에서의 역할에 대해 이해한다.
3. 사회행동에서의 역할에 대해 이해한다.
4. 조직화기술의 개념과 기능에 대해 알아본다.
5. 임파워먼트의 개념과 특징을 살펴본다.
6. 개입을 위한 전략과 전술의 적용을 이해한다.

1. 지역사회복지의 실천기술

우리나라는 1995년 지방자치제를 시행한 이후 지역사회를 중심으로 그들의 문제를 주체적으로 해결하는 정책을 시행하고 있다. 특히 마을지향복지관 및 희망마을 네트워크, 좋은 마을 네트워크 시범사업과 같은 사례는 지역사회 내 공동체 활성화를 촉진하고자 하는 다양한 사업으로 들 수 있다. 2015년 후로 실시하고 있는 찾아가는 동주민센터와 읍·면·동 복지허브화는 공공분야를 확장한 지역사회복지를 실천하는 것으로 볼 수 있다(이마리아, 이경은, 2019).

지역사회복지실천 과정에 있어서 다양한 실천기술이 존재하고 이를 적절히 활용해야 할 것이다. 또한 지역사회복지실천가의 역할은 지역사회복지실천을 통해서 지역주민들의 삶의 만족도를 높이고 문제 해결 및 욕구를 만족시키는 것이라 할 수 있다. “지역사회복지실천을 실행하는 데 있어서 중요한 역할이 있다. 여기에는 지역사회 욕구사정과정에 필요한 기술로 문제확인과 원인에 대한 사정을 지역사회 구성원과 함께 활동을 수행해야한다"(김병 외, 2016). 그 외에도 임파워먼트, 옹호, 대변, 조직화, 사회행동 기술과 더불어 사회복지사의 정체성과 수행능력 및 역할 등의 중점적인 기술을 들 수 있다.

결과적으로 사회복지사의 역할이 중요한데 사회복지실천 목표는 현장에서 만난 클라이언트들이 자신의 삶의 과정에서 문제를 주도적으로 해결하고 더불어 실천해 나갈 수 있도록 조력하는 것을 말한다. 다시 말하자면 이용자들의 니즈와 변화를 조력하는 것이라 설명하고 있다(차민학, 2019).

1) 지역사회실천에서 사회복지사의 중점

(1) 욕구사정

사회복지실천가로서 지역사업 착수 전에 해당 주민 및 집단에게 필요한 서비스 파악과 해결하려는 목적을 지닌다. 사업 내용의 결정과 프로그램을 개발하는 것이 대부분이다. 여기에는 서비스 접근의 용이성, 차이, 조정 및 이용 가능성 등이 있다. 주의해야 할 점은 첫째, 정보 및 활용 가능한 자원을 알아야 한다. 둘째, 포괄적인 지역의 욕구문제 해결과 자원허용의 수준이다. 셋째, 공식적이고 체계적인 욕구사정 접근방법과 자료수집 및 분석을 수행한다. 마지막으로, 욕구사정 방법으로는 실천가를 포함한 조사방법, 수행시간, 필요한 자원, 지역해당주민 포함여부에 대한 고민 등이 선택하는 데 영향을 미친다.

가. 지역사회에 대한 질문

① 어떠한 사회문제를 개인 및 집단이 겪고 있는가?
② 어떠한 방법으로 지역사회문제가 해결되고 있는가?
③ 사회문제를 해결하려는 목적으로 지역해당 주민들, 정부 및 지역기관은 각각 어떤 행동을 취하고 있는가?

나. 서비스 욕구에 관한 질문

① 과연 문제를 해결하고자 제공되는 서비스는 존재하는가?

② 위의 서비스가 지역사회 해당주민들에게 접근이 용이한가?

③ 위의 서비스를 받지 못하는 지역사회 해당 주민이 있는가?

④ 그 외 부차적으로 어떤 서비스가 필요한가?

다. 지역사회 욕구에 관한 서비스 제공자와 핵심정보 제공자의 관점

① 지역사회 해당 주민에게 요구되는 서비스의 종류는 무엇인가?

② 지역사회조직을 통해 주어지는 서비스는 어떤 것이 있는가?

③ 위의 조직 중에 특성화 되고 전문적인 서비스가 제공되고 있는가?

④ 조직관계에서 서비스가 어떻게 조정되고 있는가?

라. 지역사회자원에 관한 관점

① 지역사회 해당주민의 기술 및 자원은 무엇인가?

② 지역사회 내에 어떠한 조직과 기관이 존재 하는가?

③ 지역사회 내 조직 간 연계 및 조직화 과정에서 어떻게 활용되고 있는가?

④ 조직화 증진과정에서 활용 가능한 지역사회 외부자원은 어떤 것이 있는가?

(2) 임파워먼트(Empowerment)

사회조직 환경에 개입하여 클라이언트 스스로의 통제력을 증진하고자 하는 사회복지 실천의 개입, 과정, 기술로서 지역주민들이 역량강화 되도록 힘을 실어주는 과정이다(양옥경 외, 2010).

개인적, 사회적, 정치 및 경제적 힘을 이해하고 통제가 가능한 개인의 강점으로부터 이루어 질 수 있는 능력이다. 특히 자신에 대한 존중감, 성공적인 인간관계, 상호의존성, 문화적 자부심 등은 모든 문제를 해결하는 데 힘이 되는 강점 중의 하나이다(김만호, 2009).

지역주민에게 지역사회복지실천가로서 루빈과 루빈((R. Rubin & I. Rubin)은 다음과 같이 제시하고 있다.

첫째, 사회구조에 대한 올바른 인식제고(Consciousness Raising)

지역주민들에게 고착화된 무기력함이 자신들의 문제의 원인이 아니고 도리어 억압과 통제의 희생자라는 것을 의식화하고 공유한다. 필요한 경우, 이러한 공론화를 통해 자신들을 억압 및 통제하는 구조에 대해 파악하고 비판적 인식을 갖춘다.

둘째, 공개적으로 자기주장(Self-Assertion)하기

문제의 원인과 초점을 의식하고 공개적으로 자기의 소리를 내는 것이 핵심이다. 이러한 과정은 개인입장에서는 임파워먼트의 과정이다. 그러므로 지역사회실천가 입장에서는 주민들이 자신의 소리를 내는 수행 중에 두려움 및 위축되지 않도록 도와주어야 한다.

셋째, 쟁점을 이슈화하기(Framing The Agenda)

지역사회실천가는 쟁점이 공공의 의제가 될 수 있도록 시위 및 대중매체 캠페인을 벌일 수 있다. 예로 어떠한 쟁점이 공공 의제화 되는 과정에서 스스로 임파워먼트 된다. ① 주민들이 긍정적인 시각에서 쟁점을 인식하는 것이다. ② 편견을 지닌 제도와 맞서서 즉, 쟁점이 공공 의제화 되는 데 방해가 되는 것에 대해, 주민들이 갈등과 해결 및 임파워먼트에 대한 가능성을 갖게 한다.

넷째, 힘과 권력의 자원동원(Building Power)

문제를 극복하는데 전문성, 힘, 법적 행위와 같은 위협도 힘의 바탕이 된다. 하지만 무엇보다 자원의 동원으로 주민들의 역량을 증진하는 것이 중요하다.

다섯째, 역량건설(Capacity Building)로 전통적 무력감 해소

주민들에게 고착화 되고 질적인 삶의 저하 및 무기력함을 극복하는 방법에는 두 가지 힘이 있다. ① 성공에 대한 긍정적 신뢰감 ② 지식, 기술을 갖추고 조직을 만들어 대중캠페인 전개

여섯째, 사회적 자본의 창출(Creating Social Capital)

마지막으로 지역사회실천가는 주민들의 유대감과 책임감의 공유의식 증대에 기여하고, 사회적자본의 창출에 조력한다.

(3) 옹호 · 대변의 기술(Advocacy)

옹호는 "개별적 문제를 공공의 쟁점으로 또는 개인적 문제를 사회적 쟁점으로 전환 시키는 역할을 한다"(김만호, 2009). 옹호는 사회복지실천 분야에서 오래된 전술이다. 때때로 억압 및 위기에 처한 주민들을 옹호하는 행위에 저항하는 방해요소가 있을 수 있다. 기관장들의 경우, 후원자나 이사들이 현실에 대한 도전 행동으로 우려감을 나타낼 가능성이 있다. 또한 옹호활동에 방해가 되는 것은 옹호과정을 통해 변화는 물론 이것이 미칠 영향에 대한 걱정도 옹호활동에 방해가 된다. 이럴 때일수록 사회복지사의 자신감 있는 업무 추진력이 더욱 중요하다. 클라이언트의 권리를 옹호하는 과정에서 사회복지사가 클라이언트의 지나친 의존성에 유의해야 한다. 옹호활동은 대변자의 인지정도와 영향력에 따라 달라진다. 즉, 전달자의 동질성, 신뢰감, 전문적 능력 등에 따라 효과가 다르다. 면담 같은 직접적 만남이 우편 및 전화와 같은 간접적 만남보다 영향력이 크다고 본다.

가. 옹호활동의 핵심원칙

① 자원동원의 질이나 양적인 면에서 개인적 옹호행동보다는 팀별 옹호활동(Teamwork)에 의존하는 것이 보다 유리하다.

② 클라이언트 수준에 맞추고 합리적이어야 하며 고집, 무리수는 도움이 되지 않는다.

③ 옹호활동의 상대는 돈과 힘을 지닌 자들일 경우 타인에게 양보, 타협하는 태도가 취약점이 될 수 있다. 따라서 적극성을 지니되 때로는 단호한 모습의 유지가 필요하다.

④ 상활별로 유연한 특성을 발휘해야 한다. 경우에 따라서는 경직된 태도를 벗어나 차선책을 강구하는 유연한 방법도 필요하다.

나. 옹호기술과 전략전술

① 설득

설득의 힘은 사회복지 실천분야에서 중요한 대인관계기술 분야라고 할 수 있다. 설득은 어떤 의제에 대해 우호적인 결과를 얻고자 하는 일련의 과정이다. 사실파악 정도와 개인의 권위는 설득의 효과성을 높인다. 설득은 메세지의 전달자, 전달형식, 메시지 내용, 마지막으로 전달대상으로 네 가지 요소이다.

② 대표하기

대표행위의 원칙으로는 타인의 의견을 대변하여 표현하고 전달하는 제반과정이다. 클라이언트 외에 제3자 개입의 허락을 합의결정하고 늘 협조체계의 원칙을 지킨다. 대표자는 자신의 전문적 지식을 클라이언트에게 전달한다. 그리고 클라이언트가 요구하는 것을 탐색하여 대안을 설명하고 스스로 최선의 것을 선택하도록 한다.

③ 코너로 표적을 몰아넣기

기관이 소홀히 하는 바를 지적하여 전단배포, 피케팅 행위나 연좌, 시위행동 등으로 상대를 당황스럽게 하는 전략효과로 요약할 수 있다. 즉, 표적을 궁지에 몰아세움(Embrassing taget)은 상대표적에게 직접적으로 맞서기 어려울 경우에 효과가 있는 간접적 도전 기술일 수 있다. 연좌는 대상기관의 사무실 및 복도를 물리적으로 점거하는 데 상대표적을 곤혹스럽게 할 수 있지만, 때론 연좌, 시위 등으로 더 심각한 저항이 초래되는 우려도 있다(김현준 외, 2011).

④ 정치적 압력

정치적 압력과 같은 옹호활동은 주민에 의해 선출된 공무원과 정부의 지원을 받는 기관을 대상으로 이루어진다. 국회의원 및 시의원 등 선출된 공무원은, 유권자 표심의 방향에 민감하게 반응할 수밖에 없다. 더불어 그들은 정부에서 지원되는 세금에 의존하므로 정치적 압력에 민감하게 대응하는 것이다.

〈표 7-1〉 하드캐슬(Hardcastle)의 옹호유형

유형구분	개념	사회복지사의 구체적 기술
자기옹호 (Self-Advocacy)	클라이언트 개인 및 집단이 스스로 자신을 옹호하는 활동. 때로는 자조집단 및 지지집단을 구성해서 활동함.	행정적 및 기술적 지원(회의실 제공, 자원봉사자 공급), 격려 및 정보제공
개인옹호 (Individual-Advocacy)	클라이언트가 스스로 자신을 옹호할 수 없을 때 사회복지사가 개인이나 가족을 대신하여 옹호하는 활동.	개인 및 가족의 욕구 파악 및 사정 기술
집단옹호 (Group-Advocacy)	유사한 문제를 경험하는 클라이언트들로 구성된 집단의 공동문제를 해결하기 위한 옹호활동	집단사회복지실천기술, 의사소통 기술
지역사회옹호 (Community-Advocacy)	소외된 혹은 공동의 문제를 경험하는 지역주민들을 위한 옹호활동. 지역주민들이 스스로 지역사회를 옹호하기도 하고 지역사회를 대신하여 다른사람들이 옹호하기도 함.	주민들을 모으고 조직화하는 기술/일일 캠프 개최, 건강달리기 모임 등
정치 또는 정책적 옹호(Political/Policy-Advocacy)	사회정의와 복지를 증진시키기 위해서 입법영역, 행정영역, 사법영역에서 다양한 형태로 전개되는 옹호활동	특정법인의 통과를 제안하거나 저지하기 위한 로비기술/사법과정에서 증인으로 나서는 클라이언트를 보호하고 정보를 제공하는 기술
체제변환적 옹호 (Advocacy for Systems Change)	근본적인 제도상의 변화를 위해 구성원인 시민들과 사회체제 전체에 영향을 미치려는 옹호활동. 예를들어, 양성평등을 위한 여성운동, 장애인 이동권 보장을 위한 옹호활동 등	캠페인 기술, 조직화 기술, 미디어 활동 기술

출처: Hardcastle et al.,(1997); 김범수, 신원우(2013), 재인용.

(4) 자원동원 기술

자원과 지역사회복지실천과의 관계는 긴밀한 상관이 있다. 지역사회복지실천 활동에서 클라이언트의 삶의 질의 변화와 증진에 필요하다. 정보적 · 재정적 · 제도적 자원과 인적 · 물적 자원을 의미한다. 정보자원이란 국내 · 외에서 제공되는 사회복지와 연관된 정보들을

말하며, 재정자원이란 바우처, 현금 및 현물을 포함한다. 마지막으로 제도자원은 행정, 정책 및 법체계 등을 말한다.

인적 · 물적 자원은 지역사회복지실천의 목표와 목적을 이루는 데 도움이 되는 것이다. 이러한 인적 · 물적 자원의 종류로는 개인, 조직, 기관, 시설과 현금 등의 자원이다. 지역사회의 문제를 해결하기 위해서 현재의 부족한 자원을 새롭게 개발 및 동원하는 과정에서 산재해 있는 자원들을 규합하는 기술이다.

가. 동원의 기술

① **개별적인 접촉**: 클라이언트와 지리적으로 접근이 용이한 이웃의 인적자원을 개별적으로 접촉하여서 인간의 이타심과 봉사정신의 실천으로 인한 자긍심이 자원봉사의 동기가 되도록 유도한다.

② **기존조직과 네트워크의 활용**: 개별적인 접촉에 비해 효과적인 발굴기술이라 할 수 있다. 이는 지역사회에 이미 구축이 되어 있는 네트워크의 참여 및 활동을 통해 자원을 동원하는 실천기술이다. 이는 인적자원 동원 기술모색 중에서 가장 빠른 최선의 접촉방법이다. 즉, 지역 내 구축된 조직들을 조사한 후 조직의 지도자와 협의 후, 지역사회복지실천 과정에 동원하는 것이다.

나. 자원동원 및 구축의 필요성

인력자원과 재정자원은 지역사회복지 기관이 존재하는 한 자원의 구축과 활용은 필수적이라 할 수 있을 것이다.

첫째, 지역사회 내 체계적 자원동원을 통해 지역주민 간 상호협력의식을 고취한다.
둘째, 대상자를 위한 서비스 프로그램의 효과성과 효율성을 향상한다.
셋째, 지역사회복지기관 및 시설의 서비스 프로그램에 대한 효율적인 접근이 중요하다.
넷째, 정부에서 지원되는 사회복지 재정자원의 부족을 극복하고자 한다.

더불어 지역사회자원 개발과 필요성에 대해 알아본다.

① 지역사회에 이미 구성되어 있는 기존 자원과 네트워크의 활용
② 지역사회자원에 대한 넓고 풍부한 조사
③ 지역사회 특유한 문제 및 욕구를 중심으로 한 자원 개발
④ 지역사회의 자원을 영역과 내용에 따라 구분

다. 인적자원 동원 및 구축기술

인적자원은 포괄적으로 자원봉사자, 사회복지관련 전문가와 사회복지단체 종사자, 공공기관 종사자 등을 의미한다. 실질적으로 지역 내 거주하고 있는 가족 구성원을 비롯한 지역사회주민이라면 자원에 포함된다. 물론 학교, 경찰, 병원근무자, 기존 조직의 구성원들이 포함된다. 그 외에도 유형, 무형의 지역사회 자원으로 공식적(사회복지법인, 지역사회단체, 지역사회협회, 의료, 기업 및 행정), 비공식적(본인, 가족, 이웃, 친척, 자원봉사자)자원들이 있다.

라. 물적자원 동원 및 구축기술

물적자원은 지역사회에 소재한 기업(영리, 비영리)과 종교, 학교(초 · 중 · 고 · 대학), 민간 · 공공기관들의 후원금품과 재정(바우처, 현물, 현금), 설비, 건물, 기자재 등의 포괄적 자원을 일컫는다.

이러한 모금행위는 기관의 후원봉사자에 대한 신뢰성이 확보가 바탕이 되어야 하며 후원금품 및 물품사용 내역에 대한 투명성이 유지되어야만 한다. 결과적으로 기관자체 차원에서 교육과 책임감, 전문성과 사명감을 지니도록 최적의 노력을 하여 후원자의 신뢰를 확보하는 것이 중요하다고 볼 수 있다.

〈표 7-2〉 **자원개발 동원기술**

구분	자원개발 동원기술	
인적자원	지역사회의 구조 활용 강화방식	기존의 각종 시민단체, 전문가단체, 친목단체 활용 지역사회 내 관계망 활용: 지역토착지도자, 사회복지를 이용하는 소집단 지도자, 주변공공조직 지도자, 잠재적 참여인물-자원봉사자
	지역주민 개인차원 설득	지역주민의 문제 확인, 문제 해결 중심적 대화, 주민들의 주의환기, 개인적 선호도 적극활용, 모임활동지지, 모임참여에 대한 계속적인 동기부여
	네트워크를 통한 자원 동원	직장, 혈연, 기타 사회적 활동을 통해 이미 알고 있는 사람들의 연대 활용
물적자원	사회복지사의 모금, 후원, 사업제안서 제출	현금과 물품의 효과적인 확보를 위해 마케팅 전략 이벤트, 미디어, 전화, 인터넷, CRM(Cause Related Maketing) 대표적 모금방법: DMO(Direct Mail)

출처: 김수정, 이순배(2016).

〈표 7-3〉 **인적 · 물적 · 사회자본의 비교**

분류	인적자본	물적자본	사회자본
성격	개인적 소유 특성	개인적 소유 특성	공공자산의 특성
형태	자격, 기술, 학력 등	공장, 시설, 토지 등	사회관계망
실체성	반실체적 존재	실체적 존재	비실체적 존재
생산성	생산적	생산적	생산적
존재의 근원	개인에 의해 습득된 기술이나 지식에 내재	관찰 가능한 물리적 형태로부터 옴	사회관계 속에 내재됨

출처: 김만호(2009).

마. 자원 활용 및 유지 관리기술

지역사회의 복지에 요구되는 자원을 개발, 동원, 분류한 후, 체계적 · 통합적 저장 관리로서 DB(DataBase)화 하는 것이 중요한 만큼, 자원 활용의 유지 · 관리는 중요하다. 데이터베이스 관리 시스템(DMBS: Database Management System)이란 DB를 개발, 운영, 관리하는 등과 같이 작업지원의 기능을 가진 소프트웨어시스템을 말한다. 이러한 DMBS는 자율적으로 개발할 수도 있지만 상용되는 DMBS를 구입해서 사용할 수 있는데 SPA, Oracle, 더존 등이 있다.

① 커뮤니티 형 웹사이트인 SNS(Social Nework Service)는 광범위한 인적 네트워크 자원의 확보가 목적인 서비스다. 기존의 지인, 친구, 동료, 선·후배 등과의 친밀한 맥락관계를 형성할 수 있다. 이는 1인 미디어, 1인 커뮤니티, 정보공유 등을 포함하는 개념으로 대중적인 인지도가 있는 웹사이트로서 카카오톡(Kakaotalk), 페이스북(Face book)외에도 트위터(Twitter), 챗테일(Chat Tail), 라인(Line), 인스타그램(Instagram), 인쿠르트(Incrui), 링크나우(Linknow), 스타풀(Starpl), 링크딘(Linkedin), 포스퀘어(Fours-Quare) 등이 있다.

② 기존의 기부자를 유지 관리하여 기관 충성도를 높이는 것은 새로운 기부자를 개발하는 것만큼 중요하다. 즉, 신규 기부자를 개발하는 데에는 시간과 비용을 막대하게 투입되는 단점이 있다. 반면에, 기존 기부자 관리는 관리비용이 적게 드는 장점이 있다. 이는 시설, 복지기관에서 발행하는 소식지, 기부관련 정보, 사업보고서 및 연간 보고서 등의 제공과 특별한 기념일(생일, 결혼기념일)을 기억하여 기부자에 대한 감사 및 보상 활동 등의 최적의 프로그램 개발이 필요하다.

바. 모금의 방법

물적자원의 모금기술로 회비, 모금이벤트, 외부지원금 신청, 기관홍보 및 마케팅 등을 들 수 있다. 사회복지기관에서 재정적으로 미진한 부분을 보완하기 위해서는 많은 노력이 필요하다. 재정적으로 잠재된 기부능력을 겸비한 기부자를 발굴하여 적합한 명분과 목적으로 기부동기를 강화해 주어야 한다. 그밖에도 현물, 현금을 모으는 그 이상의 가치를 부여하여 많은 지역사회 주민들의 관심과 참여로 이어지고, 나아가 지역사회의 역량을 강화한다.

① **회비:** 물적 자원을 구축하는 쉽고 초보적인 방법 중에 하나는 회원들로부터 일정금액을 징수하는 방법이다. 이는 조직 구성원들의 충성도와 자율의식의 유지에 도움이 된다.

② **모금 구축 이벤트:** 어느 특정 일자와 기간을 정해서 행사 및 서비스를 부여하고 비용을 부과하는 방법이다. 예로, 각종 음악회와 바자회, 일일찻집과 그 외 세차 행사 등이다.

③ **기관홍보 및 마케팅:** 메스미디어를 활용하여 기관의 목적사업을 널리 홍보하여 지역사회에 신뢰감을 높여서 기부행위를 극대화 하는 것이다. 즉, 지역사회에 대한 판매행위로서 홍보와 마케팅의 한 부류로 볼 수 있다.

④ **외부지원금 신청:** 지역기관 내 부족한 재정자원을 정부나 공동모금회, 복지재단 즉, 굿네이버스, 월드비젼, 기업복지재단 등에 협조를 구하는 행위이다. 이와 같은 신청은 목적사업에 수반되는 프로포절(제안서)를 제출하여야만 재정자원을 확보할 수 있다.

(5) 조직화(Organizing) 기술

지역사회 내 공동체 조성을 하고자 한다면, 사회복지사들의 지역사회조직화 등 역량강화가 요구된다. 또 서울시 복지재단의 보고서에 의하면 지역사회조직화 사업담당 사회복지사는 사회복지관의 토대를 이룬 특징과 기관내부 및 행정기관의 특징과 같은 복합적인 고충을 안고 있다(이마리아, 이경은, 2019).

조직화는 지역사회실천 모델에서 가장 많이 활용되는 전략 중 하나이다. 지역사회조직의 기술적 요소는 자원과 욕구관계의 효과적인 조율과 지역사회주민과 집단 관계에서 상호 민주적 · 협동적 관계를 수립하는 것이다. 조직화는 변화를 추구하는 일반적인 지역주민들이 권력의 디딤돌을 구축하는 과정이다. 이러한 의사결정 과정에서 억압 및 소외된 이들이 구체적인 행동을 할 수 있게 되고 이로 인해 자신감을 획득하게 된다. 조직을 규합하는 데 있어서, 사회복지사의 역할은 지역사회가 당면한 문제나 욕구불만 사항을 해결하도록 목표를 세우고, 그에 합당한 주민들을 선정하는 등 제반과정에 적극적인 태도를 지닌다.

가. 조직화의 목적

첫째, 지역사회와 집단 간의 의사결정 능력과, 효율적인 분배에 변화를 도모하는 것이다.

둘째, 지역사회 주민이 지닌 포괄적인 욕구 및 자원과의 관계에서 알맞은 조정을 통하여 문제를 해결시키는 것이다.

셋째, 지역사회주민들이 안고 있는 문제에 효과적인 대처가 가능하도록 협동하고 자기결정 능력, 주민참여 등을 통하여 역량을 강화하고 유지하도록 지원한다.

나. 조직화의 원칙

첫째, 조직화란 동적인 과정으로서 관심의 유지 및 노력을 일컫는다.

둘째, 일정한 지리적인 지역사회를 범위로 하여 지역사회 조직화 목표 달성과정 중에 갈등과 대결의 문제에 닥치는 것은 일상적이다. 때로는 상대에 대한 도전과 압력전략이 필요하다는 것에 익숙해야 한다.

셋째, 지역사회의 쟁점은 무엇보다 명확하고 구체적인 문제의식이 초점이 된다. 즉, 명분보다는 실현이 가능한 것이 우선이다.

넷째, 조직화에는 공익은 물론 사적이익이 공통으로 존재함을 알 수 있도록 교육해야 한다. 즉, 조직화의 활용에서 사익의 존재에 대한 관심을 고조시켜야 한다.

다. 조직화의 문제 해결 단계

첫째, 욕구파악: 지역사회 제반문제의 유형을 구체화하기 위해 좌담회, 설문조사 및 현장답사를 실시한다. 그리고 지역주민의 의식문제가 안고 있는 다양한 사실을 파악한다.

둘째, 계획화: 보편적으로 지역사회를 포괄하여 주민의 욕구를 사정한다. 그리고 프로그램의 개발, 지역사회 자원탐색 및 평가 계획이 이루어진다.

셋째, 조직화: 계획화 단계에서 계획한 내용을 바탕으로 모집한다. 그리고 정서 강화형 및 문제 해결형 소집단 구성단계 등이 전개된다.

넷째, 개입활동: 지역사회 활동으로는 민주적 합의과정과 주민 주체적 자치활동 및 주민역량강화 등의 활동구조이다.

다섯째, 평가단계: 지역사회조직사업의 성과 효과, 효율성 정도를 파악하고 공론화 하고자 함이다. 따라서 양적 및 질적인 방법으로 객관적이고 체계적으로 평가하고자 하는 것이다.

라. 조직화의 유형

조직화의 유형은 정치 · 사회적, 공간적, 임무 환경영역에 따라 세 가지 유형으로 정리되고 나누어 볼 수 있다.

〈표 7-4〉 지역사회조직화 유형내용

구분	지역사회조직화 유형	내용
임무 관련성	사회형평 조직화	구성원의 개인적 이익을 위하여 정부 등 공공기관에 압력 행사
	사회정의 조직화	시민권 확대, 환경보호운동 등과 같이 광범위한 이슈를 다룸
	지역사회 정체성의 조직화	주민들의 소속감과 자긍심을 고취하기 위하여 함께 일함
	지역사회 방어 조직화	지리적, 사회적 측면에서 정체성을 갖는 하나의 지역사회를 외부 압력으로부터 보호
공간적 영역의 관련성	쟁점 지향형 조직화	주민들의 생활, 일하는 공간적 영역과는 무관하게 주민들이 표명하는 특정쟁점에 초점을 맞춤
	공간 토대형 조직화	근린지역과 같은 특정 공간을 대상으로 그 공간 영역에 영향을 미치는 다양한 문제들을 다룸
정치 사회적 환경과의 관련성	자조형 조직	문제를 인식하여 구성원을 선발하여 외부기관으로부터 도움을 받아 서비스를 제공함
	협력형 조직	구성원들이 스스로 문제를 규명하고 대처하지만 외부의 재정지원을 받기도 함
	공공 사업형 조직	과거 정부기관에서만 추진되었던 활동을 민관 협동을 통해 수행함
	압력 집단형 조직	쟁점을 스스로 선택, 정치인 · 관료들을 설득해 정책변화를 유도하기 위해 정부관행 범위 내에서 행동하려고 노력함
	대항 조직형 조직	경제적 · 정치적으로 체제변화를 추구, 시가행진, 농성 등 관행적 규범을 벗어나는 활동을 전개함

출처 : Rubin & Rubin, 2001; 김현호 외, 2016, 재인용.

(6) 연계(Networking) 기술

지역사회 안에서 사람들 간의 관계 확장을 통하여, 사회적 자산인 네트워크를 형성하는 것으로 설명한다. 또 개별기관들 간에 정기적인 회의와 모임을 통해서 서비스제공 계획을 공동으로 수립한 후, 개별기관들이 정체성을 유지한 채, 각각 서비스를 제공하는 것이다. 아울러 연계란 서비스제공 기관 간에 서비스의 중복방지와 자원을 효율적으로 관리하고자 정기적인 모임이나 회의를 통해 기관의 정체성을 유지하는 동시에 팀 접근 방식으로 서비스를 시행하는 것을 의미한다.

가. 사회복지사의 연계기술

사회복지사는 클라이언트의 욕구를 파악한 후, 적합한 자원체계로부터 원조 받을 수 있도록 여러 자원을 활용할 수 있는 능력과 동기를 파악, 사정하고 실행하는 기술을 말한다.

나. 지역사회복지실천과 연계기술

사회복지사의 역량을 확대하고자 개인, 기관 및 조직을 하나의 체계로 만드는 기술이 중요하다. 왜냐하면 지역사회 자원의 공유와 자원교류를 통해 클라이언트를 돕고자 하는데 있다. 또한 지역사회복지실천에서 기관은 다양한 욕구를 지닌 클라이언트에게 통합적 서비스를 제공하는 것에 초점을 두지 않는다. 그보다는 연계기술이 보다 주목을 받고 있는데, 클라이언트의 욕구를 해결하고자 지역사회 내의 자원을 연결해주는 사례관리에 중점을 두고 있다.

다. 연계체계 관리

세월이 흐름에 따라 연계체계의 유지는 다소 어려울 수 있다. 조직성원들이 공동 목표의 달성과 실천 의미를 유지하도록 정보의 공유 및 상호교류 활동이 지속적으로 계획, 제시되어야만 한다. 그 외 공동 활동의 참여를 독려하고 교육과 훈련이 제공되어야 한다.

(7) 사회행동 기술

지역사회의 문제 및 욕구에 따른 이슈를 선정하고 쟁점화 하는 것이 중요하다. Dunham (1958)은 사회학에서 정의하기를, 사회행동은 인간의 의사를 표현하는 전반적인 수단이라고 한다. '사회복지실천 기술 중에서 광범위하고 개인 및 집단의 이익을 확보하기 위해 사회행동을 할 수도 있는 것으로 설명한다.' 사회행동이란 출발점에서는 소수의 행동에서 시작되는 경향이 있다. 대상 집단을 이겨야 하는 목적으로 상대의 약점을 알아내고, 정보력과 함께 주민들 동원과정에서 급진적 방법이 동원될 수도 있다. 따라서 사회적 가치나 규범에 비중을 두기보다는 과정 및 방법이 더 큰 비중을 차지하고 있다(김현호 외, 2016).

가. 사회행동의 특징

① 사회행동은 사회행동가가 수용할 수 있는 가능성과 적합한 목적이 있어야 한다.
② 사회행동은 육체적인 탄압은 예외로 하고 압력, 교육, 설득, 선전 등의 방법을 강구한다.
③ 사회행동은 합리적 · 비합리적 목적 및 방법으로 분류된다.
④ 사회행동의 시작은 사회행동가보다는 개인이나 소수에 의해서 출발 된다.
⑤ 사회실천 과정에서 사회행동이란 언제나 변화를 위한 제반과정과 함께, 제안에 대한 옹호 및 반대를 위한 것이다.
⑥ 사회행동은 사회적 결과에 초점을 두기보다 과정과 방법에 있다. 또한 사회행동은 선과 악 그리고 중립적 목적성취를 위해 활용될 수도 있다.

나. 사회행동이 미치는 영향

어떠한 이슈로 인해 본인, 주민, 전문가 등의 사회행동이 사회적 결과에 영향을 주는 역할을 한다.

① 사회행동은 지역사회에 있는 광범위한 자원을 사용 및 연계하는 조직화와 유기적인 협력관계를 이룬다(예: 2014년 송파 세 모녀 사건).

② 사회행동은 지역사회의 변화를 주도할 수 있을 뿐만 아니라 참여자의 역량과 주체성을 향상한다.

③ 주민의 복지의식과 권리, 시민의식의 제고로 사회적 권리를 확립하여 사회적 약자를 보호할 수 있다.

④ 행동은 협의적으로 복지 분야를 초월하고, 광의적으로 지역사회 주민의 삶의 질과 상관이 있다.

다. 사회행동의 주체

정치, 노동, 환경운동에 비해 사회복지 분야에서의 행동은 뒤늦게 출발하였고 여타 영역에 비해 숫자도 적은 편이다. 하지만 과거에 비해 복지가 사회적 이슈로 대두되어 선거의 주요이슈가 되기도 하며 이제 복지는 우리생활에 긴밀한 주체로 다가왔다. 하지만 사회행동의 주체로서의 지역주민은 추상적이랄 수 있다. 실질적으로 사회행동의 주체는 지역사회복지 전문가, 지역사회 활동가, 사회복지 실무자, 사회복지시설 이용자, 지역주민 등이다.

① **지역사회복지 전문가**: 사회복지 관련 학문을 연구하고, 새로운 이론의 해석과 적용, 사회행동 접근방법을 조언해 주고, 문제 해결 방법에 대해 고려하는 동시에 사회복지 실천현장에 접목하는 역할을 하는 사회행동의 주체이다.

② **지역사회 활동가**: 여러 각자의 지역에서 자생적으로 만들어진 NGO 단체의 활동가들이 생성한 조직이다. 사회복지 비전문인일지라도, 지역사회운동 측면에서 지역사회 문제에 접근하고자 하는 이들이다.

③ **사회복지 실무자**: 현실적으로 사회행동의 능동적인 주체가 될 수 없다. 그 이유는 지역사회복지기관은 정부로부터의 보조금으로 사업실천을 수행하고 있다. 따라서 사회행동의 상대에 포함되는 시·군·구를 상대로, 적극적으로 행동을 실행하기에는 한계를 지닌다.

④ **사회복지시설 이용자**: 당연히 사회행동의 주체가 되며, 실제 사회행동의 결과에 의하

여 영향을 크고 작게 받는 이용대상자이므로 설득력이 있는 것은 당연하다.

⑤ **지역주민:** 지역 내 사회적 약자를 돕기 위한 목적으로 제도 및 복지환경을 변화시키고 지역사회가 당면한 문제 해결을 위해 노력하고 지지하는 주체가 된다.

라. 성공적인 사회행동의 조건

성공적으로 사회행동이 성취되기 위해서는 여러 조건들이 갖추어져야 한다.

① 주민들의 참여가 사적인 욕구 차원 이상으로 전체 지역사회에 영향력을 미칠 수 있게 제반 환경을 조성한다.

② 지역주민들은 배타적 · 개인적 이해차원에서 공동의 이해로 전환하여 공동체 의식을 높이고 자신의 역량을 강화한다.

③ 지역사회 내에서 조직화된 지역사회주민들의 정치적 영향력과 사회적 권리를 강화한다.

④ 지역주민들이 사회행동 활동의 주체로 참여할 수 있도록 활성화한다.

마. 이슈 선정 및 쟁점화

이슈(Issue)는 사회 변화의 흐름에 따라 함께 바뀌는데 어떤 안건에 대한 관심, 쟁점 및 논쟁거리 등의 화제를 의미한다.

① 한국의 경우, 1970년대 이촌향도(移村向都) 현상이 급속히 진행되어 촌에서 도시로 이주하였다. 이에 따라 당시에는 도시빈민과 빈민의 주거환경이 주요한 이슈였다.

② 1980년대에는 도시근로자의 근로환경에 대한 열악함이 이슈화되면서 근로자와 사용자 간 복지문제가 큰 이슈가 되었다.

③ 1987년에는 근로자 복지문제가 이슈화되면서 임금 및 근로환경이 개선되는 기회가 되고 노사 간에 대립이 심각한 수준에 달했다.

④ 1997년도 IMF 경제위기 때에는 실직, 가정해체, 노숙자 등의 문제가 국가의 개입이

요구되고 하루속히 해결해야 할 이슈가 되었다.

⑤ 2000년대 이후 OECD가입국 중에서 도시화와 산업화가 빠르게 진행되는 가운데 고령화와 저 출산의 문제, 소득의 불균형, 다문화, 외국인 근로자. 노인자살 등이 이슈로 부각되었다.

⑥ 2014년도 송파 세 모녀 사건과 같은 사회현상이 부각되면서 기초수급자를 비롯한 복지 사각지대 해소 및 처우가 핫이슈로 떠올랐다.

⑦ 언론보도를 이슈화하는 단계는 대중이 언론보도를 접하고 문제의식을 형성하는 것이다. 언론보도를 이슈화하는 것은 대중이 소비자 주권론, 능동적 수용자, 언론의 사회적 책임론, 사회운동론 관점의 유형들이다. 첫째, 소비자 주권론은 전체적으로 궁극적인 관점이 소비자를 충족시키고자 존재한다는 것이다. 둘째, 능동적 수요자는, 즉, 대중은 언론이 전달하는 뉴스를 일방적으로 수용하는 것이 아니라 적극적인 참여자로 인식한다는 것이다. 셋째, 언론의 사회적 책임론은, 언론을 통한 전달의 영향력이 무척 크기 때문에 올바른 내용을 전달해야하는 도덕심과 공익성을 바탕으로 해야 할 것이다. 넷째, 사회운동론은 언론 및 시민단체에서 언론이 본래의 역할을 다하도록 언론의 감시 기능과 올바른 방향으로 유도하는 것과 시민사회의 성장역할을 하는 것이다.

2. 사회복지사의 역할

사회복지사의 기술 및 개입 정도에 따라 사회복지사의 역할에 차이가 있다(구금섭 외, 2013). 지역사회복지실천 현장에서 사회복지사는 지역사회사업가이다. 이에 따라 사회복지사는 전문적인 지식과 기술은 물론이고 정보, 가치 등을 두루 갖춤으로서 지역사회 복지현장에서 역할을 다해야 한다. 사회복지사는 여러 가지의 역할을 실천해야하는데 즉, 변화하는 지역 주민들의 욕구에 따라 다양한 개인 및 집단을 대상으로, 과제수행을 해야만 한다. 결론적으로 전문사회복지사는 지역복지의 향상 및 문제 해결을 위해 지속적으로 노력하는 전문가이다. 지역사회복지실천에서 사회복지사는 지역사회사업가이다.

1) 지역사회복지실천을 위한 사회복지사의 자질

① 사회복지사는 사회 · 경제적 환경에서 지역사회주민과 더불어 활동 및 이해능력을 갖추어야 한다.

② 사회복지사는 지역사회 실천기술을 함양해야만 한다.

③ 사회복지사는 전반적으로 지방 및 국가정책 분야의 지식을 습득하고, 사회복지 영역과 자원관련 지식을 갖추어야 한다.

④ 사회복지사의 바탕에는 타인에 대한 인격존중과 주민에 대한 애정이 필요하다. 그 외에도 자기수련, 건강한 판단능력, 성실함과 용기, 감정조절능력, 객관성, 민감성, 유연성, 상상력, 인내력 등 타인을 존중하는 인품이 요구된다.

⑤ 사회복지사는 사회조사와 행정, 그리고 실천분야 등 다양한 복지사업에 대한 이해가 따라야 한다.

⑥ 지역사회 내에서 사회복지사는 사회적 상호작용에 있어서 전문적인 기술능력 여부가 중요하다. 따라서 문제의 종류와 개념, 목적, 기능과 방법, 그리고 문제의 프로그램 종류, 원리 등과 같은 이해능력이 요구된다(김형수 외, 2010).

2) 사회복지사의 역할

지역사회복지실천 수행과정에서 사회복지사의 역할은 실천모형에 따라 다르다. 첫째, 로스(Murray G. Ross, 1967)는 지역사회개발 모형설명에서 전문사회복지사의 역할수행에 대해 조력자(Enabler), 안내자(Guide), 전문가(Erpert), 사회치료사(Therapist)로서 제시한다. 왜냐하면 사업의 방향과 목적 및 형태에 따라 사회복지사의 역할이 상이하기 때문이다. 둘째, 사회계획모형에서 사회복지사의 역할을 설명하고 있다. 다른 모형에 비해서 사회복지사의 전문가 역할이 절실한 사회계획 모형으로서 모리스(R. Morris)와 빈스톡(R. Binstock), 샌더스(Sanders)가 있다. 모리스와 빈스톡은 사회복지사의 역할수행을 '계획가'라 하였다. 샌더스는 사회복지사의 역할을 계획가, 조직가, 분석가, 행정가 유형으로 나누었다. 셋째, 사회행동모형에서의 사회복지사의 역할을 거론하였다. 그로서(Grosser)는 사회행동측면에서 사회복지사 수행역할을 중개자, 대변자, 조력자, 행동가로 분류하여 설명하였고, 그로스만(Grossman)은 조직가로 설명하고 있다.

〈표 7-5〉 **지역사회복지실천모형에 따른 사회복지사 역할**

지역사회개발 모형	사회계획 모형	사회행동 모형
로스(M. G. Ross)	샌더스(I. T. Sanders)	그로서(C. F. Grosser)
안내자(Guider)	분석가(Analyst)	조력자(Enabler)
조력자(Enabler)	계획가(Planner)	중개자(Broker)
전문가(Expert)	조직가(Organizer)	옹호자(Advocate)
치료자(Therapist)	행정가(Program Administrater)	행동가(Activist)

출처: 김병, 이인순, 이진향, 이하예진, 정명환, 조승석, 황은혜(2016).

(1) 안내자(Guider)

지역사회복지실천 과정에서 전문 사회복지사의 1차적인 역할이라고 할 수 있다. 사회복지사는 안내자 수행조건에 대하여 객관적 태도를 지녀야 한다. 지역사회주민에게 당면한 문제를 자각하게 하고 문제 해결에 수반되는 적합한 목표를 세우고, 목표를 성취하도록 원조한다. 문제 해결 과정에서 주민주도능력을 발휘하여 문제 해결의 방향과 방법을 선택하는 과정에 조력하여야 한다. 사회복지사는 사적인 목적을 위해서 주민을 이용, 강요 및 조정하는 등의 조치를 취해서는 안 된다.

① 전반적인 지역사회와 동일시해야한다.
민주적인 토의방법이나 지역사회조직추진위원회가 동의한 문제나 사업에 함께 활동 및 수행을 해야 한다. 또한 지역사회 내에서 의심 및 거부 의사 표출가능성이 있는 집단과 우호적인 관계를 맺는 능력이 필요하다. 따라서 집단이익에 관련되거나 특수계층에 편파된 사고는 지양해야 한다.

② 사회복지사의 역할을 지역사회에 설명해주고 업무 수행을 원활하게 수행할 경우에, 사회복지사의 역할을 이해할 것이다.

③ 사회복지사는 자신의 역할을 수용해야 한다.
이는 자신의 행동에 대한 유연한 조절능력을 지녀야 하고, 자신이 맡은 업무를 무리 없이 수행해내는 능력을 말한다.

④ 지역사회 활동여건에 관해 객관적 자세를 지녀야 한다.
사회복지사의 지역사회에 대한 비판적 시각과 지역사회 간에 상대적으로 비교하는 행위는 지역주민의 사기저하를 초래할 수 있음을 명심해야 한다. 사회복지사는 항상 지역사회 '있는 그대로(as it is)'의 수용적 시각으로 보아야 한다. 예로 지역사회에 내재된 갈등, 관습, 무지함, 적대적 정서, 모순된 행동 등의 존재 가능성을 이해해야 한다. 이와 같이 지역사회의 특성을 지각하고 이해함으로써 오히려 이러한 특성들을 사회복지사의 역할 수행과정 중에 활용해야만 한다.

⑤ 사회복지사는 문제를 해결할 경우 주도적인 능력을 고취한다.
사회복지사가 역할을 수행할 때 수동적, 자유방임적 태도를 지녀서는 안 된다. 현재에 당면한 문제를 지각하게 한 후 지역사회주민들에게 이익이 되는 대안을 제시해 주어야 한다는 것이다.

(2) 조력자(Anabler)

사회복지사가 지역사회 내 조직사업이 효과적 · 효율적으로 이루어지게 하는 역할을 의미한다. 실질적으로 조직화를 격려하고, 불만사항을 집약하고, 좋은 인간관계를 생성하고 공동목표의 성취를 고취시킨다(오미희 외, 2011).

① 촉매자로서 지역주민 집단들의 표출된 불만 사항을 연결하고 조직화한다.
② 주도적이고 용이하게 조직화에 도움을 준다.
③ 사회복지사는 주민들이 협동적 상호작용과 만족감을 갖도록 격려한다.
④ 사회복지사는 지역사회 조직과정에서 전반적으로 효과적 계획과 동시에 지역사회 능력을 개발한다는 공동목표에 중점을 두며 주민들이 이탈되지 않도록 한다.

(3) 전문가(Expert)

전문가로서의 역할 수행은 사회복지사의 권위를 지닐 수 있는 분야로서 직접적 충고나 데이터를 제시하는 것들이다. 그러나 조력자역할 수행분야와 대립되는 것은 아니다. 지역사회단체가 사업을 실행하는 데 필요한 자원, 조언, 조사자료, 기술, 충고 등을 하는 것으로 설명된다.

가. 지역사회진단
나. 조사기술
다. 지역사회에 대한 정보
라. 방법에 대한 조언
마. 기술상의 정보
바. 평가

(4) 치료사(Therapist)

사회복지사의 치료사로서의 역할은, 적절한 진단과정을 거쳐 지역사회주민의 갈등 성격을 이해하고 지각한다. 협력하는 데 방해가 되는 요소를 없애고 긴장을 감소하도록 돕는다. 사회복지사는 지역사회의 관습행위, 종교, 기원 등을 이해한 후 지역사회 수준에 알맞은 치료 및 진단을 실천해야한다. 이와 같은 진단을 통하여 전통적으로 고착된 태도가 갈등요인으로 밝혀진다면 협력적인 행동을 만드는 데 문제가 되는 요소를 제거해 주는 기능을 수행한다.

3) 사회계획모형에서의 역할

(1) 계획가(Planner)

계획가로서의 사회복지사는 지역사회의 사실발견과 분석을 바탕으로 계획을 세워야 하는 역할이다. 계획을 수립하는 경우 윤리성을 포함하여 법적, 재정적, 인적, 물적 등의 측면을 고려하여 설계해야 한다. 체계적으로 접근하여 누가, 무엇을 어떻게 계획을 수립할 것인지 역점을 둔다.

가. 물리적인 측면보다 인간적인 측면을 토대로 해야 한다.
나. 모든 사업은 계획을 수립해야 한다.
다. 계획에 대한 철학적 고민은 목표를 성취하기 위한 수단에 고려되어야 한다.
라. 지방분권적 또는 중앙분권적 결정에 어느 정도 의존할 것인지에 역점을 둔다.

(2) 행정가(Administrator)

지역사회복지 프로그램 진행과정에서 종종 까다로운 행정적 문제가 나타날 경우, 전문가의 기술과 통찰력을 발휘하여 능동적으로 처리하여야만 한다. 이처럼 사회복지사의 행정가로서의 모습은 프로그램을 계획하고 그 목표에 달성하기까지 인적 및 물적자원을 효과적 · 효율적으로 관리하는 능력이다.

(3) 분석가(Analyst)

사회복지사는 분석가로서 지역사회의 욕구와 문제를 초점으로, 자료에 대한 수집 및 분석 후, 합리적인 대처방식에 대한 의사결정이 가능하도록 분석을 수행하는 역할이다.

① 사회과학자와 달리 분석가는 사회문제와 영향을 미치는 요인들에 관한 조사과정에서 객관적 분석보다는 개선적 분석으로 접근해야 한다.
② 문제 해결을 위한 계획, 과정과 결정에 이르는 수립과정에 대한 분석을 말한다.
③ 프로그램 성과에서 유도된 변화에 대한 평가를 말한다.

(4) 조직가(Organizer)

조직가는 계획의 수립과 실천과정에서 지역사회에 존재하는 행동체계를 참여시키는 과정에서 주민들의 참여의식을 높인다. 자발적으로 추진해 가는 자신감과 능력을 고취시키는 역할을 말한다.

4) 사회행동모형에서의 역할

사회행동모형에서 로스만은 정치적 문화가 지닌 다양한 특성으로 인해 불이익 집단을 조성하는데 필요한 실천가의 역할에 중점을 두었다. 그로서는 지역사회 내 사회복지사의 역할 중에서 지역사회 불우한 집단의 이익을 확장하고 역경에 처한 클라이언트 및 도시빈민 등의 복지를 위해 일하는 등 자원분배 매커니즘을 시정하는 것을 강조한다. 이처럼 도시영세민의 이익을 증진하고자 정부기관에서 제공되는 재화 및 서비스 분배 과정에서 불평등을 변화시킨다. 동시에 주민들을 자극하고 조직화하여 집단행동에 함께 하는 전략이 요구된다. 사회복지사는 옹호자, 행동가, 조력가, 중개자의 역할 및 전략을 통해 목표를 달성한다(김범수, 신원우, 2007).

(1) 중개자(Broker)

중개자로서의 사회복지사의 역할은 자원이 공정하게 배분되도록 노력하고 대상자가 인간의 존엄성을 유지하도록 배려해야 한다. 체계적으로 지역사회자원에 대한 접근을 하여 주민들이 필요한 지역사회 자원을 얻을 수 있도록 자원의 방향을 제시하는 데 대부분의 시간을 할애한다. 중개적 역할은 기능주의적 입장에서 한계를 지닌다고 설명된다.

(2) 옹호가(Advocator)

때로는 중개자의 역할만으로 충분치 않은 경우가 있다. 이런 경우 사회복지사는 주민들의 측면에서 정당성을 주장하는 한편, 기관에 도전할 목적을 수립하고 자원 및 지도력을 제공하는 옹호자의 역할을 실천한다. 즉, 사회복지사는 사회적 갈등에 있어서 전문적인 역량을 오직 클라이언트 이익을 위해 사용한다는 것이다.

(3) 행동가(Activist)

네 가지 역할 중에서 가장 급진적, 적극적인 역할로 설명된다.

행동가는 문제 갈등 상황에서 수동적, 중립적 입장을 지양하고 능동적, 직접적 행동을 취해야 한다. 예로, 장애를 가진 아동의 부모에게 재활치료센터가 있는 큰 도시로 이사를 권하는 것은 사회복지사의 소극적, 중립적 자세이다. 반면에 행동가 역할을 하는 사회복지사는 욕구가 있는 당사자들과 함께 행동을 하는 것이다. 즉, 지역 재활치료센터를 새로이 유치하고자 서명운동이나, 지역에 문제를 널리 알리기 위한 캠페인과 같은 직접적, 능동적 행동을 취하는 것을 일컫는다.

(4) 조력자(Enabler)

주민들의 수월한 조직화를 격려하는 역할이다. 사회행동모형 중에서 다른 역할보다는 소극적이고 중립적, 제한적 위치와 가치를 둔 역할로 지적하고 있다.

5) 그 외에도 아래와 같이 교육자, 협상자 등의 사회복지사의 역할이 요구된다.

(1) 교육자(Educator)

서비스 당사자를 대상으로 한 정보제공 및 적용기술을 말한다. 교육자로서의 역할은 스트레스해소 및 관리법, 부모역할 수행기술, 집단토론 방법과 함께 사업의 목표성취 방법 등을 교육하는 것이다.

(2) 협상자(Negotiator)

협상자로서 역할은 단체 또는 특정인 입장에서 당사자들 간 관계의 논란과 차이점을 해결하는 역할이다. 단, 사회복지사가 대상자 위임을 받은 사실을 기억하며, 객관성을 지니고 협상에 임해야만 한다.

3. 지역사회복지실천에서의 원조기술

사회복지학 학자들에 의해 학문적, 법적 정의는 아직 구조화 되지 않고 있다. 사회복지사가 원조하고 제공하는 사회복지서비스는 "1980년 이후 공공서비스의 전달체계에 대한 비조직적이며 비전문적인 복지체계의 정비개선의 계속된 노력 결과, 사회복지서비스는 사회복지전문요원에 관한 법제정을 통하여 구체화되었다"(양심영, 2000).

종류로는 개인, 가족, 집단에게 개인적 · 직접적서비스를 제공하는 직접원조기술(개별 및 집단원조기술)과, 직접원조기술을 효과적으로 실천하기 위한 간접원조기술(사회조사 및 지역사회원조기술)로 분류된다.

1) 직접원조기술

사회복지 원조기술은 본래 직접원조기법이 바탕이 되었다. 직접원조기술로는 근래 재가복지를 중심으로 그 요구가 확대되고 있는 사례관리(Case Management)와 같은 기술이 있고, 그 외 종래의 그룹워크, 케이스워크가 주류를 이루어 왔다. 그리고 포괄적 의미에서 대인복지서비스(Persnal Service)와 대인원조서비스 등이 포함된다.

(1) 직접원조기술의 특색

워커와 클라이언트 간의 전문적인 원조 및 인간관계 및 상호작용이다. 지역사회주민과의 꾸준한 관계를 유지하고 구축하고자 여타의 기본원리가 점차 수용적으로 적용되어 왔다. 거의 다수는 전통적인 그룹워크나 케이스워크의 연구와 실천의 영향이 클 것이다.

(2) 직접원조기술의 주의사항

① 전통적으로 구축된 분야의 사회자원과 연계하는 등 사회적 네트워크를 형성하는 것을 기반으로 삼아야 한다.

② 환경과 인간의 상호작용에 중점을 두고, 그들에게 적절한 생활환경을 새롭게 구축해

나가는 데 심혈을 기울인다.

③ 사회복지의 원칙 및 원리에 의거하여 일련의 실천방법에서 통합화를 구축하고 탄력적인 대처반응을 하는 것에 초점을 두어야 한다.

2) 간접원조기술과 영역

클라이언트의 타인에 대한 인식을 새롭게 제고하고, 환경으로부터 야기된 장애, 압력과 같은 것을 제거하는 것으로부터 이루어진다.

보편적으로 지역원조기술 분야인 지역사회복지조사, 지역사회복지계획, 행정, 정책에 관련된 전문적인 지식과 실천능력이 체계화되어 있다. 만일 사회복지사가 직접적 원조기술을 통하여 클라이언트의 삶과 적응능력의 변화를 목표로 하는 경우에, 행정 및 정책의 이해 수준을 확장 시키는 것이 유리하다.

3) 지역사회원조기술

이는 지역사회가 품고 있는 자조 및 자발적 특성의 협의를 거쳐 지역사회갈등문제를 해결하고자 지역사회 내의 사회자원을 조직화하는 것을 이른다. 이와 같이 지역사회원조기술이란 지역사회주민의 자조능력과 자발성에 의한 공동체적 협의를 거쳐 지역사회를 조직화하는 지역사회복지사의 실천기술을 말한다.

(1) 지역사회원조기술의 기능

① 지역사회 내에 산재 된 아동 · 청소년문제, 노인문제 등을 해결하고자 교육, 복지, 보건, 의료 등의 관계자 간의 합의

② 사회자원의 개발 촉진

③ 지역 내 보건, 위생, 공해, 재가복지의 제반 문제 등의 해결을 위해 지역사회의 단체나 주민의 조직화를 구축

④ 지역사회의 진단과 복지욕구 판별 등의 조사 및 진단
⑤ 지역사회복지의 확장을 목적으로 전반적인 지역사회에서 종합적 · 장기적 지역사회 복지계획을 입안하는 기능
⑥ 복지시설이나 복지관련 전문 인력 등의 지역사회의 단체, 자원봉사자의 조정과 복지, 교육, 주택, 보건 및 의료 등의 각 분야 간의 조정 등은 지역사회 내에서 촉진적인 복지기능을 하게 한다.

(2) 지역사회원조기술의 성격

지역사회 전체를 대상으로 한 원조기술로서, 개별 및 집단원조기술과는 차이가 있다. 기본적이고 독립적인 성격을 분류 해보자.

첫째, 지역사회과제를 통합화하고 체계적이고 종합적으로 파악하는 기술이다. 예로, 아동, 장애인, 노인, 공해 등의 문제는 단순한 개인 · 지역적 차원의 문제로 귀속되는 것이 아니다. 그 외 가족, 보건, 의료, 주택정책 등 지역사회와 지역사회자원과의 관계적 특성 차원에서 판단해야만 한다.

둘째, 지역사회개별화 기술이다. 지역사회는 독립된 개체로서 사회문화적, 역사적으로 고유한 가치요소를 지닌 존재로 이해한다.

셋째, 지역사회의 문제를 해결하고자 지역사회의 자금, 인력, 시설, 제도 등의 자원을 계획, 조정하고 조직화하는 것이다.

넷째, 자원과 서비스 연계 기술이다.

다섯째, 지역사회 주민 조직화 기술이다.

여섯째, 주민옹호 및 대변기술이다.

일곱째, 지역사회주민 주체화기술이다.

여덟째, 지역사회자원의 동원과 개발기술이다.

아홉째, 주민 임파워먼트(Empowerment)이다.

4) 통합원조기술

원조방법들은 최근에 이르기까지 전문적이고 분화적으로 발달되어 왔다. 이러한 과정으로 말미암아 원조 활동이 불합리하고 분리단절 현상이 야기되어 한계점으로 드러났다. 따라서 문제가 야기되는 초점원인, 부차적 원인 및 요소 등을 파악해야 한다. 긴급한 원조와, 긴급원조가 필요치 않은 원조 외에도 직접원조, 간접원조를 두루 포함한 명확하고 확고한 처우기법이 요구되는 것이다.

5) 새로운 지역사회복지실천과 지속 가능한 지역사회

환경과 인간 활동 간에 새로운 패러다임이 요구되는데 즉, 조화로운 지역사회의 구축 및 유지 가능한 사회를 건설하고자 하는 것이다. 사람들이 친환경적 특성을 지니고 공생공존하며 다양성, 안정성, 순환성, 자립성과 같은 특성을 지니는 것이 필요하다(김일태, 2001). 이리하여 주민주체적인 참여의식, 협동, 연계, 사회적 통합이 유지되어야만 한다.

지역통화운동으로서 국제사회의 새로운 패러다임과 함께 친환경적으로 인정받는 대표적인 지역사회(김만호, 2009)로는 브라질의 쿠리치바(Curitiba) 시, 일본의 가마쿠라 시, 독일의 환경수도 프라이브르크(Freiburg)가 있다.

주요내용

지역사회실천은 지역에 속한 주민들이 자신들의 사회적 기능 향상을 위해 필요한 의식개혁, 환경개선, 지역사회 조직화 등을 자발적, 주체적, 협력적으로 해 나갈 수 있도록 사회복지사가 수행하는 것을 말한다. 이러한 활동들을 수행하기 위해 사회복지사는 지역사회주민들의 성향과 문화에 대한 파악, 지역사회문제 및 욕구의 파악, 지역사회주민의 욕구 충족에 필요한 자원들의 확인 및 발굴, 지역사회주민의 조직화 및 조정, 필요한 경우 지역사회자원개발 등의 활동을 말한다.

CHAPTER 08 지역사회복지 운동

학/습/목/표

1. 지역사회운동의 개념을 이해한다.
2. 지역사회운동의 의의를 포괄적으로 이해한다.
3. 지역사회운동의 주체와 역할을 알아본다.
4. NGO 비영리 시민단체의 역할과 기능에 대해 알아본다.

1. 지역사회복지 운동의 개요

1) 지역사회운동의 개념

지역사회 이론의 대표적인 학자로 불리는 워렌(Warren)은 기존의 지역사회에 대한 개념을 정립하였다. 심리적인 면에서 지역사회는 이익집단(Community of Interest)이나 경제계(Business Community)의 표현과 같이 공동의 이익, 특성, 혹은 연합(Association)을 의미하고, 지리적으로 사람들이 함께 모여 사는 특정지역을 의미하며, 사회적으로는 두 가지 면을 결합시킨것 이라고 주장하고 있다(Warren, 1963, 재인용).

지역사회라는 개념은 두 가지 속성을 가지고 있는데, 첫 번째 지역사회란 다른 지역과는 다른 특수성(Uniqueness)과 분리성(Separatedness)을 갖고 있으며, 두 번째는 사회적, 문화적인 동질성(Homogeneity), 합의성(Consensus), 자조성(Selfhelp) 또는 다른 형태의 집단행위와 상호작용을 하는 것으로, 지역사회란 단순히 일정한 지역에서 함께 거주하는 것 이상으로 상호관계를 맺고 서로의 생활과 행동에 영향을 미치고 있는 것이다(최일섭, 류진석, 2001). 즉, 지역사회 복지의 의미를 매우 포괄적 개념으로 전문 또는 비전문 인력이 지역사회수준에 개입하여 지역사회에 존재하는 각종 제도에 영향을 주고 지역사회 문제를 예방하고 해결하고자 하는 일체의 사회적 노력으로 지역성이 뚜렷한 특징을 갖는다고 강조하였다(최일섭, 류진석, 2001).

지역사회에 대한 정의는 학자마다 다양하게 정의되고 있다. 강준열은 지역사회란 '일정한 지리적 공간의 생활권 안에서 사회적 상호작용을 하며 서로 공통된 이해관계나 문화 등을 형성하며, 상호작용 속에서 공통의 경험과 공동생활을 향유하는 일정지역의 범위'라고 정의하고 있으며(강준열, 1997), 김영모는 지역복지란 지역주민의 생존(생활)을 하여 공적, 사적인 기관이 협동하고 조직화하여 생활환경과 복지환경을 개선하는 사회적 시책 및 방법의 체계라고 정의하고 있다(김영모, 1995).

지역사회복지 운동은 지역사회문제들을 해결하기 위해 지역사회의 변화 또는 지역사회의 역량 강화를 통해 지역사회주민의 욕구충족과 사회연대 의식의 고취, 지역공동체 형성이라는 목표로 전개되는 조직적인 운동이라 할 수 있다. 즉, 지역사회복지 운동은 사회 구성원의 삶의 질을 높이기 위한 목적으로 의식적이고 조직적인 집합적 활동이며, 사회복지 수요자뿐만 아니라 사회복지 실무자나 전문가, 넓게는 지역사회주민들이 주체인 참여와 행동을 통하여 사회복지의 목표 달성을 위해 의도적으로 추진해 가는 지역사회복지실천이라 할 수 있다(오정수, 류진석, 2008).

이상의 지역사회복지에 대한 여러 정의들을 정리해보면, 지역사회 주민의 당면문제를 개인 차원뿐만 아니라 지역사회 차원에서 동시에 대처한다는 것과 전문가와 지역주민이 공동으로 참여한다는 것, 지역사회의 다양한 자원을 활용한다는 것을 알 수 있다.

그러므로 지역사회복지 운동은 전문적인 분야 또는 비전문적인 분야, 공식적인 분야, 비공식적인 분야 등 지역사회 차원에서 지역사회의 당면한 문제를 해결하기 위해, 지역사회 내의 자원을 동원하여 주민들이 주체적으로 참여하여 사회복지 목표달성을 의도적으로 추진하고 문제를 해결하여 지역주민들 자신의 삶의 질을 향상시켜 나가는 노력의 과정이라고 할 수 있다. 따라서 지역사회복지는 광범위한 지역사회의 변화를 추구한다고 볼 수 있다.

2) 지역사회운동의 의의

(1) 지역사회운동의 의의

지역사회복지실천 영역에서 지역사회복지 운동이 가지는 의의는 다음과 같다(오정수, 류진석, 2008).

첫째, 지역사회운동은 주민 주체성과 역량을 강화하여, 지역사회의 변화를 주도하는 목적 지향적인 조직운동이다. 지역사회 문제 해결의 주체로서 주민의 주체적인 참여를 확대시켜 주민들 간에 연대의식과 문제 해결 역량을 강화시키는 데 목표를 둔 민주적 실천과정을 의미한다.

둘째, 지역사회복지 운동은 주민참여의 활성화를 통해서 주민들의 복지권리 의식과 시민의식을 배양하는 사회권 확립운동이다. 특히 주민의 복지권리와 시민의식을 고취함으로써 지역사회를 통합하고 사회적 약자의 생존권 보장에 초점을 두고 있으므로 사회권 확립과 밀접한 관련이 있다.

셋째, 지역사회복지 운동의 관심사가 주민들의 삶의 질과 관련된 생활영역에 있으므로 지역사회복지의 확산과 발전을 위한 생활운동으로서 의미를 갖는다. 복지 운동은 지역공동체 운동의 속성을 갖기 때문에 단순한 복지적 의미가 아닌 지역사회 전체를 기반으로 삶의 질을 높일 수 있는 생활 운동, 주민 운동으로서 의미가 있다.

넷째, 지역사회복지 운동은 지역사회의 다양한 자원을 활용하고 관련조직들 간의 유기적인 협력을 통해 활동이 이루어지는 동원 운동이다.

지역사회복지 운동의 의의는 지역사회의 문제들을 해결하기 위해 지역사회의 변화 또는 지역사회의 역량강화를 통해 지역사회 주민의 욕구충족과 사회 연대의식의 고취, 지역공동체 형성이라는 목표로 지역사회의 내적 정체성을 실현·고양시켜 지역사회의 변화를 추구하기 위해 전개되는 조직적인 운동이라고 할 수 있다.

지역사회운동은 1987년 민주화운동과 1995년 지방자치 제도를 거치면서 지역사회의 중요성이 대두되었고 지역사회 내의 사회적 약자에 대한 관심과 인권보장문제가 지역사회문제로 출현하면서 활성화되었다. 지역사회운동은 1997년 말 IMF 외환 위기를 계기로 시작된 자활운동과 지역사회 주민운동의 활성화, 그리고 1990년대 이후 지역사회 주민운동에 뿌리를 둔 지역사회복지 운동단체의 활성화, 마지막 20세기 후반 시민운동의 확장으로 발전한 NGO 단체의 활성화 등 세 가지 영향으로 전개되어 왔다(류종훈, 2007). 특히 시민운동은 사회복지제도와 정책결정 과정에 적극적으로 개입하여 영향력이 반영된 것으로 볼 수 있다.

지역사회복지 운동의 필요성은 사회복지 정책결정에 영향을 미치며, 지역사회 조직을 활성화시키고 지역주민의 권리의식을 제고하기 위해서라고 할 수 있다.

3) 지역사회복지 운동의 주체

지역사회 주민이 주체가 되어야 하지만 지역사회 활동가, 사회복지 전문가, 사회복지 실무자, 지역사회의 지역주민과 지역사회복지 이용자 모두 주체가 될 수 있다. 지역사회복지 운동의 주체가 다양한 것은 사회복지의 전문성 측면에 원인을 둔 것으로 각 주체의 역할 수행에 따라 지역사회복지 운동의 성과가 달라지기 때문이다. 지역사회복지 운동과 관련된 각 주체의 역할은 다음과 같다(이인재, 2002).

(1) 지역사회 활동가

지역사회 활동가는 실천 현장의 경험을 바탕으로 지역사회복지 운동을 주도하는 경우가 많으며, 지역사회복지 운동단체의 실천 활동은 이러한 지역사회 활동가들의 지도력에 따른 의존도가 높고 중요한 역할을 맡고 있은 주체이다. 사회복지 실무자들의 활동이 미약한 현실을 고려해 볼 때 계속적으로 지속될 것이며 지역사회 활동가들의 역할을 확대하고 전문성을 강화할 필요가 있다.

(2) 사회복지 전문가

지역사회복지 운동단체에서 선두적인 역할을 담당하고 있는 대부분은 사회복지 전문가들이며 이들은 이론적 학문과 실천현장에서 상당부분의 역할을 하고 있지만 지역사회복지 운동의 핵심주체로서의 역할은 아직 미약하다고 볼 수 있다.

지역사회복지 운동을 주도하려면 지역사회복지실천 활동에 전문성을 직·간접적으로 보완하거나 촉진하는 역할을 수행하는 변화와 노력이 필요하다. 특히 조직과 운동을 창출하고 정치 과정에 영향을 미칠 수 있는 역량이 필요하다.

(3) 사회복지 실무자

사회복지를 실천하는 과업을 수행하고 있는 사회복지 실무자들은 우선적으로 지역사회복지 운동의 필요성과 참여 의지가 높으므로 지역사회복지 운동의 중요한 주체가 될 수 있다. 그러나 사회복지 실무자들은 개인적 성향보다는 조직의 환경 요인이 더 큰 제약요인으로 지역사회복지 운동에 적극적으로 동참하지 못하는 경우가 많다. 정부 또는 시군구의 보조금으로 복지사업을 운영하기 때문이다. 따라서 사회복지실무자들의 지역사회복지 운동에 대한 개인적인 인식전환과 함께 이에 동참할 수 있는 조직의 환경조성이 더 시급하다고 할 수 있다.

(4) 지역주민과 지역사회복지 이용자

지역사회복지 운동의 궁극적인 지향은 지역주민들의 주체적 참여이다. 그러나 지역주민은 지역사회복지에 대한 관심이 저조하기 때문에, 지역주민들을 실천 활동에 참여시킴으로써 지역사회 문제해결의 주체로 전환해야 할 것이다.

지역복지 이용자도 단순이용자가 아닌 지역복지활동의 주체로서, 지역사회 복지운동의 영향을 받는다. 이용자의 역량강화로 지역사회복지실천에 중요한 역할을 수행할 수 있다.

따라서, 지역사회복지 운동은 지역사회활동가의 주도적인 활동과 이를 지원하는 사회복지전문가와 사회복지실무자의 상호보완적인 활동이 이루어져야 지역사회복지실천이 가능할 것이며, 지역사회주민과 사회복지이용자들이 지역사회복지 운동의 주체가 되어 적극적으로 참여해야 한다.

2. 지역사회복지 운동의 유형

지역사회복지 운동의 유형은 1990년대 중반 이후 정치권력문제에서 생활영역의 중요성이 부각되면서 도입의 필요성이 인식되어 민간영역에서 자주적으로 조직되었으며, 빈곤층과 같은 사회적 약자에 대한 지원과 이들의 문제 해결, 더 나아가서는 지역사회의 복지증진을 위한 유형이 주를 이룬다(류종훈, 2007).

우리나라의 지역사회복지 운동은 사회복지의 문제와 주민의 욕구충족이라는 기준에 따라 크게 두 가지로 유형으로 분류할 수 있다. 첫 번째는 지역사회중심의 사회복지운동으로서 지역사회주민의 복지와 관련된 것이고, 두 번째는 지역성과는 관련성이 미약하더라도 사회적 이슈로 사회복지문제를 운동의 쟁점으로 설정하는 문제 또는 이슈 중심의 지역사회복지 운동으로 구분할 수 있다(최일섭, 류진석, 1997).

1) 지역사회중심의 주민운동

주민운동은 지역 내에서 생활근거지를 두고 있는 주민들이 주체가 되어 주민으로서의 일상생활상의 욕구와 이의 궁극적 해결을 위하여 전개하는 대중운동으로 정의되었다. 이러한 주민운동의 중요한 요소는 다음과 같다.

첫째, 주민운동은 주민의 생활근거지로서 지역사회를 기반으로 한다.
둘째, 운동주체로서 지역주민을 설정한다.
셋째, 지역사회의 문제를 해결하기 위해 목적지향적이다.
넷째, 주민운동은 사회운동의 일환이다.
다섯째, 집단적 참여를 전제한다.
여섯째, 공청회, 심의회, 주민자문위원회 등에 참여하지 않는 비제도적 참여형태이다.

지역사회복지 운동은 지역사회 주민조직화 관점에 따라 외부자극을 통한 조직화, 프로그램 중심의 일상적 활동, 공동체 형성과 마을 만들기, 제도변화를 위한 노력 등 네 가지로 분류되며 지역사회복지실천의 형태에 따른 장점과 단점의 내용은 〈표 8-1〉과 같다.

(1) 외부자극을 통한 조직화

외부자극을 통한 조직화는 지역사회주민들의 이익을 현저히 침해하는 정책 등에 대하여 주민의 권리를 주장하는 조직운동으로 자발적 참여와 주체적인 활동으로 정치적인 영향력을 행사하기도 한다. 대표적으로 예를 들면, 재개발로 인한 빈민지역의 강제철거에 대항하는 철거민들의 조직화, 쓰레기 소각장 설치에 대한 반대 운동, 핵 폐기물처리장 건설에 대한 반대 운동, 혐오시설의 입지를 반대하는 주민들의 조직화 등이 외부자극을 통한 조직화 운동이라고 할 수 있다.

이러한 유형의 활동은 주민들의 대중적인 자발적 참여가 이루어지고 정치적 영향력이 발휘되므로 지역주민들의 욕구가 공공성을 확보하고 있는지, 지역사회의 발전에 지속적으로 기여할 수 있는지에 대하여 명확히 해야 한다. 최근에는 지역사회복지관에서 주민 조직화를 통한 지역사회복지의 연대감을 조성하는 형태로 나타나고 있다.

(2) 프로그램 중심의 일상 활동

프로그램 중심의 일상 활동 조직화로는 빈곤가정, 저소득층 가정의 자녀들을 대상으로 실시하는 프로그램, 주민도서실, 주부들 대상의 시민대학, 복지학교 등 다양하다. 이러한 일상활동은 주민들의 문화적 · 사회복지적 욕구를 충족시켜 주는 활동으로 주민들을 큰 부담없이 조직활동에 참여시킬 수 있고, 지속가능한 프로그램의 운영과 발전을 도모할 수 있는 장점이 있다. 그러나 프로그램 중심의 일상 활동은 지역의 각종 이슈들에 대해 주민들이 주체적으로 대응하기 어려운 단점도 있다.

(3) 공동체형성과 소집단모임

근접지역의 주민들이 모여 상호 간의 친목을 도모하고 이를 통해 지역공동체를 형성해 나가거나 나눔과 돌봄 운동 등 지역사회복지실천을 수행하는 것으로 소집단활동을 통해 자신의 이익이나 이해 추구보다는 지역사회 전체에 영향을 미치는 프로그램을 계획하고 실천하는 활동이다. 예를 들면, 살기 좋은 아파트 모임, 마을금고 만들기 모임, 아파트 환경 지킴이 활동 등이 있다.

(4) 제도 변화를 위한 노력

지역사회 주민들이 조례제정 운동과 같은 지역사회제도의 변화를 위한 조직화 과정이나 지역사회복지 정책에 직접 참여하여 대안을 제시하는 참여형 대안제시 운동이라 할 수 있다. 이러한 주민운동 유형은 지역사회의 정치행위에 영향력을 행사할 수 있는 제도적 기반을 확립할 수 있다.

〈표 8-1〉 **지역사회주민 조직화에 따른 지역사회복지실천의 형태 및 장 · 단점**

분류	형태	장점	단점
외부자극을 통한 조직화	사안을 관철하기 위한 집단동원	• 대중적 • 대중적 정치력의 형성	• 일시적 • 사안종료 후에 주민조직의 지속성 유지 어려움
프로그램 중심의 일상 활동	주민과 함께하는 다양한 프로그램의 개발 및 운용	• 일상활동의 유지가능 • 다양한 주민교육 가능	• 지역현안에 대한 구성원의 대처 미흡 • 주민주체의 세력화 미흡
공동체 형성과 마을만들기	뜻이 맞는 구성원들 끼리의 모임운영	• 주민공동체의 대안제시 • 주민참여의 활성화 전제	• 고립성의 위험 • 대중적인 참여의 어려움 • 지역 세력화 미흡
제도 변화를 위한 노력	제도 개선을 통한 지역사회 변화추구	• 효율적인 성과달성 • 성과의 지속성	• 주민들의 소외와 전문가 중심의 활동 • 주민들의 참여와는 무관

출처: 이호(2001), 재인용.

2) 문제 또는 이슈 중심의 지역사회복지 운동

문제 또는 이슈 중심(Issue-Based)의 지역사회복지 운동은 지역사회를 문제로 하기보다는 특정 사회복지문제나 지역사회복지와 관련된 이슈를 중심으로 시민운동 차원에서 접근하는 사회복지운동이라 할 수 있다.

사회복지운동의 특징을 보면 첫째, 무엇보다 운동의 주체와 활동범위가 확대되었다는 것이다. 1991년 지방의원 선거와 95년 단체장 선거를 계기로 지역주민들의 문제해결이 지역주민 자신에게 있음을 인식하게 되었고 자율적인 시민사회가 확장되면서 정치적인 투쟁보다는 환경문제나 여성, 교육, 사회복지, 인권, 소비자 문제와 같은 운동의 소재가 다양화되고, 조직이 다원화되는 등 여러 가지 방향으로 발전하였다. 또한 참여대상자도 장애인, 노인, 산재 노동자 등 복지대상자들의 주체적인 투쟁이 조직화 되고 활동범위도 넓어졌으며 90년대 시민운동의 효시격인 '경제정의실천시민연합'은 소비자 운동으로, 1993년 '환경운동 연합', 1994년에는 '참여민주사회와 인권을 위한 시민연대(약칭 참여연대)'가 창립되면서 이러한 시민운동단체들이 사회복지운동에 조직적으로 참여하기 시작했다. 시민운동 단체는 전국적인 규모로 대형화되었고, 1996년에는 전국적으로 약 1만 개의 사회운동 조직이 결성된 것으로 추정된다(민간단체 종합정보네트워크, 2000).

사회복지운동의 두 번째 특징은, 지역사회복지 운동의 내용이 사회복지 부문별 요구에서 복지예산확대 요구 등 정책지향의 근본적 개혁요구와 동시에 사회복지정책과 관련된 복지입법들을 개정 또는 구체적 실현을 요구하고 있다는 것이다. 또한 시민운동과 사회복지단체의 협력형태를 통해 문제 또는 이슈 제기와 대안 마련을 위한 다양한 연대활동이 구체화 되고 복지문제의 제기와 건강, 환경문제, 조례제정 운동 등 지역사회복지 운동 단체의 활동영역이 확장되고 있다.

3. 주민참여

1) 주민참여의 의의

커닝햄(Cunningham)은 주민참여를 "지역사회의 일반주민이 그 지역사회의 일반적 사항과 관련된 결정에 대하여 권력을 행사하는 과정"이라고 정의(Cunningham, 1972)하였고, 헌팅톤은 "정부의 정책결정에 영향을 미치려고 의도하는 일반주민의 행위"라고 정의(Huntington & Nelson, 1976)하였다.

최일섭(2001)은 주민참여란 "지역사회주민들이 공식적인 정부의 의사결정 과정에 참여하여 지역주민들의 욕구를 정책이나 계획에 반영되도록 하는 적극적인 노력"으로 이해한다. 즉, 주민참여란 주민들이 자발적으로 참여하여 국가의 정책결정에 보다 적극적으로 주민의 의사를 반영하고 그들의 욕구를 충족시킬 수 있는 정책 입안을 결정하게 함으로써 지역주민들의 문제를 해결할 수 있다는 것으로 볼 수 있다.

오다해 외(2014)는 주민참여를 "계획과정이나 정책적 결정사항에 참여 할 수 있는 기회가 주민들에게 제공되는 것을 의미한다"고 정의하였다.

김종해(1996)는 주민참여의 필요성을 다음과 같은 두 가지 측면으로 설명한다. 첫째, 지역사회문제 해결방식을 지역사회의 특성에 맞게 적합한 방식으로 선택할 수 있다는 긍정적 측면과 둘째, 문제 해결의 능력과 이에 따른 부담까지 지역의 능력과 주민에게 전가시키는 모순이 지역복지라는 개념에 존재한다고 설명하고 있다. 따라서 지역복지를 지역주민의 욕구에 맞는 내용으로 결정하기 위해서는 정책과정에서 우위세력에 설 수 있도록 주민들의 연대와 참여가 필수적이라는 것이다.

그러므로 주민참여란 지역사회주민들이 공식적인 정부의 의사결정과정이나 집행과정에 참여함으로써 직접적이든 간접적이든 일련의 행동을 통해 주민들의 욕구를 정책이나 계획에 반영되도록 영향력을 발휘하는 적극적인 노력으로 볼 수 있다. 또한 사회복지운동은 사회복지발전과 이를 달성하기 위한 수단적 노력으로 지역사회복지 발전을 목표로 하는 지역사회 운동이라고 할 때 지역주민들이 사회복지문제를 주도적으로 제기하고 쟁점으로 부각시켜 복지문제의 해결방안을 구체화시키려는 사회적 조직이 주민참여라고 할 수 있다.

이러한 주민참여는 다음과 같은 요소로 구성되어 있다.

첫째, 참여의 주체는 주민이다.

지역주민은 주체가 되어 지역문제를 해결하는 지역사회 구성원이다. 여러 가지 정책이나 계획에 직·간접적인 영향을 받는 지역주민으로 정책결정에 적절한 욕구나 의견을 표출하지 못한 일반주민을 의미한다.

둘째, 공식적인 정부의 정책 또는 계획의 작성, 결정, 집행에 주민이 직접 관여하는 행위이다.

각종 정책이나 계획이 전부 참여의 대상이 되며 부분적 참여가 아닌 정책 또는 계획에 작성, 결정, 집행 등의 전 과정에 걸쳐 직접 참여함으로써 공동체 의식을 고취할 수 있고 책임감을 갖게 할 수 있다.

셋째, 주민의 욕구나 열망이 정책이나 계획에 반영되도록 하기 위한 적극적인 노력이다. 참여의 주체로서 주민들의 적극적인 참여를 유도하고 수용하는 기관의 의도적인 노력이 전제되어야 하며, 주민의 참여를 보장하고 공적인 권위를 부여해주는 제도의 정립과 내용을 제도화시키려는 노력이 필요하다.

주민참여에 중요한 것은 지역사회문제를 스스로 해결한다는 지역주민의 주체성을 강조하며 주민을 동원하는 측면에서 고려하여 한다. 지역주민의 참여 동기를 유발하기 위해서는 지역주민의 욕구(needs)파악과 공통적 문제 해결을 도모하기 위한 주민의 참여의식을 고취 시키려는 노력이 필요하다.

주민참여란 정부정책의 계획, 결정, 집행과정에 직접 참여하여 의견을 제시하고 주민욕구에 적합한 의사결정이 이루어지도록 노력하며, 적극적 참여를 통해 정부로부터 양질의 사회복지서비스를 제공받기 위한 노력이라고 할 수 있다.

2) 주민참여의 유형

주민참여의 유형은 6가지로 구분하며 참여유형의 내용은 다음과 같다. 주민자칭형은 환경보전 및 개선을 위해 정부의 관여 없이 주민들이 스스로 문제를 처리해가는 유형이며 '두레'나 '계'의 특성으로, 최근에는 시민단체들의 자체적인 환경운동의 일환으로 자전거

타기 운동 등을 추진하고 있다. 요구형 주민참여는 시민의 요구나 의사를 정책과정에 투입하여 환경정책이나 행정을 변화시키려는 유형으로 각종 환경문제에 대한 저항운동에서 비롯되었다. 정책홍보형은 자치단체가 정책결정의 정당성을 확보하고 정책집행을 원활히 하기 위해서 참여를 활용하는 유형으로 공청회나 설명회같이 제도적으로 의무화된 규정이 있는 경우의 주민참여이며, 공동논의형은 각종 자문위원회에 환경전문가들이 정책수립과정에 참여하여 다양한 기술적 조언을 하는 유형으로 법령이나 조례사항이 있는 심의회나 자문회의가 대표적이다. 공동관리형은 행정역량의 부족을 주민이 참여하여 보완하며 정책활동에 관련된 중요한 의사결정을 하는 유형으로 정책의 집행과정에서 활용되는 주민참여 방식으로 명예환경감시원제도, 환경신문고제도 등이 대표적이다. 마지막 다자협력형은 지방정부, 주민, NGO, 기업, 전문가 등 모든 이해당사자가 다양한 환경문제의 해결에 참여한 방식으로 지방자치제도의 수립과 실천이 대표적이다. 주민참여의 유형은 다음 〈표 8-2〉와 같다.

〈표 8-2〉 **주민참여의 유형**

구분	참여유형의 내용
주민자치형	환경보전 및 개선을 위해 정부의 관여 없이 주민들이 스스로 문제를 처리해가는 유형
요구형	시민의 요구나 의사를 정책과정에 투입하여 환경정책이나 행정을 변화시키려는 유형
정책홍보형	자치단체가 정책결정의 정당성을 확보하고 정책집행을 원활히 하기 위해서 참여를 활용하는 유형
공동논의형	각종 자문위원회에 환경전문가들이 정책수립과정에 참여하여 다양한 기술적 조언을 하는 유형
공동관리형	행정역량의 부족을 주민이 참여하여 보완하며 정책 활동에 관련된 중요한 의사결정을 하는 유형
다자협력형	지방정부, 주민, NGO, 기업, 전문가 등 모든 이해당사자가 다양한 환경문제의 해결에 참여한 방식

출처: 정회성, 김미숙(2000). 환경정책과정에의 주민참여 유형화와 촉진방안, 환경정책학회지.

3) 주민참여의 효과

(1) 긍정적 측면

① 공동체성

주민의 자발적 참여를 통해 지역주민의 공동체 의식을 강화할 수 있다.

② 지방정부의 의사결정의 효율성제고

지역주민의 요구사항을 정책결정자에게 효과적으로 전달하여 지방정부의 한정된 자원을 효과적으로 할당, 투입할 수 있다.

③ 지방행정의 불평등 완화

지방정부의 서비스, 자원배분이 취약한 경우, 주민참여를 통해 한정된 자원을 형평성 있게 사용하여 불평등을 완화시킬 수 있다.

④ 지방정부와 공공기관 간 갈등해결 또는 중재

주민투표, 주민토론회, 주민발의, 주민소환과 같은 주민참여의 제도적 방안을 통해 지방정부기관 간의 갈등을 중재 및 해결할 수 있고, 이러한 의사결정과정에서 주민참여는 지역사회 통합의 효과를 기대할 수 있다.

(2) 부정적 측면

① 행정비용 증가

공청회 개최, 전시회, 정보제공, 주민투표의 실시 등에 따른 추가비용이 발생한다.

② 시간지연

계획입안 또는 집행하는 데 시간이 지연될 가능성이 높다. 또한 사업의 전문성을 판단하는 능력이 결여된 주민을 이해시키는 시간과 주민들의 추가 요구사항에 따라 계획이 지연될 가능성이 높다.

③ 참여자들의 대표성 여부에 문제소지

소극적, 수동적인 주민, 선호도가 다른 주민의 경우 지역주민 전체의 의사를 반영할 수 있는지 여부에 따라 문제가 제기될 수 있다.

④ 주민들 간의 갈등유발

주민들 간의 의견 차이와 편견이 있고 현실을 제대로 반영하지 못할 경우, 갈등이 발생할 수 있고 지역사회 전체에 대한 이해문제로 갈등을 유발할 수 있다.

4) 주민참여의 단계: 아른슈타인의 8단계

주민참여는 공식적인 정부의 정책결정과정 또는 계획, 결정, 집행에 영향을 미치는 정도에 따라 실질적인 효과를 가져오는 다양한 참여의 단계가 있다. 참여단계를 특성과 내용에 따라 단계화한 아른슈타인(Arnstein)의 8단계는 참여의 효과, 권력분배의 정도에 따라 주민참여를 3개로 범주화하여 제시하였다(〈표 8-3〉).

〈표 8-3〉 **주민참여의 8단계**

단계		내용	
8	주민통제 (Citizen Control)	주민 스스로 입안하고 결정과 집행 그리고 평가 단계까지 주민이 통제하는 단계	주민권력
7	권한위임 (Delegated Ower)	주민들이 특정한 계획에 관해서 우월한 결정권을 행사하고 집행단계에도 강력한 권한을 행사함	
6	협동관계 (Partnership)	행정기관이 최종결정권을 가지고 있지만 주민들이 필요한 경우 그들의 주장을 협상으로 유도할 수 있음	
5	회유 (Placation)	각종 위원회 등을 통해 주민의 참여범위가 확대되지만 최종적인 판단은 행정기관이 한다는 점에서 제한적임	형식적 참여
4	상담 (Consultation)	공청회나 집회 등의 방법으로 행정에 참여하기를 유도하고 있으나 형식적인 단계에 그침	

단계		내용	
3	정보제공 (Informing)	행정이 주민에게 일방적으로 정보를 제공하며 환류는 잘 일어나지 않음	
2	치료 (Therapy)	주민의 욕구불만을 일정한 사업에 분출시켜서 치료하는 단계로서 행정의 일반적인 지도에 그침	비참여
1	조작 (Manipulation)	행정과 주민이 서로 간에 관계를 확인한다는 것에서 의의를 찾고 공무원이 일방적으로 교육, 설득시키고 주민은 단순히 참석하는 수준	

출처: 아른슈타인(S. R. Arnstein, 1969), 재인용.

아른슈타인(Arnstein)의 8단계는 주민참여의 단계에 따라 권력분배의 정도가 달라진다. 첫 번째 범주는 비참여단계로 권력분배가 이루어지지 않고 주민을 의사결정에 참여시키지 않으며 참여의 형식은 1단계 조작과 2단계 치료의 단계가 해당한다. 두 번째 범주는 3단계 정보제공과 4단계 상담 그리고 5단계 회유의 단계로 주민의 영향력이 약한 형식적 참여로 권력의 분배가 미약한 정도로 이루어지는 단계이다. 세 번째 범주는 6단계 협동관계와 7단계 권한위임 그리고 8단계 주민통제 단계로 주민의 권력 재분배와 권력관계의 변화가 가능한 단계이며, 주민이 의사결정에 대한 주도권을 갖는 주민권력의 단계이다.

5) 주민참여 방법

주민참여 방법은 일반적 참여방법과 정부의 지역사회 계획, 정책결정에 주민들의 의견수렴을 효과적으로 하기 위한 방법이 있다. 이외에도 주민참여는 다양하게 이루어지며 주민투표제, 조례제정 및 개·폐 청구제, 주민감사청구제 등 직접적인 참여방식과 공청회, 간담회 등 간접적인 주민참여 방식이 있다.

오다해(2014)는 "주민참여를 계획과정이나 정책적 결정사항에 참여할 수 있는 기회가 주민들에게 제공되는 것을 의미하며, 주민참여 방법은 주민참여의 유도와 주민들의 의견수렴을 용이하도록 쓰일 수 있는 수단"이라고 정의하였다.

(1) 일반적 참여방법

일반적인 주민참여 방법은 전시회, 공청회, 설문조사, 대중매체 등에 의한 정보수집방법이 있다. 정책계획이나 의사결정자에게 많은 시간과 책임을 요구하지 않으며, 비용이 저렴하여 전통적으로 사용하는 방법들이다.

① **전시회**: 계획 또는 정책 제안을 단순하고 도식적으로 제시하여 주민과 교신하기 위한 수단으로 보편적으로 사용되는 방법이므로 단순한 홍보, 선전뿐 아니라 주민들의 의견을 수렴하고 파악하기 쉽게 운영되어야 한다. 유의할 부분은 전시물은 내용이 간단하고 이해하기 쉬우며 주민이 쉽게 접촉할 수 있는 전시장소여야 한다.

② **공청회**: 공개적인 토론을 통해 의견을 널리 수렴하는 절차이다. 주민들이 자발적으로 조직하여 개최하는 공청회의 방법은 모든 주민을 대상으로 공개 초청하여 진행하는 방법과 특별한 기준에 의해 해당되는 대상주민을 제한하여 선정하는 경우가 있다. 공청회 개최는 단계적으로 실시해야 주민의 참여 기회를 확대할 수 있으며, 주민의 정확한 의사표현과 반영을 위해 3단계로 나누어 공청회를 실시한다. 예비공청회(Preliminary Hearings), 최종결정 전 공청회(Pre-Final Decision Hearings), 그리고 최종공청회(Final Hearing)로 나누어 실시하며, 공청회는 각계 각 층을 대표하는 주민을 대상으로 하며 전문적이고 특정한 문제보다는 지역사회의 일반적이고 단순한 문제에 초점을 두고 의견을 교환하는 것이 바람직하다.

③ **설문조사**: 설문조사는 현상의 기술 분석과 예측 그리고 변수 간의 관계분석과 변수 간에 미치는 영향 요인을 파악하여 의사결정에 도움을 주므로, 조사되어야 할 정보의 내용과 영역을 명료화하여 주민들이 의식하고 있는 문제점, 중요성, 선호도를 파악하여 계획 또는 정책에 반영토록 해야 한다. 설문조사는 신중한 결정을 할 수 있는 장점이 있으나 참여자를 선정하는 과정에서 공정성 및 주민 대표성에 유의해야 한다.

④ **대중매체**: 대중매체를 통해 각종 정책과 계획에 대하여 주민과의 대화 또는 홍보하는 방법으로 인터넷을 통한 시민의견 수렴방법은 다양하다. 다수 시민 및 전문가가 동시에 진행하는 정책토론방, 자유롭게 의견을 제시할 수 있는 게시판, 실시간 진행

되는 여론조사 등 빠른 시간 내에 주민의 의견을 수렴할 수 있다. 여론조사는 최근 많이 활용되는 시민 의견수렴방법 중 하나이다. 대중매체는 지역주민의 주요한 정보원 기능으로 정부의 계획이나 정책안의 내용을 홍보해주며 주민의 욕구와 의견을 수렴하여 정책에 연계시켜주는 계기를 마련해줄 수 있다.

(2) 주민 참여유도를 통한 의견수렴 방법

① 델파이기법

델파이기법은 일반화, 표준화된 자료가 부족한 경우 지식과 능력을 갖춘 다양한 전문가 집단으로부터 신뢰성이 높은 합의를 얻어내기 위한 기법으로 정책과 계획에 반영하기 위한 내용의 설문지를 작성하고 관련 분야의 전문가에게 보내 개별적인 응답을 수집, 요약, 수정 등 익명성과 통제된 피드백에 근거하여 전문가의 통합된 정보를 이끌어 내는 방법이다. 익명성은 문제 확인, 목표설정과 우선순위 확인 그리고 대안 마련과 통계적 분석평가에 유용하다.

② 명목집단기법

명목집단기법(Nominal Grouping Technique)은 모든 구성원들이 동등하게 참여할 수 있고 우선순위 투표과정을 통해 집단의사결정에 동등한 영향을 끼칠 수 있는 기회가 있는 구성원 각자의 자발적 노력이 이루어지는 기법이다. 전통적인 집단방식은 상대방의 의견에 의해 영향을 받으므로 자신의 견해를 표현하지 못하는 한계를 극복하고 많은 구성원이 참여하여 아이디어를 제시하며 모든 아이디어에 대하여 장점과 타당성 등 기타 여러 가지 측면에서 토의를 하고 비밀 투표 단계에서 개별적 우선순위에 따라 최적의 대안으로 확정, 중요도에 따라 등급화하여 정리 · 제시하는 방법이다. 즉, 명목집단기법은 구조화가 되어있고 자발적 참여가 된 팀 회의에서 아이디어를 창출하고 우선순위를 정하여 아이디어에 대한 팀 합의를 도출하는 기법이라고 할 수 있다.

③ 샤레트방법

지역주민과 관계공무원, 정치가들이 모여 공식적분위기를 조성하여 지역사회의 문제점들과 관계공무원 또는 정치가들이 인식하고 있는 문제들을 제안하여 상호이해와 협력을 통해 합의된 제안을 작성하는 방법으로 준비, 발견, 통합, 제안의 단계로 진행한다.

④ 브레인스토밍기법

브레인스토밍 기법은 'Brain + stroming'의 합성어로서, 여러 사람이 한 가지 주제를 가지고 자유자재로 공상과 연상 작용을 통해 아이디어를 발상하여 최선책을 찾아내는 방법인데, 다양하면서 많은 양의 아이디어를 도출시켜 구성원들의 독창적인 사고를 도출할 수 있다.

브레인스토밍에 반드시 지켜야할 원칙은 자유분방, 비판금지, 수량추구, 결합개선이다. 즉, 현실적이지 않을지라도 자유분방한 아이디어와 타인의 아이디어에 대한 평가나 비판을 하지 않고, 아이디어가 많을수록 훌륭한 아이디어가 나올 가능성이 높고, 제시한 아이디어를 바꾸거나 아이디어를 통합하여 발전시키는 방법이다.

4. 비영리 시민단체 NGO(Non Govermment Organization)

1) 비영리 시민단체 NGO의 개념

일반적으로 NGO란 정부기관이나 정부와 관련된 단체가 아닌 순수 민간조직을 총칭하며, 비정부기구나 비정부단체로 부르며 정부에서 운영하는 기관이 아닌 시민단체도 NGO에 해당된다.

시민운동은 사회의 일부 기득권층을 제외한 모든 시민이 주체가 되어 참여한 운동임에 반해 NGO(Non-Governmental Organization, 비정부기구)는 영리성이 배제된 순수한 민간조직으로 정부와 기업에 대응하는 성격을 강조한 기구라고 할 수 있다.

정부가 해결하지 못하는 일을 시민이 직접 해결하자는 취지에서 등장하였으며, 정부가 직접 추진하기 어려운 분야의 사회문제에 대한 관심을 일깨우며 때에 따라서는 직접 문제를 해결하기도 한다. 정부와는 달리 활동이 유연하며 국제협력도 수월하고. 개개인이 해결하기 어려운 분야나 특정 집단의 이익을 대변하는 분야에서 주로 활동한다.

NGO(Non-Governmental Organization, 비정부기구)는 지역 · 국가 · 국제적으로 조직된 자발적인 비영리 시민단체로, '비정부성'이 강조된 정부기구 이외의 기구를 말하며, 'NGO'란 국제연합(UN)에 의해 공식적으로 사용된 개념으로, 국가주권의 범위를 벗어나 사회적 연대와 공공목적을 실현하기 위해 1946년에 각국의 비정부단체가 설립되었다.

NGO는 입법 · 사법 · 행정 · 언론에 이어 '제5부(제5권력)'로 불리며, 정부와 기업에 대응하는 '제3섹터'라는 용어로도 쓰이며, 자율 · 참여 · 연대 등을 주요이념으로 국제경제, 사회, 문화, 교육, 위생, 과학, 기술, 인권 등 다양한 영역에서 역할을 수행한다. 대표적인 NGO(비정부기구)로 '세계자연보호기금(WWF), 그린피스(Greenpeace), 국제 엠네스티(AI), 국경 없는 의사회, 국제표준화기구(ISO), 세이브더 칠드런, 월드비전, 굿네이버스' 등이 있다. 한국의 경우 1903년 설립된 YMCA와 1913년 안창호가 설립한 흥사단이 국내 최초의 NGO이며, 1987년 6 · 10 민주항쟁과 6 · 29 민주화선언을 거쳐 민주화세대를 비롯한 비판적 지식인들이 시민운동에 참여하며 다양한 NGO가 결성되기 시작했다.

NGO는 시대가 변함에 따라 이데올로기나 가치보다 참여 민주주의를 지향하는 이념을 더 중시하며 이러한 이념을 실천하기 위해 지역사회의 문제나 이슈를 중심으로 시민이 주체가 되어 각 개인과 공동체의 삶의 질 향상을 위해 다양한 사회 · 경제적 영역에서 점진적 변화를 추구하고 있다.

최근 경향은 NGO(비정부기구)의 영향력이 커져 지역사회에서의 활동에 큰 역할을 하고 있으며, 지방자치제 부활은 지역복지 운동의 중요성을 부각시키는 계기가 되었다고 할 수 있다. 즉, 지방자치제가 성공하기 위해서는 주민참여의 대표적인 NGO의 역할이 매우 중요한 요소라고 할 수 있다.

2) 비영리 시민단체 NGO의 역할과 기능

(1) 비영리 시민단체 NGO의 조건

NGO(Non Govermment Organization, 비정부조직) 단체는 다음과 같은 조건을 갖추어야 한다(감정기, 2005).

첫째, 조직의 소유자 혹은 운영자에게 이윤을 배분하지 않아야 한다.

둘째, 정부조직이 아니어야 하며 정부로부터 자금지원을 받아서도 안 된다.

셋째, 조직으로서의 체계를 갖추며 공식성을 띠어야 한다.

넷째, 타 조직에 지배받지 않고 독자적으로 조직을 운영할 수 있는 자주성을 띠어야 한다.

다섯째, 자발적인 기부와 자원봉사에 의존하여 운영되는 자발성을 지녀야 한다.

여섯째, 특정 정치집단이나 종교집단과의 이해관계나 목적을 위한 것이 아니어야 한다.

박홍순(2000)은 NGO의 특성을 다음 네 가지로 요약하였다.

첫째, 민간(Private)조직으로 정부의 간섭을 받지 않는 비정부조직(Non-Governmental)이다.

둘째, 비영리적(Non-profit)이라는 것이다. 즉, 조직 구성원들의 영리를 목적으로 하지 않고 공익적 목적의 기금모금을 통해 재원을 조달한다.

셋째, 자원적(Voluntary)이라는 점이다. 조직의 주요사업과 활동이 자원봉사자들에 의해 이루어지고 있다.

넷째, 자치적(Self-governing)이라는 점이다. 조직의 의사를 결정하고 운영하는 원리가 외부의 간섭이 아닌 구성원들의 자발적인 참여에 의해 민주적으로 이루어진다.

(2) 비영리 시민단체 NGO의 기능

NGO(Non Govermment Organization, 비정부조직)의 기능은 다음과 같다.

첫째, 견제기능이다. 국가와 시장이 지닌 권력을 비판하고 감시하는 기능이다. NGO는 국가와 시장의 힘을 견제하여 사회개혁을 추진하거나 부정부패를 감시 고발하며, 정치개혁을 위한 캠페인, 입법활동 등 견제기능을 통해 시민의 권리를 향상 시킨다.

둘째, 복지기능이다. 정부와 직접 · 간접적인 계약을 맺거나 독자적인 인력과 재정을 가지고 정부가 제공할 수 없거나 무관심한 분야의 사회적 서비스를 제공하는 기능이다.

셋째, 대변기능이다. 사회적 약자를 위하여 그들의 권익을 추구하고 그들의 요구를 옹호하는 기능이다.

넷째, 조정기능이다. 중앙정부와 지방정부, 정부와 이익집단, 이익집단과 이익집단 간의 분쟁발생 시에 갈등을 조정하고 해소하도록 중재함으로써 집단의 피해를 줄이는 기능이다.

다섯째, 교육기능이다. 시민들의 리더십을 훈련하고 공동체의식을 배양함으로서 참여민주주의를 이룩할 수 있도록 시민을 가르치는 기능이다.

(3) 비영리 시민단체 NGO의 역할

시민사회가 발전할수록 지역사회에서 NGO의 역할은 더욱 다양해지고 영향력은 점점 커지고 있다. 주민참여의 핵심으로 대표되는 NGO의 역할이 육성되어야만 주민의 삶의 질이 확보될 수 있으며, 지역사회의 발전을 이룰 수 있다. 국제사회의 구성원으로서 다양한 NGO활동과 역할에 대한 관심을 갖고, 지역의 NGO와 협력하려는 의식전환이 필요하다.

NGO(Non Govermment Organization, 비정부조직)의 역할은 다음과 같다.

첫째, 정책과정의 파트너 역할을 한다.

둘째, 정책제언자의 역할을 한다.

셋째, 국제적인 협조자의 역할을 한다.

주요내용

지역사회복지 운동은 지역사회문제들을 해결하기 위해 지역사회의 변화 또는 지역사회의 역량 강화를 통해 지역사회주민의 욕구충족과 사회연대 의식의 고취, 지역공동체 형성이라는 목표로 전개되는 조직적인 운동이라 할 수 있다. 즉, 지역사회복지 운동은 사회 구성원의 삶의 질을 높이기 위한 목적으로 의식적이고 조직적인 집합적 활동이며, 사회복지 수요자뿐 만 아니라 사회복지 실무자나 전문가, 넓게는 지역사회주민들이 주체인 참여와 행동을 통하여 사회복지의 목표 달성을 위해 의도적으로 추진해가는 지역사회복지실천이다.

PART

03 지역사회복지의 주요 실천기관

CHAPTER 09

지역사회복지관

학/습/목/표

1. 사회복지관의 주요개념, 발달과정에 대해 이해한다.
2. 사회복지관의 기능과 역할 및 운영의 기본원칙에 대해 이해한다.
3. 사회복지관의 사업내용에 대해 이해한다.
4. 사회복지관의 현황과 향후 발전 방향을 검토해 본다.

우리나라의 공공 및 민간차원의 사회복지 전달체계의 구축은 숨가쁘게 진행되어 왔다. 지역사회복지관(Community Welfare Center), 사회복지관(Community Center), 인보관(Neighborhood Center) 등으로 다양하게 불리고 있는 사회복지관은 다양한 문제를 발견하여 주민들에게 필요한 서비스를 제공하는 가장 대표적이고 직접적인 서비스를 담당하는 기관이다. 즉, 우리사회에서 사회복지관은 사회문제를 예방·치유하여 지역주민들이 인간다운 삶을 영위하고 상부상조하는 연대의식의 가치를 재창조하기 위한 역할을 수행해 온 기관이다.

1. 사회복지관의 개념과 발달과정

1) 사회복지관의 정의

사회복지관이란「사회복지사업법」제34조의 5와「사회복지사업시행규칙」제23조, 23조의 2에 근거, 주택법 임대단지 사회복지관의 법적 근거에 의하여 지역사회를 기반으로 일정한 시설과 전문 인력을 갖추고 지역주민의 참여와 협력을 통하여 지역사회복지문제를 예방하고 해결하기 위하여 종합적인 복지서비스를 제공하는 시설을 말한다. 여기서 지역사회복지란 주민의 복지증진과 삶의 질 향상을 위하여 지역사회차원에서 전개하는 사회복지를 말한다고 정의한다(보건복지부, 2019).

「사회복지관 설치 운영규정」제3조에 근거한 사회복지관의 목표는 사회복지서비스 욕구를 가지고 있는 모든 지역사회 주민을 대상으로 보호서비스, 재가복지서비스, 자립능력 배양을 위한 교육훈련 등 그들이 필요로 하는 복지서비스를 제공하고, 가족기능 강화 및 주민상호 간 연대감 조성을 통한 각종 지역사회문제를 예방, 치료하는 종합적인 복지서비스 전달기구로서 지역사회 주민의 복지증진을 위한 중심적 역할을 수행하여야 한다고 규정한다(보건복지부, 2019).

사회복지관에 대한 개념은 학자마다 다양하며, 사회복지활동을 좀 더 체계적이고 계획적으로 추진해 나가고자 하는 종합적인 사회복지센타로서의 역할과 기능을 수행하고자 설치한 시설로 규정하기도 하며(송정부, 1985), 지역사회의 충족되지 않은 욕구와 문제를 발견하여 주민들에게 필요한 소집단 사회복지서비스를 제공하는 가장 대표적인 직접적인 서비스기관(최일섭, 1997)으로 보기도 하고, 지역의 어떤 특정한 연령층이나 계층과는 상관없는 서비스 전달체계의 하나로 지역주민의 통합, 연대, 공동적인 관심사에 개입하며, 연구적이고 시범적인 사업을 수행하는 기관(김만두, 1984)으로 보기도 한다.

이러한 견해들을 종합해보면 지역주민의 다양한 욕구와 문제를 해결하기 위해 지역주민의 참여와 협력을 통하여 지역사회복지문제를 예방하고 해결하기 위한 종합적, 전문적인 복지서비스를 제공하여 주민의 삶의 질을 향상시키기 위한 종합복지서비스기관이라고 할 수 있다.

2) 사회복지관의 발달과정

사회복지관의 역사는 1884년대 영국의 토인비 홀(Toynbee Hall)의 설립과 1889년 미국의 아담스(Addams)가 설립한 Hull House가 미국 최초의 사회복지관이라 할 수 있다. 미국의 인보관 운동(Settlement Movement)은 사회개혁에 관심을 갖고, 사회문제의 근원을 개인적인 속성이 아니라 사회·환경적인 요소에서 문제가 파생되는 것으로 인식하여 주민 복지에 장애가 되는 환경과 제도 개혁에 중점을 두었다. 따라서 지역주민과의 대화를 통해 주민의 욕구와 필요한 서비스를 찾고 지역주민 상호 간의 관계를 저해하는 요인을 제거하기 위해 노력하였으며, 특히 주민들의 잠재능력을 최대한 발휘하도록 하기 위한 다양한 주민교육에 역점을 두었다(최일섭, 이현주, 2006).

우리나라의 사회복지관은 1906년 원산인 보관 운동에서 사회복지관 사업이 태동되었으며, 1960년대 말부터 산업화와 도시화로 인한 사회문제와 IMF라는 지역사회의 특수한 상황 속에서 사회복지관의 현실적 필요성이 대두되었고, 1988년 사회복지관운영 국고보조사업지침이 수립되면서 전국에 39개의 사회복지관이 운영되기 시작하였다. 사회복지관은 저소득층 주민들의 생활향상과 자기실현을 위하여 새로운 생활정보의 보급, 지식·교양의 증대, 자립의식의 활성화를 위한 동기조성, 지역사회 소속감의 부여를 위한 사회교육의 매체기능을 한다(보건복지부, 1987). 1988년 39개의 사회복지관은 꾸준히 확대되어, 2019년에는 전국 466개소 지역사회복지관이 운영 중이다(한국사회복지관협회, 2019).

우리나라의 지역사회복지관의 발달과정은 다음과 같다.

(1) 태동기(1906년~1944년)

1906년 미국의 감리교 여자 선교사인 메리놀즈(Mary Knowles)가 원산에 반열방을 만들고 여성을 위해 계몽 사업을 전개하면서 지역사회복지관 운동이 시작되었고, 1926년에는 보혜여자관을 열어 여성을 위해 야학을 운영하며, 재봉과 요리를 가르쳤다. 이후 발전하여 미국 감리교 선교부가 1921년 태화기독교사회복지관의 전신인 태화여자사회관을 서울에 창립하면서 본격적인 지역사회복지관 운동이 전개되었다.

이어 1922년 개성에 고려여자관, 춘천에 여자관을 설립하였으며, 이 시기에 사회복지관은 여성의 빈곤문제해결, 사회적 지위향상과 사회계몽 등과 같은 사회교육기관으로서 역할을 하였고, 여성 계몽사업, 교육, 육아법, 어린이 건강 등이 주를 이루었으며(남경현, 1978) 1930년대는 서울 종로, 왕십리, 마포, 영등포 등에 사회복지관을 설치하여 상담, 직업소식, 자립작업장, 아동교육, 주민교육 등을 실시하였다.

이시기 사회복지관의 특징은 첫째, 설립목적에서 여성의 지위향상과 빈곤문제가 주요 내용으로 사회계몽이나 사회교육기관의 성격이 강하다. 둘째, 사회복지관설립과 운영이 민간주도로 이루어지고 대부분 외국 종교단체에 의해서 시작되었다. 셋째, 방면위원회에서 설립한 서울의 사회복지관은 정부가 최초로 개입한 경우로 국가의 사회서비스를 대행하는 역할을 수행하였다(최일섭 외, 2006).

(2) 형성기(1945년~1982년)

이 시기는 해방과 한국전쟁으로 인한 전쟁고아, 전쟁미망인, 부랑아, 월남피난민 등의 심각한 사회문제로 인하여 긴급구호와 수용시설에 의한 보호 사업이 주를 이루었고 점진적으로 지역사회복지관의 수가 증가하고 지역사회복지관 운동이 활발해지기 시작하였다.

형성기에 주목할만한 것은 대학교부설 사회복지관 출현인데, 이화사회복지관, 성심사회복지관, 그리고 봉천동에 중앙대학교 사회복지관이 설립되었고, 이 후 1962년 캐나다 유니테리언(Unitarians) 한국봉사회가 설립한 목포지역사회복지관에 이어 여러 민간단체들이 지역사회복지관을 설립하면서 지역사회복지관사업이 점차 활성화 되었으며(전광현, 2004), 개인 및 민간단체에 의한 다양한 운영주체의 사회복지관이 설립되었다.

또한 1970년대 많은 외국원조기관이 철수되어 사회복지관 운영이 재정적 어려움을 겪게 되며, 국가가 사회복지기관에 대한 보조금 지원 등 부분적인 국가개입이 이루어지면서 사회복지관 사업의 기본 틀이 형성되었고 우리나라의 실정에 적합한 사회복지관이 정착된 시기라고 할 수 있다.

(3) 확대기(1983년~1999년대)

1980년대 초반까지 지역사회복지관은 양적인 면에서나 질적인 면에서 기본적으로 1970년대의 골격을 그대로 유지(전광현, 2004)하였으나, 1983년 「사회복지사업법」의 개정으로 사회복지관은 규모에 따라 종합사회복지관 유형을 가형, 나형, 다형으로 구분하면서 공식적으로 지역사회복지관 운영에 대한 국고보조가 시작되었다. 1988년 지역사회복지관 운영 · 국고보조사업에 대한 지침이 수립되고, 1989년 주택건설촉진법에 의한 저소득층 주거제공의 일환으로 재개발 · 재건축 및 영구임대주택의 건립 시 단지 내에 복리시설(사회복지관) 설치가 의무화되면서 급격한 증가와 지역사회복지관의 발전을 가져오는 계기가 되었다.

또한, 1980년대 중반부터는 대기업 및 민간단체에 의한 사회복지관의 건립과 사업비 지원으로 사회복지관 사업이 크게 활성화되었다.

1995년부터 본격적인 지방자치시대와 사회복지분권화에 따라 지역사회복지를 위한 지역사회복지관의 기능과 역할이 더욱 중요하게(김윤재, 금유현, 2013)되면서 사회복지사가 대량으로 배출되어 전문사회복지관의 기능과 체계를 이루었다.

(4) 정착기(2000년~현재)

2000년을 기점으로 사회복지기관에 대한 평가가 시작되었다.

사회복지관이 사회복지시설 평가를 기관 발전의 계기로 삼아 조직과 인력을 정비하고, 프로그램의 수행과정을 체계화 · 전문화시키며, 지역 특성에 부합되는 새로운 사업을 추구하게 된 성숙과 발전의 시기라 할 수 있다(황성철, 강혜규, 1994).

사회복지관 평가는 사회복지관이 발전하는 계기가 되었고, 노인복지관, 장애인복지관, 아동, 여성을 대상으로 하는 복지센터, 주민자치센터, 건강가정지원센터, 시범사업 자원봉사센터도 지역단위로 설치되면서 성장과 발전을 거듭하고 있다.

우리나라의 지역사회복지관은 2019년 기준 전국 466개소 사회복지관이 운영되고 있으며(한국사회복지관협회, 2019), 지역사회의 특성과 지역주민의 복지에 대한 욕구를 충분히 고려하여 사회복지 서비스를 제공하고 지역복지증진을 위한 사업을 수행하고 있다.

(5) 사회복지관의 역사

- 1906년: 원산 인보관 운동에서 사회복지관사업 태동
- 1921년: 서울에 최초로 태화여자관 설립
- 1926년: 원산에 보혜여자관 설립
- 1930년: 서울에 인보관 설치
- 1975년: 국제사회복지관연합회 회원국 가입
- 1976년: 한국사회복지관연합회 설립(22개 사회복지관)
- 1983년: 사회복지사업법 개정으로 사회복지관 운영 국고보조
- 1986년: 사회복지관 운영 · 국고보조사업지침 수립
- 1989년: 「주택건설촉진법」 등에 의해 저소득층 영구임대아파트 건립 시 일정규모의 사회복지관 건립을 의무화
- 1989년: 사회복지관설치 · 운영규정 제정
- 1989년: 사회복지법인 한국사회복지관협회 설립
- 2004년: 사회복지사업법 시행규칙 사회복지관의 설치기준 신설
  - 사회복지관 설치운영 규정 폐지
- 2012년: 「사회복지사업법」 개정(2012.8.5. 시행) 사회복지관의 설치 등 규정 신설
- 2019년 : 사회복지관 466개소 설치 운영
- 2020년 : 사회복지관 470개소 설치 운영

2. 지역사회복지관의 기능과 운영

산업화와 정보화시대에 따른 저출산, 고령화, 핵가족화, 가치관의 변화 등 급격한 사회변화 속에서 사회문제의 증대와 가족형태 등에 따른 클라이언트의 욕구는 더욱 다양해지고 이러한 사회복지 서비스에 대한 수요증가에 따라 사회복지관의 기능과 역할은 더욱 증대 될 것으로 전망된다.

1) 사회복지관 기능

사회복지관의 기능과 역할은 사회복지서비스의 욕구를 가지고 있는 모든 지역주민을 대상으로 보호서비스, 재가복지서비스, 자립능력 배양을 위한 교육훈련 등 그들이 필요로 하는 복지서비스를 제공하는 것이다. 이를 위하여 사회복지관은 가족기능의 강화 및 지역주민 상호 간의 연대감 조성을 통해 각종 지역사회문제를 예방 · 치료하는 종합적 복지서비스 전달기구로서 지역사회주민의 복지증진을 위한 중심적 역할을 수행해야 한다(보건복지부, 2017).

지역사회의 문제는 단순하게 한 두 가지 요인에 의해 파생되기보다는 다양하고 복합적인 요인에 의해 파생되므로, 이와 같은 복합적인 요인에 의해 파생되는 문제에 대응하기 위한 사회복지 서비스도 기능적으로 분류될 필요가 있으므로 종합병원과 같이 지역사회의 문제를 종합으로 접근하는 사회복지관이 필요하다는 것이다(최일섭, 1991).

지역사회복지관의 기능과 역할에 대한 학자들의 견해는 다양하다. 지역사회복지관의 기능과 역할을 규정하는 것은 지역사회의 성격과 문제, 사회복지관에 대한 정부의 정책, 사회복지관을 설치 · 운영하는 주체자의 철학과 사상 등에 따라 독특하고 다양하게 나타나기 때문에 일률적으로 규정하기는 어렵다(김만두, 1992)고 한다.

이처럼 지역사회복지관은 성격과 문제에 따라 다양한 목표와 기능을 가지고 설립되어 일률적으로 기능과 역할을 규정하기는 어렵지만, 지역사회복지관의 기능에 대하여 가장 구체적으로 제시한 딜릭(Dillick, 1959)은 통합적 서비스기능, 서비스 간 조정기능, 조직화기능(소집단 조직화), 목표도출기능 등 4가지 기능으로 설명하였다.

첫째, 지역사회의 다양한 욕구를 충족시키기 위해 통합적 서비스를 제공하는 기능이다.

둘째, 지역사회의 서비스 중복과 누락을 방지하기 위해 서비스 간 조정을 도모하는 기능을 수행한다.

셋째, 지역주민들의 당면한 문제 해결을 위해 공동의 노력을 할 수 있도록 집단을 구성하는 기능이다.

넷째, 지역의 주민집단으로 하여금 지역사회의 목표를 수정하고 새로운 목표를 도출하는 기능이다.

딜릭은 지역사회복지관이 기능을 수행함에 있어서 가장 중요한 것은 지역사회활동에 지역주민을 적극 참여시키는 것이라고 강조하고 있다(Sidney Dillick, 1959). 즉, 사회복지관은 주민들이 필요로 하는 욕구에 대한 서비스를 제공하는 소극적 기능만 수행하는 것이 아니라 주민들을 참여시켜 당면한 문제를 해결하고 환경을 변화시킬 수 있도록 보다 적극적이고 근본적인 기능으로 통합적 서비스제공과 이를 위한 조직화 사업을 수행해야 한다는 것으로 볼 수 있다.

또한 지역사회복지관의 기능에 대하여 미국의 인보관협회에서는 다음과 같이 6가지로 제시하고 있다(강준렬, 1997).

첫째, 관료화되지 않은 기관으로 형식에 구애받지 않고 지역주민과 인간적인 측면에서 개인적인 접촉관계를 유지하고, 이러한 주민의 생활전반에 대한 대화를 통해서 관계를 발전시킨다.

둘째, 새로운 이주민을 포함하여 지역주민의 안정된 거주의 근거를 확립하고 자발적 참여와 노력으로 시민의식을 고취시킨다.

셋째, 지역사회에서 원조를 필요로 하는 지역주민에게 서비스를 제공한다.

넷째, 생활문제를 해결하기 위하여 새로운 지식과 기술을 응용하고 실험을 행한다.

다섯째, 지역주민을 위하여 직접, 간접적으로 문화 활동을 촉진시킨다.

여섯째, 도시계획과 관련하여 지역사회개발사업을 계획하고 실행한다.

김영모(1995)는 지역사회복지관의 궁극적 기능은 지역주민의 통합이며, 이를 위한 지역주민의 욕구 해결, 지역사회문제의 해결, 지역사회자원의 확보, 지역주민 간 소득분배의 기능을 수행하는 것이며, 사회복지관의 기능을 주민참여를 통한 사회통합이라는 측면에서 보며, 지역사회의 욕구해결을 위한 직접적 서비스의 제공과 사회 환경의 변화에 초점을 두고 있다(김영모, 1995). 그리고 성규탁 외(1993)는 사회복지관은 지역사회 내의 주민들에게 종합복지서비스를 전달하는 조직체로 서비스전달자의 종합적인 역할 및 서비스기능을 지원하며, 조직체를 유지하려는 역할을 수행하는 서비스 전달자의 역할과 유지관리 기능을 형평성을 갖고 균등하게 달성해야 사회복지관의 총체적 역할을 효율적으로 수행할 수 있다고 주장한다(성규탁 외, 1993).

2) 사회복지관의 역할

보건복지부에 규정되어 있는 지역사회복지관의 구체적 역할은 다음과 같다(보건복지부, 2017; 김광희, 2016).

(1) 지역사회의 실정과 지역사회주민 욕구파악 및 평가의 역할

지역사회의 인적 · 물리적 · 환경적 특성과 지역사회주민의 복지욕구를 지역사회의 실정에 맞게 합리적으로 파악하고 평가하는 것은 지역사회복지관의 사업개발과 주민의 자발적 참여를 위한 동기조성의 기초가 된다.

(2) 지역사회 주민의 성장과 자립을 위한 종합복지서비스 제공의 역할

지역사회복지관은 주민들의 일상생활 속에서 지역사회 주민의 성장과 발전 그리고 사회적 자립을 직접적, 간접적으로 돕는 종합적인 복지센터의 역할을 수행한다.

(3) 지역사회 통합의 매개역할

지역사회 주민, 밀접하게 관련된 기관 그리고 지역단체 등 상호 간에 공동체의식을 고취하고 지역주민의 자발적 참여로 지역주민 상호 간의 익명성, 배타성을 탈피하여 지역사회 발전을 도모한다. 즉, 지역사회 주민통합을 위한 매개역할을 할 수 있다.

(4) 지역사회 잠재자원의 발굴 및 활용의 역할

지역사회복지에 대한 지역주민의 자발적 참여로 지역사회에 잠재된 자원봉사자 및 후원자를 개발, 활용하여 지역사회복지에 대한 관심과 연대의식을 고취하며, 잠재자원 발굴로 인하여 한정된 예산과 인력으로 인해 부족한 부분을 보완할 수 있다.

(5) 지역주민을 위한 지역사회 교육의 매체역할

저소득 지역주민의 생활향상과 자기실현을 위한 새로운 생활정보의 보급, 지식, 교양수준의 증대, 자립의욕의 활성화를 돕기 위한 동기조성 그리고 지역사회에 소속감을 부여함으로써 지역사회 교육의 매체역할을 할 수 있다.

이 외에도 김만두(1992)가 제시하고 있는 사회복지관의 역할은 지역사회문제 파악의 역할, 서비스센터의 역할, 중개자, 대변자의 역할, 사회행동센터로서의 역할, 사회교육센터로서의 역할, 공동이용센터로서의 역할, 레크리에이션센터의 역할, 직업지도센터의 역할, 자원동원자, 조직의 역할 등이 있다. 이에 따르면 지역사회복지관은 지역사회 내에서 지역주민의 생활거점으로서 다양한 기능과 역할을 수행하는 것이라 할 수 있다.

사회복지관의 역할과 기능은 모든 지역사회복지관들이 같은 사업을 시행하는 것이 아니라 사회복지관의 복지성격과 목적에 따라, 위치, 지역적 특성, 대상별 특성, 복지관의 규모, 운영주체의 특수성, 담당인력 등 여러 요인에 따라 각 사회복지관이 전문성, 효율성, 책임성을 최대한 살릴 수 있는 능력의 범위 내에서 선택적으로 시행되어야 한다.

3) 사회복지관 운영의 기본원칙

2003년 사회복지사업법 개정으로 사회복지사업법상 사회복지시설로 규정, 설치 및 운영에 관하여 세부사항이 법률로 정해지는 등 법적인 근거를 마련하였으며, 사회복지관이 행하는 사회복지사업은 인도주의 원칙과 서비스를 필요로 하는 대상자의 존엄유지를 전제로 하여 다음 기본원칙에 따라 수행되어야 한다(한국사회복지관협회, 2019).

(1) 지역성의 원칙

사회복지관은 지역사회의 특성과 지역주민의 문제나 욕구를 신속하게 파악하여 사업계획 수립 시 반영하여 지역사회의 문제를 해결하고, 이에 따른 서비스를 제공하여야 하며, 지역주민의 적극적 참여를 유도하여 주민의 능동적 역할과 책임의식을 조장하여야 한다.

(2) 전문성의 원칙

사회복지관은 다양한 지역사회문제에 대처하기 위해 일반적 프로그램과 특정한 문제를 해결할 수 있는 전문적 프로그램이 병행될 수 있도록 지식과 기술을 보유한 전문 인력이 사업을 수행하도록 하고, 이들 인력에 대해 지속적인 재교육을 통한 전문성 증진을 위해 노력해야 한다.

(3) 책임성의 원칙

사회복지관은 서비스 이용자의 욕구를 충족하고 지역사회문제를 해결함에 있어서 효과성을 극대화하기 위하여 최선의 노력을 기울여야 한다.

(4) 자율성의 원칙

사회복지관은 다양한 복지서비스를 효율적으로 제공하기 위하여 사회복지관의 능력과 전문성이 최대한 발휘될 수 있도록 자율적으로 운영하여야 한다.

(5) 통합성의 원칙

사회복지관은 사업을 수행함에 있어 지역 내 공공 및 민간 복지기관 간에 연계성과 통합성을 강화시켜 지역사회복지 체계를 효율적이고 효과적으로 운영되도록 하여야 한다.

(6) 자원활용의 원칙

사회복지관은 주민욕구의 다양성에 따라 다양한 기능인력과 재원을 필요로 하므로 지역사회 내의 복지자원을 최대한 동원, 활용하여야 한다.

(7) 중립성의 원칙

사회복지관은 정치활동, 영리활동, 특정 종교활동 등으로 이용되지 않게 중립성이 유지되어야 한다.

(8) 투명성의 원칙

사회복지관은 자원을 효율적으로 이용하고 운영과정의 투명성을 유지하여야 한다.

4) 사회복지관 운영

사회복지관은 「사회복지사업법」과 시행규칙에 근거하여 기준을 마련하고 운영하고 있으나, 규정이 포괄적이고 구체화 되어 있지 못하다는 지적이 있다. 운영에 관한 공통적 구성항목이나 운영비 지원의 기준이 되는 인력배치 기준 등은 유사 지역사회서비스 시설 장애인복지관(운영기준 최소 20명 배치)이나 노인복지관(시설기준 최소 7인 이상 배치)의 직원배치 기준에 비해 부족한 실정이다.

보건복지부의 「사회복지관 운영관련 업무처리 안내」에 따르면 사회복지관의 운영과 경비의 부담, 경비의 지출 등의 기준을 시행규칙 상의 포괄적 규정으로 지정하고 있으며 구체적인 사항은 지자체 장에게 일임하고 있는 구조이다.

사회복지관 운영의 구체적 내용은 다음과 같다(보건복지부, 2017).

① 사회복지관 운영 : 사업계획의 수립, 행정기관연계, 자원봉사자의 교육 및 활용, 비용의 수납, 관리운영규정, 직원의 채용 등에 대해서 시행규칙의 포괄적 규정 및 구체적인 사항은 지자체의 장의 시설운영 지침 등을 참고하도록 규정하고 있다.

② 경비의 부담 : 부지의 확보, 건립비, 기능보강비, 운영경비 등에 대해서 지자체 장이 지원할 수 있음을 명시하고 있으나, 구체적인 사항은 모두 지자체에 일임하고 있다.

③ 경비의 지출 : 기능보강비, 운영경비 등은 「사회복지법인 및 사회복지시설 재무·회계 규칙」의 규정에 의해 집행하므로 다른 규정과 차이가 있다.

3. 사회복지관 사업내용

사회복지관사업은 저소득 취약계층과 지역주민에 대한 실질적인 사회복지서비스가 이루어질 수 있도록 유기적으로 연계하여 실시하여야 한다(보건복지부, 2017).

1) 사회복지관 사업의 대상

사회복지관 사업의 대상은 사회복지서비스 욕구를 가지고 있는 모든 지역주민으로 한다. 사회복지사업법 시행규칙 34조 1항과 2항에 따른 시설 중 사회복지관은 지역사회의 특성과 지역주민의 복지욕구를 고려하여 사회복지서비스 제공 등 지역복지증진을 위한 사업을 실시할 수 있으며 사회복지관은 모든 지역주민을 대상으로 사회복지서비스를 실시하되, 다음 지역주민을 우선 사업대상으로 제공하여야 한다(보건복지부, 2017).

① 「국민기초생활 보장법」에 따른 수급자 및 차상위계층
② 장애인, 노인, 한부모가정 및 다문화 가정
③ 직업 및 취업알선이 필요한 자
④ 보호와 교육이 필요한 유아·아동 및 청소년
⑤ 그 밖에 사회복지관의 사회복지서비스를 우선 제공할 필요가 있다고 인정되는 자

2) 사회복지관 사업내용

사회복지관의 사업은 「사회복지사업법」 시행규칙 제23조의 2에 근거하여 사업분야를 사례관리기능, 서비스제공기능, 지역조직화기능으로 구분하여 사업 분야별로 운영하고 있다(「사회복지사업법」 시행규칙 제23조의2 제3항 별표).

(1) 사례관리 기능

현재의 세분화되고 분절화된 지역사회 복지서비스의 제한점을 극복하고 보다 통합적인 서비스 전달체계로 나아가기 위해 지역사회 내 민·관을 아우르는 서비스네트워크 구축 및 다양한 지역주민의 복지욕구를 연결시켜 맞춤형 서비스를 제공한다.

① 사례발굴

지역 내 보호가 필요한 대상자 및 위기 개입대상자를 발굴하여 개입계획을 수립한다.

② 사례개입

지역 내 보호가 필요한 대상자 및 위기 개입대상자의 문제와 욕구에 대한 맞춤형 서비스가 제공될 수 있도록 사례개입한다.

③ 서비스 연계

사례개입에 필요한 지역 내 민간 및 공공의 가용자원과 서비스에 대한 정보 제공 및 연계, 의뢰한다.

(2) 서비스 제공기능

클라이언트에게 직접적인 전문서비스가 제공되는 영역이다.

① 가족기능 강화사업

'가족기능강화'기능을 구체화한 것으로 가족 구성원 개인 및 가족 전체를 대상으로 상담, 치료, 보육 등 필요한 복지서비스를 사례관리를 통하여 종합적으로 제공함으로써 가족문제의 해결, 예방, 해체를 방지하여 가족의 행복을 유지할 수 있도록 지원한다.

- 가족관계 증진사업: 가족원 간의 의사소통을 원활히 하고 각자의 역할을 수행함으로써 이상적인 가족관계를 유지하고 가족의 능력을 개발·강화하는 사업, 교육, 상담 및 검사 등

- 가족기능 보완사업: 사회구조 변화로 부족한 가족기능, 특히 부모의 역할을 보완하기 위하여 주로 아동·청소년을 대상으로 실시되는 사업, 방과 후 보호, 보육, 교육, 진로탐색 등
- 가정문제해결·치료사업: 문제가 발생한 가족에 대한 진단·치료·사회복귀 지원사업, 장애인교육, 특수치료, 사회적응 프로그램, 위기가정·학대가정 개입 등
- 부양가족 지원사업: 보호대상 가족을 돌보는 가족원의 부양부담을 줄여주고 관련 정보를 공유하는 등 부양가족 대상 지원사업, 치매노인, 장애인, 만성질환자 등
- 다문화가정, 북한이탈주민 등 지역 내 이용자 특성을 반영한 사업

② 지역사회보호(재가복지)사업

'보호서비스의 제공'기능을 구체화한 것으로 가족이 없는 노인, 소년소녀가정, 장애인 등 사회적 보호가 필요한 대상자를 중심으로 결연, 정서지원, 가사지원, 간병, 푸드뱅크사업 등의 재가복지서비스를 사례관리를 통해 종합적으로 제공함으로써 소외감을 완화하고 생활안정을 도모한다.

- 급식서비스: 지역사회에 거주하는 요보호 노인이나 결식아동 등을 위한 식사제공 서비스, 식사 및 밑반찬 배달, 경로식당 등
- 보건의료서비스: 노인, 장애인, 저소득층 등 재가복지사업 대상자들을 위한 보건·의료관련 서비스, 의료, 간병, 보건교육, 방문간호 등
- 경제적 지원: 경제적으로 어려운 지역사회 주민들을 대상으로 생활에 필요한 현금 및 물품 등을 지원하는 사업, 후원품 지원 등
- 일상생활 지원: 독립적인 생활능력이 떨어지는 요보호 대상자들이 시설이 아닌 지역사회에 거주하기 위해서 필요한 기초적인 일상생활 지원서비스, 목욕, 이·미용, 차량지원 등
- 정서서비스: 지역사회에 거주하는 독거노인이나 소년소녀가장 등 부양가족이 없는 요보호 대상자들을 위한 비물질적인 지원 서비스, 정서지원, 멘토링 등
- 일시보호서비스: 독립적인 생활이 불가능한 노인이나 장애인 또는 일시적인 보호가

필요 한 실직자 · 노숙자 등을 위한 보호서비스, 주 · 단기보호, 쉼터, 공동생활가정 등

- 재가복지 봉사서비스: 가정에서 보호를 요하는 장애인, 노인, 소년소녀가정, 한부모가족 등 가족기능이 취약한 저소득 소외계층과 국가유공자, 지역사회 내에서 재가복지 봉사서비스를 원하는 사람에게 다양한 서비스 제공(여행, 김장나눔, 연극, 구순잔치 등), 정서, 결연, 의료, 자립지원 등

③ 교육문화사업

'주민의 복지증진과 삶의 질 향상'기능을 구체화한 것으로 아동과 청소년의 유해환경에 대한 예방적 대안, 문화 창조와 인성교육, 성인과 노인의 재사회화를 목적으로 무료나 실비로 각종 문화 프로그램을 사회복지서비스와 통합하여 제공함으로써 평생교육의 기반을 확충하고 문화결핍을 예방하여 지역주민의 삶의 질을 향상시키는 역할을 한다.

- 아동 · 청소년 사회교육: 주거환경이 열악하여 가정에서 학습하기 곤란하거나 경제적 이유 등으로 학원 등 다른 기관의 활용이 어려운 아동 · 청소년에게 필요한 경우 학습 내용 등에 대하여 지도하거나 각종 기능 교육, 예체능 교육 등
- 성인 기능교실: 기능습득을 목적으로 하는 성인 사회교육사업, 교양강좌, 자격취득 교육
- 노인 여가 · 문화: 노인을 대상으로 제공되는 노인건강 운동교실, 여가프로그램, 교육 · 교양 프로그램 각종, 사회교육 및 취미교실운영사업, 경로당 지원사업
- 문화 복지사업: 일반주민을 위한 여가 · 오락프로그램, 소외집단을 위한 문화프로그램, 문화 체험, 캠프 등, 그 밖에 각종 지역주민 문화행사사업

④ 자활지원 등 기타

자립 자활을 위한 종합적 복지서비스 지원기능을 구체화한 것으로 취업 대상자, 비취업 대상자에 대한 자활지원계획 수립과 지속적 사례관리를 통하여 사회복지관의 종합적 서비스를 바탕으로 직종별 자활교육훈련, 재취업알선, 자활공동체조직 육성 등을 효과적으로 실시함으로써 빈곤의 세습방지와 지역주민의 자립 · 자활을 도모하는 역할을 한다.

• 직업기능훈련: 저소득층의 자립능력배양과 가계소득에 기여할 수 있는 기능훈련을 실시하여 창업 또는 취업을 지원하는 사업, 이 · 미용, 조리, 컴퓨터 등 기능훈련, 서비스 교육
• 취업알선: 가사도우미, 간병인, 사무직, 일용직 등 직업훈련 이수자 및 기타 취업희망자들을 대상으로 취업에 관한 정보제공 및 취업, 부업 알선사업, 창업정보센터 운영
• 직업능력개발: 근로의욕 및 동기가 낮은 주민의 취업욕구 증대와 재취업을 위한 심리 · 사회적인 지원프로그램, 재활프로그램
• 그 밖의 특화사업: 지역사회 욕구에 근거하여 특성화, 차별화된 특화사업 개발, 운영

(3) 지역 조직화 기능

'주민 상호 간 연대감 조성과 각종 지역사회문제의 예방, 치료'기능을 구체화한 것으로 지역주민의 욕구 조사를 바탕으로 각종 복지자원을 조직화하여 의도적, 계획적으로 지역사회 문제를 예방, 치료하여 더불어 잘사는 지역사회가 되도록 발전을 촉진한다.

① 복지네트워크 구축

지역 내 복지기관 · 시설들과 네트워크를 구축함으로써 복지서비스 공급의 효율성을 제고하고, 사회복지관이 지역복지의 중심으로서의 역할을 강화하는 사업

• 지역사회연계사업, 지역욕구조사, 실습지도 등

② 주민 조직화

주민이 지역사회 문제에 스스로 참여하고 공동체 의식을 갖도록 주민조직의 육성을 지원하고, 이러한 주민협력강화에 필요한 주민의식을 높이기 위한 교육을 실시하는 사업이다.

주민 조직화의 목적은 지역주민의 역량강화를 통해서 지역공동체를 형성하는 것이며, 주민 스스로가 중심이 되어 자기들의 욕구를 통합, 조정하고 이를 해결하기 위해 노력하는 과정이다(관혁근, 유현숙, 2005).

• 주민복지증진사업, 주민조직화 사업, 주민교육, 마을문화 축제 등

③ 자원개발 및 관리

지역주민의 다양한 욕구 충족 및 문제 해결을 위해 필요한 인력, 재원 등을 발굴하여 연계 및 지원하는 사업

• 자원봉사자 개발 · 관리, 후원자 개발 · 관리, 지역사회보장 협의체 모금, 나눔

3) 사회복지시설평가

사회복지시설평가의 목적은 첫째, 사회복지시설의 투명성과 서비스 질적 향상, 둘째, 평가결과를 반영한 예산집행의 효율성과 합리성 유도, 셋째, 사회복지시설의 운영기반 정착, 국가 지원의 과학적 근거자료 수집이다(보건복지부, 2008).

사회복지시설에 대한 평가는 사회복지시설의 수준을 향상시키고, 시설운영에 대한 구조화 및 체계화를 가져왔다는 긍정적인 평가와 평가시설의 준비 부담과 평가자의 평가지표 해석의 다양성으로 시설 내에서 평가수행의 어려움, 지자체 지도점검 사항들이 중복되는 문제와 서비스 질에 대한 평가 등이 부정적으로 논의되고 있어 이에 대한 제도개선이 필요하다.

4. 사회복지관의 현황과 발전방향

1) 사회복지관 현황

사회복지관은 1989년 주택건설촉진법 등에 의해 사회복지관 건립 의무화로 39개의 사회복지관이 설치되고, 이후 매년 증가하여 2019년 전국 466개소가 설치되었으며, 2020년

기준 470개소의 사회복지관이 설치, 운영 중이다(한국사회복지관협회, 2020).

(1) 규모별 사회복지관 현황

사회복지관은 시설규모에 따라 3가지 유형으로 구분된다. 2020년 기준으로 규모별 사회복지관 현황은 〈표 9-1〉과 같다. 복지관 규모에 따라 가, 나, 다형으로 분류되며 가형(건평 2,000m^2 이상)은 규모가 큰 종합사회복지관으로 47%를 차지하며, 설치규모가 적은 나형(건평 1,000m^2~2,000m^2 미만)은 약 43%, 다형(건평 1,000m^2 미만)은 약 10%를 차지하며 가형과 나형이 전체의 90% 이상을 차지하는 것으로 보아 사회복지관의 대형화가 이루어짐을 알 수 있다.

〈표 9-1〉 **규모별 사회복지관 현황**

구 분	개 소 수
가형 (건평 2,000m^2 이상)	222
나형 (건평 1,000m^2 ~ 2,000m^2 미만)	202
다형 (건평 1,000m^2 미만)	46
총 계	470

출처: 한국사회복지관협회 홈페이지 2020년 현황자료.

(2) 지역별 사회복지관 현황

2020년 기준 지역별 사회복지관 현황은 〈표 9-2〉와 같다. 표에 따르면 대도시의 분포비율이 높은 것으로 나타나며, 이는 1989년 「주택건설촉진법」 등에 의해 저소득층 영구임대아파트 건립 시 일정 규모의 사회복지관 건립을 의무화하면서 영구임대주택지역 등 도시 저소득층 밀집지역을 중심으로 사회복지관이 양적으로 증가하였기 때문에 나타나는 분포비율이라고 볼 수 있다.

〈표 9-2〉 지역별 사회복지관 현황

시도	계	임대지역	일반지역	시도	계	임대지역	일반지역
서울	98	31	67	강원	19	5	14
부산	53	18	35	충북	13	5	8
대구	27	13	14	충남 세종	22	6	16
인천	20	6	14	전북	17	9	8
광주	19	11	8	전남	15	6	9
대전	21	8	13	경북	15	11	4
울산	8	2	6	경남	30	6	24
경기	83	27	56	제주	10	2	8
				총계	470	167	303

출처: 한국사회복지관협회 홈페이지 2020년.

(3) 법인 유형별 사회복지관 현황

사회복지관의 법인 유형별 현황은 〈표 9-3〉과 같다. 사회복지법인이 전체의 71%를 차지하고 있으며 그 외 재단법인과 학교법인 및 지방자치단체 직영으로 운영되는 것을 볼 수 있다. 지방자치단체는 설립 후 사업의 전문성을 향상시키기 위해 사회복지법인이나 비영리법인에 위탁 운영하거나 직접 운영할 수 있다. 법인유형별 구분에서 협동조합이 신규유형으로 나타났다.

〈표 9-3〉 법인 유형별 사회복지관 현황

구 분	개 소 수
사회복지법인	335
재단법인	54
사단법인	21
학교법인	25

구 분	개 소 수
지방자치단체 직영	26
시설관리공단	4
의료법인	1
협동조합	4
총계	470

출처: 한국사회복지관협회 홈페이지 2020년.

2) 지역사회복지관의 발전방향

사회복지관이 지역주민의 삶의 질 향상과 지역공동체 건설을 위해 기여했지만 인적, 물적자원의 부족과 재정적 자원부족 등 여러가지 문제들을 갖고 있다. 사회복지관이 충분한 기능과 역할을 통해 주민의 복지증진을 위한 전문적인 지역복지서비스를 제공하기 위해 우선적으로 해결해야 할 과제들을 살펴보고자 한다(김광희, 2016).

(1) 사회복지관에 대한 지역주민의 인식변화

일반적 사람들은 사회복지관을 특수한 계층의 주민들이 이용하는 시설로 알고 있기 때문에 사회복지관에 대한 인식전환이 필요하며, 사회복지관에 대한 이해와 인식부족에 대해 사회복지관은 보다 많은 사람들이 이용할 수 있도록 지속적인 홍보에 주력해야 한다. 사회복지관에 대한 목표와 프로그램 내용의 적극적인 홍보활동을 통한 주민들의 인식전환이 필요하다.

(2) 지역특성에 따른 프로그램의 다양성

사회복지관은 보건복지부의 운영매뉴얼 규정에 따라 사회복지관 운영비를 지출해야 하므로 지역사회복지관이 갖고 있는 지역 환경의 특수성이나 여건을 고려하여 프로그램을 진행하기가 어렵다. 운영규정이나 지침에 따라 필수적으로 사업을 진행해야하므로 복지사업의 지역성, 특수성, 전문성을 충분히 발휘할 수 없다. 지역주민의 욕구나 지역별 특성을 파악해서 지역주민의 욕구수준에 맞는 프로그램이나 사업이 다양하게 실천되어야 하며, 전문성과 지역특수성을 고려하여 다양하고 현실성 있는 프로그램이 선정, 개발되어야 한다.

(3) 다양한 계층을 위한 프로그램 개발

사회복지관의 목적에 참여대상은 사회복지서비스의 욕구를 가지고 있는 모든 지역주민이라고 되어 있으나, 현실에서 주요 참여대상은 저소득 취약계층이 우선적용 대상이었다.

사회복지관에서는 저소득 취약계층과 지역주민에 대한 실질적인 사회복지서비스가 이루어질 수 있도록 각 사업을 유기적으로 연계하여 실시하여야 한다는 사업규정에 따라, 모든 국민에게 다양하고 전문화된 서비스를 제공하여 국민 모두의 삶의 질을 향상시킬 수 있는 프로그램을 실행해야 하며, 지지와 보호중심의 사업에서 다양한 계층의 지역주민이 참여하여 성장과 변화를 가져올 수 있는 프로그램을 개발, 시행하여야 한다.

(4) 사회복지관의 전문인력 확대

사회복지관은 전문적인 프로그램 운영을 위해 지식과 기술을 가진 사회복지사에 의해 사업이 수행되고 있으며 엄격한 자격기준을 적용하고 있다. 정부에서 인건비를 지원하는 시설의 시설장 및 종사자 신규채용은 직위에 관계없이 공개모집을 원칙으로 하며 전문적인 기준인력을 확보하고 있다. 그러나 다양한 욕구와 복잡한 사회문제로 인한 다양한 전문분야 또는 특수분야의 인력이 필요하며 이러한 인력확보를 통해 안정적으로 사업을 수행할 수 있다. 특수한 사업을 수행하는 사회복지관은 간호사, 물리 치료사, 언어치료사 등이며, 전문인력이 확보될 수 있도록 탄력적으로 운영하는 방안이 마련되어야 사회복지관의 원활한 운영과 지역사회복지서비스 제공의 질이 향상될 수 있을 것이다.

(5) 통합적인 가족복지 서비스 강화

사회문제로 대두되고 있는 많은 문제들 중, 저출산, 고령화, 이혼율 증가, 단독가구의 증가, 한부모 가정의 증가로 인한 자녀양육의 기능과 노인부양기능, 노인 독거가구의 확산 등은 지역사회복지관이 개입하여 함께 해결해야할 사업영역이다. 특히 가족기능강화사업을 확장하여 가족복지 사업의 확대와 전문상담 및 놀이치료 등 전문성을 갖추고 조직의 역할 재편성과 및 다양한 복지욕구에 맞는 프로그램과 서비스가 강화되어야 한다.

(6) 정부의 재정부담 확대

사회복지관의 다양한 역할을 수행하기 위해 재정적인 부분이 뒷받침 되어야 하는데, 현실의 재정구조는 정부보조금에 대한 의존도가 높은 편이다. 따라서 사회복지관이 운영하는 프로그램을 시행하는 데 어려움이 있고, 전문인력을 확보하기가 어렵다.

보건복지부는 사회복지관 운영주체(법인 등)도 자체재원을 확보하여 사회복지관 운영비를 추가로 지원할 수 있도록 노력하여야 한다고 규정하고 있으나, 현실적 어려움이 크며 지역복지를 책임지고 있는 정부는 재정지원 확대를 통해 사회복지관이 전문성을 충분히 발휘할 수 있도록 지원해야 한다.

(7) 자원봉사자의 활동

지역복지관은 한정된 자원과 재정으로 다양한 프로그램을 시행하기에 자원이 부족하다. 따라서 지역주민의 자발적 참여로 자원봉사 활동이 이루어지도록 주민센터와 연계, 자생단체와 협력, 지역주민에 대한 자원봉사교육, 인센티브제도 등 다양한 참여활동을 유도해야 할 것이다.

(8) 사회복지관에 대한 법적 근거의 마련

2017년 사회복지관의 수가 460개소가 되는데도 불구하고 사회복지관에 대한 독립적인 근거법령이 미진하여 시급히 마련되어야 한다. 「사회복지사업법」과 시행규칙에 규정이 있으나 사회복지관의 정체성을 확고하게 하고 사회복지사 처우 및 현실적인 문제 해결을 위한 법적근거가 조속히 마련되어야 할 것이다(김광희, 2016).

(9) 사회복지관 평가지표의 한계

보건복지부의 사회복지관 평가의 한계가 있다. 보건복지부의 전국단위 평가지표는 전국시설을 대상으로 표준화된 수준을 요구하고 있어 지역성 반영에 한계가 있고 재정 및 조직운영과 인적자원관리 영역은 모두 시군의 재정지원 역량, 법인의 역량 등에 의해 시설장의 재량권 범위가 연동됨으로 이에 대한 제도개선이 필요하다.

그리고 시설의 지역사회 내 적절한 대응을 판단하기 위해서는 구비서류 확인보다는 과정적, 질적 심사를 강화하는 현장평가 운용체제 개선이 필요하다(경기복지재단, 2017).

주요내용

지역사회복지관의 구체적 역할은 지역사회의 실정과 지역사회주민의 욕구파악 및 평가의 역할, 지역사회 주민의 성장과 자립을 위한 종합복지서비스 제공의 역할, 지역사회 통합의 매개역할, 지역사회 잠재자원의 발굴 및 활용의 역할, 지역주민을 위한 지역사회 교육의 매체역할이 있으며, 지역사회복지관 운영의 기본원칙은 지역성, 전문성, 책임성, 자율성, 통합성, 자원활용, 중립성, 투명성의 원칙이 있다.

지역사회복지관의 사업내용은 「사회복지사업법 시행규칙」 제23조의 2에 근거하여 사업분야를 사례관리기능, 서비스제공기능, 지역조직화기능으로 구분하여 서비스사업 분야별로 운영하고 있다.

CHAPTER 10

지역사회보장협의체

학/습/목/표

1. 지역사회보장협의체의 조직을 구분하고 이해할 수 있다.
2. 지역사회보장협의체의 기능과 유형을 이해할 수 있다
3. 지역사회보장협의체의 역할과 활성화 방안에 대해 설명할 수 있다.
4. 사회복지협의회의 원칙과 기능을 이해한다.
5. 사회복지협의회의 추진 배경을 이해한다.

지역사회복지실천은 2000년대 이후로 분권화와 지방화로 집약될 수 있다. 제도적 변화가 일어났는데 크게 두 가지 모습으로 요약할 수 있다. 민관협력의 기제로서 지역사회복지협의체가 기초자치단체에 만들어졌다. 2003년도 「사회복지사업법」의 개정으로 지역사회복지계획 수립이 지방자치단체의 의무가 되었다. 따라서 제도적으로는 복지계획 수립, 정책결정 참여로 지역 실정에 맞게 협력과 비판의 역할을 보장하였다. 분권화 전략의 방편으로 중앙에 집중된 자원에 대해 총괄적 특성을 지방에 이양할 목적으로 2005년도부터 정부 예산편성 및 복지재정분권을 실시하고 지역발전을 도모하였다.

2005년부터 지방분권 강화 차원에서 국고보조금으로 운영되던 사회복지 관련 사업 중 일부를 지방으로 이양하고 '14년까지 분권교부세를 통하여 재정을 지원하고 있다. 종전 분권교부세를 지원사업 중 정신요양, 장애인시설, 양로시설사업(3개)은 국고 지원으로 환원되고, 그 외 지방 이양사업은 '15년부터 보통교부세로 통합 지원한다(보건복지부, 2019).

한편, 우리나라의 경우 지역사회 사회복지전달체계는 공공사회복지 및 민간사회복지전달체계 두 분류로 이루어지고 있다. 하지만 공공과 민간분야 간 연계, 협력체계의 구축이 미흡한 상태였다. 복지대상자들에게 공공과 복지서비스를 전달하고자 보건·복지 통합

서비스 지원체계를 구축하고자 하였다. 보건복지사무소 시범사업(1995~1999)이 실시되었으나 결과가 미진하여 종료되었다. 이후로도 민간인 참여에 초점을 두고 보건복지 기능연계 활성화 구축의 필요성이 꾸준히 제기되었다. 2000년 한국보건사회연구원의 보건복지 기능연계 모형연구를 토대로 2003년 7월에는 「사회복지사업법」을 개정하여 종전의 시 · 군 · 구 사회복지위원회를 폐지하였고, 2005년 7월부터 협의체를 설치, 운영하고 있다(최항순, 윤춘모, 2011).

지역사회복지협의체는 2003년 「사회복지사업법」이 개정되면서 지역사회의 보건복지 영역에서 공공과 민간의 연계 및 협력을 증진하고자 만든 조직이다.

2015년 7월 「사회보장급여법」 시행으로 지역사회보장협의체로 명칭이 변경되었다. 읍 · 면 · 동 단위 지역사회협의체를 신설하면서 기능도 확대 개편되었다(보건복지부, 2016). 지역사회복지 분야에서 민 · 관 협력 수준의 변화가 예측 되고 있다(오민수, 2015). 이 법은 사회보장급여라는 포괄적이고 통합적인 개념을 통해 지역사각지대의 상시적 발굴시스템을 구축하고, 사회보장정보와 지표를 적극 활용하여 욕구를 파악하고 민 · 관 협력을 통해 지원하는 내용을 골자로 하고 있다.

사실상 지역사회보장협의체 제도의 주요한 기능은 민 · 관협력체계를 강조한 협치(Governavce)기능과 연계(Network)기능 및 통합(Intergration)서비스 지원기능 등 세 가지 기능분야이다. 지역사회보장협의체의 주요한 활동으로 사회복지 현장에서 지역주민과 민 · 관복지자원을 연계하여 사회복지 정책과 사회서비스 제도를 시행하는 것에 중점을 두었다.

최근의 복지서비스는 지역단위의 서비스 생산, 전달, 관리의 기능이 강화되고 있다(황명주, 김형수, 2019). 그 외에도 "보건복지부가 기존의 사회복지협의체에서 민 · 관협치를 강화하여 사회보장협의체 제도로 정책을 변경하여 새롭게 규정한 지역사회보장협의체 조직의 주요 핵심기능은 장차 시행 될 미래의 커뮤니티 케어(Community Care)에 대한 사회보장정책을 효율적으로 실현하게 될 제도적인 필수 기반 요소라 할 수 있다"(이기호, 2019).

1. 지역사회보장협의체

21세기 초, 우리나라 사회복지 분야에서 사회복지의 지방화는 가장 중요한 쟁점 중의 하나다. 각 시·군·구에서 지역사회복지 계획수립이 의무화되고 추진되었다. 재정자원과 사회복지사무 영역의 지방 이양으로 분권교부세가 추진되었다. “지역사회복지의 정책적 방향 및 시책정립 자원의 개발, 서비스의 제공 등을 지역주체 들 간의 연계·협력을 통해 추진하도록 하는 협의기구인 지역사회복지협의체가 구성 및 운영 되었다”(오민수, 2015).

“지역사회보장협의체의 운영목적은 기존의 지역사회협의체의 그것과 맥락을 같이 하며 보다 광범위한 목적을 지닌다”. [1] 지역사회복지협의체의 지역 간 협력에 초점을 두고, 지역사회복지협의체의 연계 기능을 지역복지공동체 형성의 ‘다자간 협력기구’로 설명하였다(김수정, 2014).

1) 지역사회보장체계의 추진배경

(1) 사회복지 전달체계와 지방분권화의 변화

(2) 지역사회 보장 및 환경적 특성을 반영한 연계, 조직화의 욕구

(3) 지역사회 사회적 자본 확장과 공동체 기능 회복 가능성

(4) 정보통신기술 확대에 따르는 새로운 사회 조직화의 필요성

2) 지역사회보장협의체의 구성 및 운영목적

(1) 민주적 의사소통의 구축과 지역사회 내 복지 문제 해결

(2) 해당 수요자 중심의 통합적 사회보장급여 제공의 밑받침 확립

(3) 지역사회 복지자원의 효율적인 활용체계를 구축하고자 지역 내 서비스 제공기관 간 연계 협력과 잠재적 복지자원 발굴

1) 기존에 구축된 전달체계인 지역사회복지협의체만으로는 한계가 있었다. 2014년 서울시 송파구에서 생활고로 비관하여 자살한 ‘송파 세 모녀 사건’이 지역사회보장협의체를 구축하게 되는 기폭제가 되었다.

(4) 지역사회보장계획의 종류는 수립주체별, 계획수준별로 구분하면 아래와 같다.

〈표 10-1〉 지역사회보장계획의 종류

<table>
<tr><th>구분</th><th colspan="2">계획의 종류</th></tr>
<tr><td rowspan="2">수립 주체별</td><td colspan="2">시 · 도 지역사회보장계획</td></tr>
<tr><td colspan="2">시 · 군 · 구 지역사회보장계획</td></tr>
<tr><td rowspan="2">계획 수준별</td><td>지역사회보장계획
(중장기계획, 4년 주기)</td><td>지역주민의 사회보장욕구와 지역 내 복지자원 등을 고려하여 지자체 실정에 부합하도록 수립하는 지역사회보장에 관한 4년 단위의 계획
• 1기: 2007년~2010년
• 2기: 2011년~2014년
• 3기: 2015년~2018년
• 4기: 2019년~2022년</td></tr>
<tr><td>연차별 시행계획
(1년 주기)</td><td>중장기 계획에 따른 1년 단위의 연차별 시행계획</td></tr>
</table>

출처: 보건복지부 지역복지과 '2020 지역사회보장협의체 운영 안내(2019)'.

3) 지역사회보장협의체의 법적 근거

지역사회보장협의체의 법적 근거로는 제 41조「사회보장급여의 이용 제공 및 수급권자 발굴에 관한 법률」에 명시되어 있으며 이는 본 법률이 제정된 의의이다.

(1) 수급권자를 발굴 및 보호하기 위한 제도적 장치의 보완 가능으로서 대상자를 선정, 결정, 사후관리를 하는 데 있어 일반적 절차를 규정한다.

(2) 원활한 사회보장정보시스템이 운영될 수 있는 기초가 된다.

(3) 중앙부처와 지역 단위가 유기적인 관계를 유지하고 종합적 사회보장서비스 제공이 가능하며 지역 간 균형발전을 위한 기초가 된다.

4) 지역사회보장협의체의 구조와 기능

4) 지역사회보장협의체의 구조와 기능

(1) 지역사회보장협의체의 구조

과거의 「사회복지법」에 따른 지역사회보장 운영체계가 「지역사회보장급여법」이 시행됨에 따라 변화하였다. 무엇보다 지역사회 보장지표, 사회보장 급여 제공 등에 관한 사항을 심의하고 자문하는 등 기능이 확장되었다. 또한 광역자치단체장 기준으로 시·도 사회복지위원회에서 시·도 사회보장위원회로 명칭이 바뀌었다. 그리고 시·군·구 단위에서는 과거의 지역사회복지협의체가 지역사회보장협의체로 명칭이 변경되었다. 기존에 수행되던 기능보다 확장하였다. 시·도 단위의 사회보장위원의 중요한 업무를 시·군·구 단위에서 업무를 수행하는 것뿐만 아니라 읍·면·동 단위의 지역사회보장협의체를 새롭게 운영하게 되었다.

〈표 10-2〉 **지역사회보장협의체 성격 및 기능변화 추이**

구분	'05.7.31. 이전	'05.7.31.~'15.6.30.	'15.7.1. 이후
법적 근거	사회복지사업법 제7조	사회복지사업법 제7조의 2	사회보장급여법 제41조
명칭	사회복지위원회	지역사회복지협의체	지역사회보장협의체
목적	사회복지사업에 관한 중요 사항을 심의 또는 건의	• 관할 지역의 사회복지사업에 관한 중요 사항과 지역사회 복지계획을 심의/건의 • 사회복지서비스 및 보건의료 서비스 연계·협력 강화	• 지역의 사회보장증진 • 사회보장과 관련된 서비스를 제공하는 관계 기관·법인단체·시설과 연계·협력 강화
성격	심의/자문기구	심의/자문기구	기능 강화
비고	시·도 및 시·군·구 설치 운영	공공과 민간의 네트워크 강화를 통한 지역복지 거버넌스의 구조와 기능 확대	기존 사회복지에서 탈피하여 사회보장으로 범주 확대

출처: 보건복지부 지역복지과 '2020 지역사회보장협의체 운영 안내(2019)'.

지역사회복지협의체는 지역사회보장협의체로 변경되면서 다음과 같이 기능이 확대되었다.

① 지역사회복지협의체 주요업무 : 지역사회복지사업에 관한 중요사항/지역사회복지계획을 심의, 건의 및 사회복지, 보건의료서비스 연계·협력 강화 등을 수행한다.

② 지역사회보장협의체의 주요업무 : 지역의 사회보장증진 및 사회보장과 관련된 서비스를 제공하는 관계 기관 · 법인단체 · 시설과 연계 · 협력 강화

- 심의/자문 및 연계, 협력 기능 수행
- 지역사회보장계획 수립, 시행, 평가
- 지역사회보장조사 및 지역사회보장지표
- 시 · 군 · 구 사회보장급여 제공
- 시 · 군 · 구 사회보장 추진
- 읍 · 면 · 동 단위 지역사회보장협의체 구성 · 운영 등 기능 확대

(2) 지역사회보장협의체의 세부구조

시 · 군 · 구 단위의 지역사회보장협의체(대표협의체, 실무협의체, 실무분과)와 읍 · 면 · 동 단위의 지역사회보장협의체로 이루어져 있다.

가. 대표협의체의 구성 · 운영

사회보장과 관련된 서비스를 제공하는 관계 기관, 법인, 단체, 시설들과 연계협력의 증진과 지역의 사회보장강화를 위해 구축되었고, 심의 및 자문역할을 주로 행하고 있다.

① **대표성**: 시 · 군 · 구 지역사회의 사회보장 이해관계자를 대표할 수 있도록 구성한다.
② **민주성**: 민주적 절차와 방법으로 위원구성을 한다.
③ **포괄성**: 사회보장과 관련된 서비스를 제공하는 기관, 법인, 대표, 시설의 대표자를 모두 포함해야 한다.

나. 실무협의체의 구성 · 운영

실무협의체의 위원을 구성할 때 해당 시 · 군 · 구의 지역사회보장 구성 주체들을 모두 포괄해야 하며 전문성이 있는 이들로 구성하여야 한다.

대표협의체 심의안건에 대해 사전검토하고, 실무분과 관계 간 협력과 역할조정 등 협의체의 기능과 역할을 돕고자 설치되었다.

(3) 실무분과의 구성 · 운영

지역의 사회보장 관련 기관, 단체, 시설, 법인 관계에서 연계하고 협력한다. 실무협의체의 운영을 확립하기 위해 실무분과가 구축되고 운영된다. 세부적인 운영사항은 시 · 군 · 구의 조례에 의거하여 정하고 다양한 지역의 특성에 맞게 유연성 있게 수행하는 데 있다.

각 영역의 실무자 중심으로 구축되었으며 서비스 제공과 연계, 사례회의 등을 수행하는 역할을 한다. 그 외 읍 · 면 · 동 단위의 지역사회보장협의체는 해당 지역 대상자의 발굴 및 자원발견을 하고 서비스를 연계 및 전달하는 역할을 수행하고 있다.

(4) 읍 · 면 · 동 지역사회보장협의체의 구성 · 운영

읍 · 면 · 동 지역사회보장협의체는 「사회보장급여법」의 개정으로 새롭게 설치되었다. 읍 · 면 · 동 단위에서 주민 네트워크조직을 활성화하여 지역사회의 문제를 해결하는 기능을 행한다. 복지사각지대에 있는 취약가구의 동향을 발굴하고 민주적인 의사소통방식의 활성화로 지역의 사회문제를 해결하는 데 중점을 둔다.

〈표 10-3〉 시 · 군 · 구와 읍 · 면 · 동 지역사회보장협의체 비교

구분	시 · 군 · 구 지역사회보장협의체	읍 · 면 · 동 지역사회보장협의체
구성방법	시 · 군 · 구청장 위촉	읍 · 면 · 동장 추천, 시 · 군 · 구청장 위촉
규모	10명 이상 40명 이하	10명 이상(지역특성에 맞게)
위원자격	• 사회보장에 관한 학식과 경험이 풍부한 지역사회보장 기관법인단체시설의 대표자 • 비영리단체에서 추천한 사람 • 복지위원의 대표자 • 사회보장 업무담당 공무원	• 읍 · 면 동장 • 지역의 사회보장 기관, 법인, 단체, 시설 또는 공익 단체의 실무자 • 사회보장업무 담당공무원 비영리단체에서 추천한 자 • 복지위원 • 통 · 이장, 주민자치위원, 자원봉사단체구성원 • 그밖에 사회보장증진에 열의가 있는 자
기능	• 지역사회보장 계획, 수립시행 및 평가에 관한 사항 • 지역사회보장조사 및 지역사회보장지표에 관한 사항	• 관할지역 내의 사회보장 대상자 발굴 • 사회보장 지원 발굴 및 연계 • 지역사회보호체계 구축 및 운영 • 그밖에 지역주민의 사회보장 증진을 위하여

구분	시 · 군 · 구 지역사회보장협의체	읍 · 면 · 동 지역사회보장협의체
	• 사회보장급여 제공에 관한 사항 • 사회보장 추진에 관한 사항 • 읍 · 면 · 동 단위 지역사회보장협의체의 구성 및 운영에 관한 사항 • 그밖에 위원장이 필요하다고 인정하는 사항	필요한 사항

출처: 보건복지부 지역복지과 '2020 지역사회보장협의체 운영 안내(2019)'.

〈표 10-4〉 **지역사회보장협의체의 주요 역할**

구 분	역 할
대표협의체	(목적) 지역의 사회보장을 증진하고 사회보장과 관련된 서비스를 제공하는 관계기관, 법인, 단체시설과 연계 및 협력을 강화 • 심의 · 자문역할 수행 • 지역사회보장계획의 수립, 시행, 평가 • 지역사회보장조사 및 지역사회보장지표 • 시 · 군 · 구 사회보장급여 제공 • 시 · 군 · 구의 사회보장 추진 • 읍 · 면 · 동 단위 지역사회보장협의체 구성운영 등 • 전문위원회 운영
주체별	**역할**
실무협의체	(목적) 협의체 업무를 효율적으로 수행하기 위해 설치 • 대표협의체 심의 지원 • 지역사회서비스 제공 및 연계협력에 관한 협의 • 심의(건의)안건 사전 검토 • 실무분과 간 역할조정 및 협력도모
실무분과	(목적) 지역의 사회보장 관계 기관, 법인, 단체시설과 연계 및 협력 강화 • 지역사회보장사업 개선 건의 • 서비스 제공 및 연계 • 서비스 제공을 위하여 필요한 사항
읍 · 면 · 동 지역사회보장협의체	(목적) 복지사각지대 해소를 위한 취약계층 발굴 및 자원 간 연계 및 협력 • 지역사회보호체계 구축 및 운영 • 지역 내 자원 발굴 • 지역사회보장 문제 발굴 및 해결방안 모색 • 지역 내 복지 문제 해결을 위한 자체 특화사업 수행

출처: 보건복지부 지역복지과 '2020 지역사회보장협의체 운영 안내(2019)'.

(5) 지역사회보장협의체의 주요 3가지 기능

① 협치(Governance) 기능: 정책 심의

② 연계 기능: 계획수립 및 실행

③ 통합서비스 기능: 보건복지부 분야 외에 주거, 교육, 문화, 환경 등 각각의 분야와 연계하여 수요자 중심의 욕구를 충족시키는 통합적 서비스를 제공

〈표 10-5〉 지역사회보장협의체의 구조 및 기능

대표협의체	실무협의체	실무분과	읍 · 면 · 동 지역사회보장협의체
• 구성원 – 공공 부문 대표 1/3 이하 – 민간 부문 대표 – 이용자 대표 1/3 이하 – 기타 연계 영역 • 임기 – 2년(역임 가능) • 선출방식 – 공공부문 대표: 해당 시 · 군 · 구 자치단체장이 추천 – 민간 부문 대표: 단체장 및 실무협의체에서 추천한 자를 자치단체장에 위촉 – 이용자 대표: 공모 혹은 추천 등을 통해 자치단체장에 위촉	• 구성원 – 공공 부문 실무위원 1/3 이하 – 민간 부문 실무위원 2/3 이하 – 기타 관련 분야 영역 • 임기 – 2년(연임 가능) • 선출방식 – 공공 부문 위원: 협의체 위원장이 임명 – 민간부분 위원: 추천 또는 공모를 통해 협의체 위원장이 위촉 – 기타 관련분야: 공익단체, 비영리민간단체의 추천을 통해 위촉	• 구성원 – 공공부문 위원: 실무 담당 공무원 – 민간 부문 위원: 실무자 – 기타 관련 분야 영역 • 임기 – 지원이 많은 지역은 임기제한규정을 둘 수 있음 • 구성 형태 – 대상별 분과: 노인, 아동, 장애인, 여성 등 – 지역별 분과: 읍 · 면 · 동 소 생활권 단위 등 – 기능별 분과: 고용, 주거, 평생교육, 문화, 관광, 생활체육 등	• 구성원 – 사회보장에 관한 실무지식과 경험이 풍부한 자 – 사회보장활동을 행하는 실무자 – 사회보장업무 공무원 – 비영리민간단체 추천인 – 복지위원 – 통 · 이장, 주민자치위원, 자원봉사단체 구성원 – 사회복지 증진에 열의가 있는 자 • 임기 – 2년(연임 가능)

출처: 보건복지부 지역복지과 '2020 지역사회보장협의체 운영 안내(2019)'.

5) 지역사회보장협의체의 변화 및 나아갈 방향

첫째, 민 · 관협력의 구심점으로 지역사회보호체계 구축운영으로 민간의 참여 협력기반을 마련함으로써 찾아가는 보건복지서비스 제공에 기여한다. 둘째, 수요자 중심의 통합적 사회보장급여 제공기반 마련으로 고용, 주거, 교육, 문화 서비스의 연계망(network) 구축(Any-stop, One-stop)으로 제공한다. 셋째, 지역사회 내 사회보장급여 제공기관, 법인, 단체, 시설간 연계, 협력으로 지역복지 자원의 효율적 활용체계를 조성한다. 넷째, 민 · 관 협력을 통해 사각지대 발굴 및 지원강화를 위해 읍 · 면 · 동 단위에 주민네트워크를 조직한다.

2. 사회보장위원회

2005년 7월 31일 시행된 사회복지사업법(법 제7조의 2)의 개정에 따라 지역 내 복지 보건분야 민간협력기구인 '지역복지협의체'를 구성하였다. 지역복지협의체는 복지욕구를 충족하기 위하여 복지증진을 위한 지역복지계획 수립 과정에 민 · 관이 함께 참여함으로써 수요자 중심의 복지서비스를 제공하기 위함이다.

그 이후 2015년 12월 29일 시행된 사회보장급여법(사회보장 급여의 이용, 제공 및 수급권자 발굴에 관한 법률)에 의해 시 · 군 · 구는 지역사회복지협의체가 사회보장협의체로 변경되었고, 광역시 · 도 역시 사회복지위원회가 사회보장위원회로 새롭게 변경되었다.

1) 사회보장위원회 운영

광역시 · 도지사는 시 · 도의 사회보장 증진을 위하여 사회보장급여법 제40조에 의거 시 · 도사회보장위원회를 두고 있다.

시 · 도 사회보장위원회는 다음과 같은 업무를 심의, 자문한다

(1) 시 · 도의 지역사회보장계획 수립, 시행 및 평가에 관한 사항

(2) 시 · 도의 지역사회보장조사 및 지역사회보장지표에 관한 사항

(3) 시 · 도의 사회보장급여 제공에 관한 사항
(4) 시 · 도의 사회보장 추진과 관련한 중요 사항
(5) 제41조 7항에 따른 읍 · 면 · 동 단위 지역사회보장협의체의 구성 및 운영에 관한 사항(특별자치시에 한정한다)
(6) 사회보장과 관련된 서비스를 제공하는 관계 기관 · 법인 · 단체 · 시설과의 연계 · 협력 강화에 관한 사항(특별자치시에 한정한다)
(7) 그 밖에 위원장이 필요하다고 인정되는 사항

시 · 도사회보장위원회는 사회보장에 관한 전문적 지식이나 경험을 가진 사람, 사회보장 관련 기관 및 단체의 대표자, 사회보장을 필요로 하는 사람의 이익 등을 대표하는 사람, 지역사회보장협의체의 대표자, 비영리민간단체에서 추천한 사람, 사회복지공동모금지회에서 추천한 사람, 사회보장에 관한 업무를 담당하는 공무원 등으로 구성한다.

시 · 도사회보장위원회의 조직 · 운영에 필요한 사항은 보건복지부령으로 정하는 바에 따라 해당 시 · 도의 조례로 정한다.

2) 사회보장위원회 의원 구성

시 · 도사회보장위원회 위원은 사회보장급여법 시행규칙 제4조(시도사회보장위원회의 구성 및 운영)에 명시되어 있으며, 그 내용은 다음과 같다.

첫째, 시 · 도사회보장위원회는 위원장을 포함하여 10명 이상 40명 이하의 위원으로 구성한다.

둘째, 사회보장위원회 위원장은 위원 중에서 호선하며, 위원장이 부득이한 사유로 직무를 수행할 수 없을 때는 위원장이 지명하는 사람이 그 직무를 대행한다.

셋째, 사회보장위원회 위원의 임기는 2년으로 하되, 위원장은 한 차례만 연임할 수 있다. 다만, 공무원인 위원의 임기는 그 재직기간으로 한다.

넷째, 사회보장위원회의 회의는 재적 위원 과반수의 출석으로 개의하고, 출석위원 과반수의 찬성으로 의결한다.

3) 통합사례관리

사회보장급여법 제42조의 2(통합사례관리)에 의거 보건복지부장관, 시 · 도지사 및 시장, 군수, 구청장은 지원대상자의 사회보장 수준을 높이기 위하여 지원대상자의 다양하고 복합적인 특성에 따른 상담과 지도, 사회보장에 대한 욕구조사, 서비스 제공 계획의 수립을 실시하고, 그 계획에 따라 지원대상자에게 보건, 복지, 고용, 교육 등에 대한 사회보장급여 및 민간 법인, 단체, 시설 등이 제공하는 서비스를 종합적으로 연계, 제공하는 통합사례관리를 실시할 수 있다.

통합사례관리를 실시하기 위해 필요한 경우에는 특별자치시 및 시 · 군 · 구에 통합사례관리사를 둘 수 있다.

여기에서 통합사례관리사의 자격, 업무 등 운영에 필요한 사항과 제3항에 따른 통합사례관리 사업의 지원업무 위탁에 필요한 사항은 보건복지부령으로 정한다.

사회보장급여법 시행규칙 제7조의 2(통합사례관리사의 자격 · 업무 등)에 의거 통합사례관리사는 다음 각호의 어느 하나에 해당하는 자격 및 경력을 갖춘 사람으로 한다.

(1) 사회복지사 1급 자격증을 취득한 후 사회복지분야 근무 경력이 2년 이상인 사람
(2) 사회복지사 2급 자격증을 취득한 후 사회복지분야 근무 경력이 4년 이상인 사람
(3) 정신건강사회복지사 2급 이상 자격증을 취득한 후 사회복지분야 또는 보건분야 근무경력이 2년 이상인 사람
(4) 간호사 면허증을 취득한 후 사회복지분야 또는 보건 분야 근무경력이 2년 이상인 사람

한편으로 통합사례관리사의 업무는 다음과 같다.

첫째, 지원대상자에 대한 상담 · 지도 및 사회보장에 대한 욕구조사
둘째, 서비스 제공 계획의 수립과 그에 따른 사회보장급여 및 서비스의 연계
셋째, 보장기관과 민간 법인, 단체, 시설 등이 제공하는 서비스의 관리, 점검
넷째, 그밖에 통합사례관리에 필요한 사항으로서 보건복지부장관이 정하는 사항

3. 사회복지협의회

1) 사회복지협의회의 개념

던햄(Dunham, 1970)은 "복지와 보건에 관한 지역사회 문제의 해결에 필요한 계획을 수립하고, 사업을 추진함에 있어서 주민의 관심과 전문가의 기술을 결합 시키는 즉, 지역주민과 사회기관들의 연합체(Association)"라고 설명한다. 또한 이오카벤은 "사회복지협의회(Community Welfare Council)는 관청이 아니고 민간단체이다. 또한 사회복지의 각종 서비스를 경영하는 사업체가 아니라 각종 서비스를 개발, 전개하여 나가려고 하는 주민주체의 운동단체이다. 즉, 주민이야말로 지역의 주인공으로서 권리 주체에 대하여 주민의 입장을 관철해 나갈 수 있도록 그 운동을 전개하는 민간자주조직이다."라고 설명되어 있다. 대부분의 협의회는 개인 및 기관의 대표자들로 구성되며 중요한 요소는 아래와 같다.

첫째, 사회복지협의회는 민간 및 정부기관을 통합적으로 포함하면서 국민들과 사회복지기관을 대표한다.

둘째, 사회복지협의회의 사업은 사회복지 및 보건계획 활동 등과 같은 전반적인 지역사회조직사업 활동이다.

셋째, 사회복지협의회는 대다수 지역사회, 지방 등과 같이 소도시 및 대도시 안에서 활동을 실행한다.

넷째, 사회복지협의회는 사회복지기관이 관련되는 내에서, 기관에서 공적으로 호선된 대표를 통해서 대변하는 연합체를 말한다.

(1) 사회복지협의회의 유형별 세 분류

가. 지역사회복지협의회: 대부분의 협의회가 속한다. 협의회는 지역사회 전체의 이익을 대변하고, 전혀 강제성이나 법적인 권한을 지니지 않는다. 협의회는 적극적인 주민

참여와 함께 지역사회로부터의 허락, 정책결정자들의 참여, 역량 있는 전문성을 갖춘 직원들이 필요하다. 전문인을 포함한 비전문 개인회원, 사회복지기관을 대변하는 단체회원들로 조직된다. 그리하여 사회복지에 보다 심혈을 기울이고, 사회복지기관 간의 조정, 사회복지 및 보건서비스 프로그램의 발전, 사회행동 등의 포괄적 역할 수행이 필요하다(김광희, 2010).

사회복지협의회는 서울을 비롯한 전국 광역자치단체에서 시 · 도 사회복지협의회를 구성하고 있으며 「사회복지사업법」시행령 제13조 제2항의 규정 의거 하여 사회복지법인과 사회복지관련 비영리법인의 대표자 등으로 구성되어 있다.

첫째, 지역주민의 욕구를 파악하고 책임지며, 이들의 욕구와 상황을 대변해주는 기능을 한다.

둘째, 지역사회에 흩어져 있는 인적 · 물적 · 정보자원 등을 개발하여 효율적으로 활용하도록 조정하고, 자원개발 역할을 수행한다.

셋째, 지역사회에 소재한 다양한 기관과 단체를 조직함으로써 산발적으로 분산된 힘을 결집하여 지역사회복지를 실현한다.

넷째, 기초자치단체인 시 · 군 · 구에 적절히 대응 또는 협의하는 파트너로서 역할을 수행하는 것이다.

나. **전통적인 지역사회복지기관연합회**: 초기이후 대부분 대도시에서 활동하는 유형이다. 한국사회복지협의회로서 전 한국사회사업연합회이다. 사회복지기관을 포함한 사회복지전담부서 및 위원회로 구성된 다양한 조직단체들이다.

다. **전문분야협의회**: 재활협회, 한국사회교육협회, 청소년연맹, 국내사회복지시설연합회, 한국사회복지관연합회 등으로 독립된 협의회로 소규모 형태의 연합체이다.

〈표 10-6〉 사회복지협의회의 주요 업무

구분	업무내용
중앙협의회	• 사회복지에 관련된 보건복지부 장관이 위탁하는 업무 및 기타중앙협의회의 목적달성에 요구되는 정관으로 정하는 사항 • 사회복지에 관한 조사연구와 정책건의 • 사회복지에 관한 교육훈련 • 사회복지에 관한 자료수집과 간행물 발간 • 사회복지에 관한 계몽과 홍보 • 자원봉사활동의 진흥 • 사회복지사업에 종사하는 자의 교육훈련과 복지증진 • 사회복지에 관한 학술도입과 국제사회복지단체와의 교류
시 · 도협의회	• 중앙협의회 또는 시 · 도지사 또는 중앙협의회가 위탁하는 사항 • 그밖에 시 · 도협의회의 목적달성에 필요하여 정관으로 정하는 사항
시 · 군 · 구협의회	• 시장, 시 · 도지사, 군수, 구청장, 중앙협의회와 시 · 도 협의회가 위탁하는 업무와, 시 · 군 · 구협의회의 목적달성에 필요하여 정관으로 정하는 사항 • 시 · 도지사, 시 · 군 · 구청장, 중앙협의회 또는 시 · 도 협의회가 위탁하는 사항 • 그밖에 시 · 군 · 구협의회의 목적달성에 필요하여 정관으로 정하는 사항

출처: 김태동, 박주현, 안우상, 장갑수, 정미현, 최덕경, 최연옥(2016).

(2) 사회복지협의회의 의의

전국적으로 광역시 단위별로 16개의 지방사회복지협의회가 한국사회복지협의회의 지부 역할이 아니라 독립된 법인의 역할을 하고 있다. 이는 「사회복지사업법」 제33조 「사회복지사업법 시행령」 제12조의 규정에 의하여 비영리법인 성격의 형태로 설치되어 있다. 2003년 이후 사회복지사업법의 규정에 따르는 법정단체가 되었고, 시 · 군 · 구에 전반적으로 설치가 되어 있는 상황이다.

사회복지협의회는 지역사회복지 조직이면서 전국적으로 구축 되어 있는 조직으로서 비영리공익법인이다. 사회복지협의회는 주민복지 증진의 주체이다. 전면적인 지방자치제도의 실행으로 인해, 지역사회의 차원에서 접근하여 문제를 해결해야 하는 과제를 지니고 있다. 사회복지협의회는 과거 영국과 미국의 자선조직협회(COS)에서 기원을 찾을 수 있다. 당면한 중요문제는 지역주민의 문제를 지역주민 주체적으로, 지역주민 차원에서 해결하는 사회적 조직이 충분하지 못하다는 것이다(고수현, 2013).

(3) 실천적 관점에서의 사회복지협의회

대체로 지역사회복지 분야에서 꾸준한 논의가 있어 왔다. 현실적으로 지역사회 조직 및 개발과 같은 사회사업 이론, 기술 및 실천 영역의 의미에 바탕을 두고 있다. 지역사회복지협의회는 지역주민의 지역공동체 중심으로 접근하여 공사협조체제를 이끌어내고, 민간인에게는 자주적인 역할을 수행하도록 한다.

(4) 사회복지협의회의 구성

한국사회복지협의회 중앙의 조직과 직원 구성은 회장, 사회복지연구원과 나눔사업본부 등으로 구축되어 있다. 그 외 단체회원으로는 서울특별시사회복지협의회를 포함한 16개 시 · 도 협의회가 구성되어 있다. 또한 「사회복지사업법」 시행령 제13조에서 개인 및 단체회원의 자격은 아래와 같이 규정되어 있다.

가. 시 · 도 사회복지협의회 회장
나. 교육, 문화, 언론, 경제, 종교계와 보건의료계 등을 대표하는 사람
다. 사회복지사업 및 사회복지법인과 관련된 비영리법인을 대표하는 사람
라. 그 외 사회복지사업의 발전을 위하여 중앙협의회의 회장이 추천하는 사람

기타 아래 사항 중 하나에 해당하는 이는 시 · 도협의회의 회원이 될 수 있다.

가. 시 · 군 · 구 협의회의 장
나. 해당지역의 교육, 문화, 언론, 경제, 종교계와 보건의료계 등을 대표하는 사람
다. 해당지역의 사회복지사업 및 사회복지법인과 관련된 비영리법인을 대표하는 사람
라. 그 외 지역사회의 복지발전을 위하여 시 · 도협의회장이 추천하는 사람

그리고 아래 사항 중 하나에 해당하는 이는 시 · 군 · 구 협의회의 회원이 될 수 있다.

가. 해당지역에 주 사무소가 있는 사회복지사업 및 사회복지법인과 관련된 비영리법인의 임직원
나. 해당 지역에 주 사무소가 있는 사회복지 시설의 종사자
다. 해당 지역의 교육. 문화, 언론, 경제, 종교계와 보건의료계 등을 대표하는 사람

(5) 사회복지협의회의 주요사업

한국사회복지협의회는 「사회복지사업법」 제33조 제1항과 동법 시행령 제12조 규정에 따라, 구축된 비영리공익법인이다. 실시되고 있는 세부사업으로는 「사회복지사업법 시행령」 제12조에 의거하여 아래와 같은 사업을 실행하는 것으로 명시된 바 있다.

가. 사회복지 관련 교육 및 훈련
나. 사회복지 관련 연구, 조사와 정책을 건의
다. 자원봉사활동 진흥
라. 보건복지부 장관이 수탁하는 사회복지 관련 업무
마. 사회복지사업에 종사하는 이들의 복지향상과 교육 및 훈련
바. 사회복지 관련 계몽과 홍보
사. 사회복지 관련 간행물 발간과 자료수집
아. 그 외 중앙협의회의 목적 성취에 필요하여 정관으로 정하는 사항

(6) 사회복지협의회의 위탁사업

가. 사회복지시설 평가사업

사회복지시설은 3년에 1회 이상 사회복지시설 평가를 받도록 1998년 8월 「사회복지사업법」 개정으로 규정하였다. 「사회복지사업법」 제43조(시설의 평가)와 시행규칙 제27조의 규정에 의거하여 보건복지부 장관 및 시 · 도지사는 3년마다 1회 이상 시설에 관련된 평가

를 해야만 한다. 2005년 3월 공모의 과정을 거쳐 한국사회복지협의회는 사회복지시설평가 위탁기관이 되었다. 평가방법으로는 상대평가와 절대평가로 병행하게 된다. 즉, 중앙(보건복지부), 지방자치단체, 시설의 공동평가로서 '시설의 자체평가'를 기반으로 시 · 도가 '현장평가'를 하게 되고, 중앙의 사회복지시설평가단은 '확인평가'를 한다. 절대평가는 우수(A), 양호(B), 보통(C), 미흡(D)의 4등급으로 구분하여 공개한다.

① 시설평가의 기준

- 시설환경
- 입소자의 시설서비스 만족도
- 종사자의 전문성
- 입소정원의 적절성

② 장기적 시설평가의 목적

- 시설사용자의 인권보호
- 지역사회와 연계한 사회복지시설 운영
- 사회복지시설운영의 선진화를 지원

③ 단기적 시설평가의 목적

- 시설사용자의 인권보호
- 지역사회와 연계한 사회복지시설 운영
- 사회복지시설의 실태파악을 통해 국가지원수준에 대한 과학적인 근거로 삼음
- 입소 및 이용시설에 대한 평가를 통하여 효과적인 사회복지시설의 운영기반을 정착시키고 시설 간의 경쟁을 유도

나. 사회복지자원봉사인증사업

자원봉사인증제도는 한국사회복지협의회와 시 · 도 사회복지협의회가 주관하고 보건복

지부와 지방자치단체가 중심이 된다. 「사회복지사업법」 제9조, 동법시행령 제25조 제2항과 사회복지봉사활동 인증관리규정(2001.11. 보건복지부 승인)에 의거하고 있다. 그리고 법인단체시설 등과 같은 자원봉사자 양성 관리기관이 사업을 실행하고 있다. 총체적으로 한국사회복지협의회의 '사회복지정보센터'가 전반적인 운영을 담당한다. 시 · 도 사회복지협의회의 사회복지정보센터가 시 · 도 지역 인증관리사업을 관리한다.

① 사회복지 분야의 법인, 단체, 시설의 '사회복지봉사활동인증센터'의 담당업무
- 자원봉사자 교육훈련
- 사회복지봉사활동 실적 등록관리
- 사회복지봉사활동 인증서 발급업무

② 사회복지자원봉사활동 인증관리사업의 목적
- 체계적 · 조직적인 관리를 통한 활성화 기반 조성
- 관련단체 상호 간 협력체계 구축
- 실적인증관리를 통한 신뢰성 구축

(7) 사회복지협의회의 발전 방향

가. 지역사회복지협의회(시 · 군 · 구)의 운영 활성화

지역사회복지협의회의 시 · 군 · 구 단위 조직의 기능을 강화하기 위해서는 중앙사회복지협의회와 시 · 도 지방사회복지협의회와의 관계를 변화하고, 원활한 협조적 체계를 유지해야 할 것이다. 또한 전문적인 능력을 갖춘 직원을 채용하는 등 조직을 재편성한다. 시 · 군 · 구 지역사회복지센터로서의 역할을 효과적으로 실행하도록 하여 지역사회복지협의회를 과학적, 전문적으로 운영해야 할 것이다.

나. 민간 복지전달체계의 중추적 역할 확장

사회복지협의회가 민간부문에서 강조되어야 할 분야는 다음과 같다.

① 취약계층이 공적인 서비스를 공급받지 못하는 대변자 역할
② 참여와 다원주의 소수자의 이익 보호 기능
③ 공적인 대책만으로는 미흡한 서비스 제공 기능
④ 새로운 서비스 욕구에 대처하는 선도적이고 전문적 역할기능

다. 지역사회복지사업 분야의 확장

사회복지협의회 사업영역의 광 범위화를 위해서는 아래와 같은 사항에 주목해야 한다.
① 지역사회복지 활동의 토대가 되는 조직화 활동을 강화
② 지역사회복지계획 수립에 적극 참여
③ 재가복지서비스의 공급 주체를 확보
④ 보건과 사회복지 간 협동 활동의 촉진 등에 초점
⑤ 지역사회복지교육
⑥ 상담 및 복지 정보제공 활동

라. 지방사회복지협의회 재정의 자립

기부금, 회비, 보조금, 공동모금회 지원금, 위탁비 등은 지방사회복지협의회의 주요 재정자원이다. 사회복지협의회의 전문성의 확보와 활성화 방안으로는 재정자립성 확장과 프로그램의 개발 및 발굴이 당면한 중요 과제이다.

(8) 지역사회복지협의회의 변천 과정

최초의 사회복지협의회는 한국전쟁 직후로서 민간사회사업기관들의 모임인 '한국사회사업연합회'가 1952년 2월 15일에 설립되었다. 이후 민간사회사업연합회의 정관이 처음으로 1954년 5월에 통과되었다. 1959년 7월 31일에 국제사회복지협의회(ICSW)에 가입하였다. 이어서 1961년 6월 25일에 16개 사회복지단체를 병합하여 이름을 사단법인 '한국사회복지사업연합회'로 바꾸었다. 현재의 사회복지법인 '한국사회복지협의회'로 변경된 것은 1970년 5월 22일 사회복지사업법 제33조 동법 시행령 제12조에 따라서이다. 사회

복지협의회의 성격 및 위치에 따르는 사회복지영역에 큰 변화를 가져오게 된 계기가 있다. 1983년 5월 21일에 개정된 사회복지사업법은 협의회를 법정 단체화하였다. 이어서 1985년 12월에 12개 조직의 지방사회복지협의회가 구축되었다. 그 후 1998년 12월에 '시·도 사회복지협의회'가 독립법인으로 설립되었다. 2003년 7월 30일에 「사회복지사업법」 개정으로 시·군·구 사회복지협의회가 법정 단체화되었다.

2) 사회복지협의회의 역할

사회복지협의회가 계획하고 목적한 바를 성공적으로 달성하기 위해서는 지역사회를 주축으로 참여 유도를 최대한 이끌어 내는 것을 바탕으로 해야 한다. 협의회가 원활한 기능과 역할을 수행하려면, 협의회 조직 내에서의 전문가들과 높은 수준의 리더십을 지닌 자들의 역량 발휘가 필수적이다. 더불어 사업에 관한 한 무엇보다 지역사회의 지지, 수용, 인정 등이 우선시 되어야 한다.

지역사회에서 공통적으로 제고해야 할 사항을 열거해 본다.

첫째, 지역사회의 복지향상과 관련된 사실 발견: 지역사회복지관의 업무와 재정상태이다. 또 지역사회복지의 기초자료를 수집하여 분석한다. 그리고 지역사회의 고질적 문제의 중장기적 사회복지 및 조사 등의 연구이다.

둘째, 사회복지기관들의 상호협조와 조정능력 제고: 연구위원회를 구성하여 기관 사이의 지역 네트워크 조성과 적극적인 협조를 유도하여 공통적인 지역 내 문제 해결을 위해 노력한다(김광희, 2010).

셋째, 지역사회복지 센터 기능: 지역사회 내 중요한 문제 해결, 방지 등 예방적 차원에서 개입한다.

넷째, 지역사회복지기관 사이의 서비스 조정활동 역할기능: 예를 들어 지역사회복지관 간의 지나친 경쟁이 바우처 제도 정책 실시과정에서 생길 수 있다. 기관 간 서비스 중복경쟁을 예상 및 방지하고 공동적 사회복지 업무수행이 가능하도록 조정되어야 한다.

다섯째, 지역사회복지기관 업무의 질적 향상을 위해 고민 한다: 기관 간 집단적, 공동조사방법, 출판, 배포, 업무 기준에 관한 연구, 공동토의를 통해 질적 수준을 높인다.

여섯째, 지역사회복지를 위한 공동의 계획수립 및 실천 행동: 지역사회의 특성에 맞게 즉, 왕따, 다문화가족, 아동학대 등의 프로그램 마련 등 장기적 계획수립이 필요하다.

일곱째, 교육, 홍보, 정보제공의 역할을 제고한다.

여덟째, 재정확보 및 자원 동원의 역할을 제고한다.

아홉째, 사회적 약자를 위해 사회행동의 역할을 수행한다. 국가, 지방자치단체가 클라이언트 대상으로 즉, 소년소녀가장, 장애인, 저소득층, 독거노인 등의 인권보장 및 보호와 불이익을 당하지 않도록 관련 입법 대안을 제안한다.

열째, 지역 특성의 흐름에 적합한 기능을 지니고, 사회복지에 관련된 학술을 도입한다. 그밖에 국제사회복지단체와의 교류를 할 수 있는 조직이다.

3) 사회복지협의회의 회원구성

우리나라 사회복지협의회의 회원자격은 「사회복지사업법 시행령」 제13조에 제시되어 있으며 개인회원과 단체회원으로 나누어 있다. 법인정관에 따라 다소 상이할 수 있다.

첫째, 시 · 군 · 구 지역은 「사회복지사업법 시행령」 제12조에 의하여

가. 해당 지역의 사회복지시설 직원

나. 해당 지역의 사회복지법인 및 사회복지사업과 관련 있는 비영리법인의 임직원

다. 해당 지역의 교육, 문화, 종교, 언론, 법조, 경제, 보건 의료계 직원

라. 지역사회의 복지향상을 위하여 시 · 군 · 구 협의회의 장이 추천하는 사람 등으로 구성

둘째, 광역시 · 도 지역은

가. 시 · 군 · 구 협의회의 장

나. 해당 지역의 사회복지법인을 비롯한 사회복지사업과 연관된 비영리법인의 대표자

다. 해당 지역의 교육, 문화, 종교, 언론, 법조, 경제, 보건 의료계 등의 대표자

라. 지역사회의 복지향상을 위하여 광역시 · 도 협의회 장이 추천하는 사람 등으로 구성

(1) 중앙협의회인 한국사회복지협의회의 회원자격

가. 광역시 · 도 협의회의 장

나. 사회복지법인 및 사회복지사업과 관련 있는 대표자

다. 교육, 문화, 종교, 언론, 법조, 경제, 보건 의료계 등의 대표자

라. 그밖에 사회복지사업 활동에 필요함을 인정한 중앙협의회의 장이 추천하는 사람 등으로 구성

(2) 사회복지협의회의 이사회와 임원 구성

사회복지협의회의 이사회는 「사회복지사업법 시행령」 제15조에 의해 정관이 정하는 바에 의거 하여 협의회의 업무에 관한 중요한 사항을 심의 및 의결이 가능하다. 「사회복지사업법 시행령」 제14조에 의거 하여, 사회복지협의회의 임원은 광역시 · 도 협의회, 그리고 시 · 군 · 구 협의회, 중앙협의회의 경우, 회장이자 대표이사 1인을 포함한 15인 이상 30인 이하로 구성된다. 더불어 시 · 군 · 구 협의회(10인 이상 30인 이하)는 이사와 감사 2인으로 구성된다. 임기는 이사와 감사가 각 3년이고 연임할 수 있다.

(3) 사회복지협의회의 운영원칙

가. 주민 욕구 주체의 원칙

나. 주민참가의 원칙

다. 민간성의 원칙

라. 공 · 사 상호협력의 원칙

마. 지역특성 중시 우선의 원칙

바. 전문성의 원칙 (박태영, 2007)

4) 사회복지협의회의 역사

(1) 한국의 역사

한국사회복지협의회는 2009년을 기준으로 57년이 지난 지금 단체회원 76개소, 개인회원 60명을 둔 사회복지 총괄 협의체로 성장을 했다. 한국사회복지협의회는 현재 중앙 협의회 1개소, 시 · 도협의회 16개소, 시 · 군 · 구 협의회 115개소를 두고 있다. 한국사회복지협의회가 오늘날의 협의회로 성립되는 데는 1970년 1월 1일 법률 제2191호로 제정 공포된 사회복지사업법의 제정 배경을 설명하지 않을 수 없다. 당시 「사회복지관계법」은 1960년대에 제정된 「생활보호법」, 「아동복리법」. 「재해구호법」, 「윤락행위등방지법」 등이 있었다. 「사회복지사업법」은 이러한 여러 가지 법률들을 상호 유기적인 제도로서 체계화하기 위한 기본법으로 제정하게 되었다. 사회복지사업법의 주요 골자는 사회복지사업의 범위와 한계를 규정한다. 종래의 사회복지를 목적으로 하는 법인은 민법 제32조에 따라 사단법인, 재단법인만으로 구분되었으나 사회복지법인이란 특수 법인제도를 두었다. 또 중앙 및 지방 사회복지위원회를 두었으며, 사회복지사업 종사자의 자격증 제도를 설정했다. 사회복지법인의 수익사업을 허용하였으며, 사회복지사업의 재정을 충당하기 위한 공동모금회를 두게 되었다. 따라서 한국사회사업연합회도 종전의 사단법인에서 「사회복지사업법」에 의한 사회복지법인 한국사회복지협의회로 바뀌어, 오늘날의 협의회로 성립되는 계기가 되었다.

그 후 1983년 5월 21일 법률 3656호로 사회복지사업법이 전문 개정되었다. 사회복지사업법 제24조에 '사회복지에 관한 조사 연구와 각종 복지사업을 조성하기 위하여 한국사회복지협의회를 둔다'고 규정하였다. 한국사회복지협의회는 법정단체로서 위치를 확고히 하고 시 · 도협의회를 설립하게 되었다. 시 · 도협의회는 1998년 사회복지사업법의 개정으로 독립법인화 되었다. 2003년 7월 30일에 개정된 「사회복지사업법」에 따라 시 · 도 사회복지협의회는 사회복지법인으로 법적인 근거를 마련했고, 사회복지기관 간의 교육 협력뿐 아니라 주민 밀착형 사업들을 수행하고 있다. 현재 전국 16개 시 · 도에 사회복지협의회와, 시 · 군 · 구 사회복지협의회가 설립되어 운영 중이다.

아래와 같은 사회복지협의회의 조직은 지역사회주민을 중심으로 한 원칙을 기반으로 시 · 군 · 구 지역을 기본단위로 정하고, 시 · 도, 그밖에 전국 각 조직단계별로 구성되어 있다.

〈표 10-7〉 **한국사회복지협회의 연혁**

연 도	내 용
1952. 02. 15	사단법인 한국사회사업연합회 설립
1959. 07. 31	국제사회복지협의회(ICSW) 회원가입
1961. 06. 25	사단법인 한국사회복지사업연합회로 개칭
1970. 05. 22	사단법인 한국사회복지협의회로 개칭
1983. 05. 21	사회복지사업법 개정으로 법정법인
1985. 12.	시 · 도 지방사회복지협의회
1990. 05. 08	사회복지회관 신축계획 보건복지부 승인
1995. 11. 01	사회복지회관 신축 착공
1998. 07. 16	사회복지사업법 시행령 개정으로 회원조직 확대개편
1998. 12.	시 · 도 사회복지협의회 독립법인 설립
2001. 09. 04	국제사회복지협의회(ICSW) 아 · 태지역대회 개최
2002. 02. 27	부설 사회복지연구소 설치
2002. 03. 30	한국사회복지회관 준공
2003. 07. 30	사회복지사업법 개정으로 시 · 군 · 구 법정 단체화
2005. 09.	인터넷 사회복지신문(복지타임즈) 창간
2006. 11	'사랑나눔 실천운동' 사업위탁기관 지정
2007. 05.	국가복지정보센터 개소
2007. 06	사회공헌정보센터 개소
2009. 01.	공공기관 지정
2012. 02. 15	한국사회복지협의회 창립 60주년 기념행사 및 CI 'SSN' 선포
2016. 06	세계사회복지대회 개최(우리나라 최초/83개국 2700여명 참가)
2017. 11	사회공헌정보센터 설립 10주년 기념 '글로벌 사회공헌포럼' 개최
2017. 12	푸드뱅크 식품, 생활용품 등 기부총량 연 2000억원 돌파
2018. 05	'따뜻하고 활기찬 지역복지공동체 구축'을 위한 지역혁신 프로젝트 전개
2018. 09	사회공헌센터(CSR Center) 명칭 변경
2018. 12	사회공헌 전문매거진 및 백서 발간

출처: 복지넷(www.bokil.net); 한국사회복지협의회(2020).

(2) 외국의 역사

사회복지협의회는 1869년 영국에서 시작되었다. 1877년 미국의 버팔로 시에 설립된 자선조직협회(COS)에서 그 기원을 찾는다. 19세기 후반 자선조직협회가 발전하여 현대적 사회복지협의회가 조직되었다. 던햄(Dunham, 1970)은 사회복지협의회의 운동을 시초로 1908년 피츠버그에서 설립된 '자선연합회'(Associated Charities)와 '중앙협의회(Central Council)를 설명하였다. 이러한 협의회는 그 후 몇 년 내 다른 수많은 도시에서도 설립되었다. 제1차 세계대전 이후에 전시모금회(War Chests)가 평화시모금회(Welfare Federation)로 결성되어 한 기관에 속하기도 하고, 별개의 기관으로 긴밀한 관계를 맺기도 하였다(Dunham, 1958).

한편 지역사회복지협의회는 1918년 조직된 미국사회조직연합회(America Association for Community Organization)의 회원조직이 되었다. 이 연합회는 미국지역 공동모금 및 협의회(Community and Councils of America: C.C.C) 명칭을 바꾸었다가 1956년에는 United Community Funds and Concils of America(UCFCA)로 명칭을 달리 사용하게 되었다. UCFCA에 가입한 협의회 수는 지역공동모금회 수에 비해 훨씬 적어 1대 4 정도였다. 미국의 경우 1929년 대부분의 도시와 인구 10만 명 이하의 몇 개 도시에 33개의 협의회가 조직되었다. 1959년에는 약 700개 정도의 협의회가 미국의 지역사회에 조직되었다고 보고하였다. 제 2차 세계대전 중의 이 협의회는 전시로 인한 문제를 중점으로 하여 보건과 복지계획사업을 수행하였다.

협의회와 지역공동모금과의 관계는 전통적으로 마찰이 있었다. 지역사회복지협의회 기능은 주로 지역사회문제에 대한 계획, 기관과의 업무조정 등의 기능에 관심을 가질 뿐 회원기관들을 통제할 수 있는 아무런 권한이 없다. 그러나 지역사회공동모금회는 모금된 돈을 사회복지기관에 배분할 수 있기 때문에 협의회에 비해 막강한 힘을 가졌다고 볼 수 있다. 미국지역공동모금 및 협의회는 1951년에 미국사회사업가협회(NASW)가 마련한 사회사업가 윤리강령을 본받았다. 1953년에는 모금과 협의회에 종사하는 지역사회조직사업가를 위한 강령을 제정하기도 하였다.

이후, 1960년대 미국에서는 사회계획에 관한 정부 기관의 역할이 증대되었다. 따라서 사회복지협의회의 역할은 위축되는 경향을 보였다. 즉, 정부에서도 도시재개발, 청소년 비행, 인종관계 및 취업기회에 관한 계획에 주도권을 갖게 되어 위원회의 기능을 압도하였다. 또한 공민권운동과 복지운동은 특히 저소득층 지역에서 갈등과 직접적 행동전략을 강조하였다. '그 사회의 권력구조'가 공격대상이 되었으며, 공공복지제도를 비판하고 연간소득을 보장하라는 요구가 대두되어 사회경제적 변화를 초래하였다(Dunham, 1958). 이러한 변화에 따라 협의회에 대한 비판이 증가하였다. 결국 미국 내에서 지역사회복지협의회는 1970년대 상당한 시련을 겪은 후, 새로운 역할을 정립하여 새로운 방향을 개척하려는 움직임이 일어나게 되었다.

주요내용

지역사회보장협의체는 지역의 사회보장증진 및 사회보장과 관련된 서비스를 제공하는 관계 기관・법인단체・시설과 연계・협력 강화 등을 수행한다.

사회보장위원회는 2015년 12월 29일 시행된 사회보장급여법(사회보장급여의 이용, 제공 및 수급권자 발굴에 관한 법률)에 의해 시・군・구는 지역사회복지협의체가 사회보장협의체로 변경되었고, 광역시・도 역시 사회복지위원회가 사회보장위원회로 새롭게 변경되었다.

한국사회복지협의회는 대외적으로 민간부문의 사회복지를 대변하는 기능을 수행하며, 민간부문 복지서비스 활동의 협의 및 조정을 담당함으로써 지역사회의 욕구와 자원을 매개한다. 또한 지역사회 주민복지운동의 구심체로서의 기능도 담당한다.

한국사회복지협의회의 주요사업에는 사회복지에 관한 조사연구 및 정책건의, 사회복지에 관한 교육훈련, 사회복지에 관한 자료수집 및 간행물 발간, 사회복지에 관한 계몽 및 홍보, 자원봉사활동의 진흥, 사회복지사업에 종사하는 자의 교육훈련과 복지증진, 사회복지에 관한 학술도입과 국제사회복지단체와의 교류 등이 있다.

CHAPTER 11 사회복지공동모금회 (Community & Practice)

학/습/목/표

1. 공동모금회의 도입배경과 필요성을 이해한다.
2. 공동모금의 발전과정에 대해 설명할 수 있다.
3. 공동모금의 주요기능과 전략을 정의할 수 있다.
4. 공동모금회의 활성화 방안에 대한 모색을 강구할 수 있다.

1. 사회복지공동모금회

1) 개념 및 특성

사회복지공동모금회는 사회문제 해결방안의 한 영역으로서 모금 및 배분 사업을 통한 직접적 효과 외에도 간접적으로, 우리나라 사회복지조직의 발전을 위해 전문적이고 체계적으로 접근하고 있으며 나눔 문화 확장 결과를 촉진하는 중추적인 역할을 담당하고 있다(김윤민, 김교성, 2018).

사회복지공동모금회는 일상 속에서 찾을 수 있는 나눔의 의미와 시간, 돈, 재능, 힘을 나누는 방법을 알려준다(김동일, 김미옥, 2015).

사회복지공동모금회는 기부문화를 확고히 하고 확대시킨다. 그리고 「사회복지공동모금회법」에 의해 설립된 법정 민간모금 및 배분 전문기관이며 배분사업을 통한 민간복지의 발전에 주력한다.

동시에 민간주도로 성금을 조성하여 재원을 공정하게 관리하고 효율적으로 운용하는 과정을 통하여 사회복지의 증진에 기여하는 것에 바탕을 두고 있다(「사회복지공동모금회법」, 제1조). 우리나라의 「사회복지공동모금회법」 제2조(정의)에서는 "사회복지공동모금이라 함은 사회복지사업, 기타 사회복지활동의 지원에 필요한 재원을 조성하기 위하여 기부금품을 모집하는 것을 말한다."라고 되어 있다.

결과적으로 지역사회에서 협의회 활동과 공동모금은 지역사회의 발전과 성장에 효과적으로 영향을 미치는 방법이다.

그 외에도 일반적으로 기부자가 선호하는 영역은 국내복지 및 자선 영역이다. 반면에 전문가들이 우선적으로 인식하는 기부가 요구되는 영역에 주목하고 있다. 여기에는 사회권익 단체, 환경단체, 동물 보호단체 등의 NGO이다. 점진적으로 이와 같은 영역들이 기부자들의 관심을 받을 것으로 예측할 수 있다. 물론 아쉽지만 사회복지 영역의 감소와 소외를 예측하는 것은 어렵지 않다(박미희 외, 2019).

(1) 공동모금의 의의

국내 사회복지공동모금회의 다양한 활동은 우리나라 사회복지의 전반적인 수준 향상 및 촉진 역할을 하고 있다.

공동모금제도의 역할은 민간으로부터 사회복지조직이나 사회복지서비스 관련사업에 모금 및 배분하는 단순 활동에만 한정되지 않는다(김교성, 강정한, 2015). 지역주민이 함께 모여 그들의 자원을 공유하고 문제를 해결하는 것이다. 상호관계에서 이롭고 합리적인 자원 배분을 통해 공공선을 달성할 수 있다는 기본적인 가치와 목표를 기반으로 한다(노연희, 2014).

우리나라 보편적 시민들의 기부동기 및 문화 특성 중에 종교적 신념이나 헌신, 타인 및 조직관계에서의 권유가 중요한 작용을 하는 것으로 나타났다(오정수, 2000). 사회복지공동모금제도는 주민들의 복지욕구에 따라 합리적으로 배분을 하며 민간조직으로서 순수하고, 전국단위로 공동캠페인을 전개하고 있다.

현실적으로 사회복지관이나 사회복지 시설의 경우, 정부에서 받는 보조금에 의지하고 있다. 주로 국민기초생활수혜자나 저소득층의 국민들에게 서비스 혜택을 주고 있다. 그래서 민간기관의 재정 지원은 기관의 운영사업에 턱없이 부족한 상황이라 볼 수 있다.

(2) 공동모금의 장 · 단점

〈표 11-1〉 공동모금의 장 · 단점

공동모금의 장점	공동모금의 단점
• 개별모금보다 기금을 많이 모을 수 있다. • 사회복지 사업에 많은 인원이 참여한다. • 사회복지기관의 경비가 절약된다. • 기관의 노력과, 시간의 낭비가 적고, 기관이 사업계획에 전념할 수 있다. • 기부자에게 계속적인 관심을 갖게 한다. • 모금회는 기부자에게 지역사회에 대한 책임감을 갖게 하고, 기부자가 자기의 기부금이 유효하게 사용된다는 사실을 확인하기 쉽다. • 적절한 예산과 결산은 사회복지사업계획의 효율을 높인다. • 공동예산의 편성은 모든 모금기관의 계획과 예산의 연례보고를 의미한다. • 광범위한 교육적 선전활동은 사회복지에 대한 지식을 널리 보급한다. • 합동의 계획과 활동 · 조정 · 기준의 개선, 지역사회복지계획의 건전한 발전을 실제적으로 장려한다.	• 권력이 중앙집권화 됨으로써 개별 기관의 자유가 상실되기 쉽다. • 금전에만 관심이 기울어 사회복지 정신과 동기를 상실하기 쉽다. • 기부자의 사회복지 기관에 대한 관심을 감소시킨다. • 기부자의 기부선택 자유를 빼앗기 쉽다. • 가입기관의 계획, 정책 및 운영이 독선적으로 되고 간섭할 가능성이 있다. • 모금계획은 강대기관이 약소기관과 함께 자기 자원을 합병함으로써 강대기관에게 불리하게 된다. • 공동모금운동이 실패할 경우 가입기관이 혼란상태가 될 가능성이 있다. • 공동모금의 기획 아래서는 신규사업을 행한 개척자적 노력이 곤란하고 지역 내 민간사회복지에 대한 일종의 독점권을 주게 된다. • 기부자를 적대시하지 못하므로 사회복지 현상유지를 위한 기능을 하게 되어 사회행동을 못하게 된다. • 하나의 모금회에 가입하면 기관은 배수의 진을 치지 못한다. 만약 기관이 철수하면 기부자 명부와 기금형성기구가 없어지므로 재출발해야 한다.

출처: 김수정, 이순배(2016).

(3) 공동모금의 특성

공동모금활동의 출발점은 민간인 주도의 자원 활동에 의한 조직적 활동이다. 지역사회를 중심으로 기부를 초점화하며 달성된 기부금을 어떻게 하면 효율적으로 활용하는지 고

민하는 데 있다. 또한 기부자들과 여론의 신뢰를 얻는 것이 중요하다. 처음부터 끝까지 공개적으로 수행하며, 구체적으로 공동모금의 특성은 아래와 같은 특성을 지닌다.

① 순수한 민간성
② 효율성
③ 지역사회 중심성
④ 계획성
⑤ 복지교육성(박태영, 2007)
⑥ 투명성
⑦ 상호관계 협력성

2) 공동모금의 필요성

(1) 우리나라의 공동모금의 필요성 여섯 가지

① 모금활동 노하우가 부족한 기관들에게 복지재원의 분배: 사회복지 서비스 증진
② 사회복지사업에 대한 보편적 국민의식의 개선: '상부상조', '이웃사랑 실천'
③ 효과적이고 효율적인 자선 모금활동을 위해 산발적이고 중복되는 모금활동을 피한다: 모금자(Fund-Raiser)와 기부자(Donor)가 하나의 창구를 통해서 기부금품을 기부
④ 자원봉사활동의 활성화: 지역사회 내 문제를 주민 주체적으로 해결
⑤ 전 국민을 대상으로 한 홍보전략 및 모금활동: 사회복지사업에 대한 국민의식 개선
⑥ 사회복지 발전을 위한 정부와 민간의 동반자(Partnership) 역할 수행: 상호보완적 관계 형성

(2) 공동모금과 사회복지협회와의 관련성

일반적으로 미국은 공동모금회에 힘의 비중이 실렸다. 반대로 일본은 사회복지협의회의 활동영역이 상대적으로 넓다. 역사적으로 지역사회 내의 사회복지협의회와 사회복지 공동모금회를 살펴볼 필요가 있다.

미국 공동모금회의 경우, 제1차 세계대전 때의 '전시모금회(War Chest)'의 용어로, 전쟁 후에는 '평화시모금회(Peacetime Chest)'를 결성하여 지역공동모금활동이 활발하게 실행되었다. 이어서 20세기 초반 경에는 공동모금회와 사회복지협의회가 '복지연맹(Welfare Federation)'을 조직하였다.

3) 공동모금의 도입배경

지역공동모금회는 1873년도 영국의 리버풀 시에서 자선가의 기부금으로 자선단체를 형성 했던 것이 효시였다. 하지만 전반적인 지역공동체에 영향을 미치는 나라는 미국이다. 미국은 1887년 덴버에서 자선조직협회가 조직되었다. 현재 기금모금캠페인 형식으로 조성한 나라이며, 이것이 지역공동모금의 시초가 되었다(양정하 외, 2010).

이와 같이 오늘의 공동모금의 형태를 지니게 된 것은 인류의 역사 발전과 시대 환경적 요구에 따라 다양한 과정을 거치며 오늘에 이르렀다.

(1) 미국

미국 내 공동모금에 지대한 영향을 준 것은 1873년 영국 리버풀시 기부금 모집 당시에 강제권유, 중복, 난립과 같은 행태를 방지하고자 중앙구제조직(Central Relief Society)을 설립하고 활동한 것에 기인하였다(박태영, 2007).

제1차 세계대전은 전시모금의 확대와 더불어 공동모금 활동의 시발점이 되었다. 종전될 즈음에는 미국 전역에 400여개 공동모금기구로 확대되었다. 종전과 동시에 소강상태를 유지하는 듯 하다가 곧이어 사회복지서비스, 의료기관이 급속히 증가되고 파급되었다. 따라서 미국에서 공동모금의 용어로서 커뮤니티 체스트(Commmunity Chest)로 시작하였다. 1949년 디트로이트 공동기금(United Fund)이라는 용어 사용을 시초로, 최근에는 유나이티드 웨이(United Way)로 통용되면서, 현재와 같이 전국규모 수준의 공동모금 기구들이 조성되었다(고수현, 2013).

미국 지역의 유형별 공동모금 발전과정을 아래와 같이 분류할 수 있다

첫째, 1887년 덴버시 자선조직협회 회원기관 23개 중에서 15개 기관들이 공동모금활동의 촉발제가 되어 1895년까지 100개정도의 시로 확대되었다.

둘째, 1927년 세인트루이스, 디트로이트와 같은 5개 도시 등에서 사회복지협의회에 공동모금을 선택하게 되었다.

셋째, 1913년 미국의 클리블랜드 시에서 캠페인을 벌여 기금을 조성하였다. 그러한 기금을 각 사회복지기관들에게 분배하는 프로그램을 만들어 전역으로 파급시켰다. 이러한 과정에서 기업인들과 자선사업가들이 주축이 되었다. 지역사회문제 해결이 촉발문제가 되어 주민, 종업원, 기업인 등을 대상으로 모금활동을 벌였다.

넷째, 미국 공동모금의 로고인 '손과 무지개 로고(Hand and Rainbow logo)'가 도입되면서 1970년 'United Way of America'로 바뀌어 현재까지 알려지게 된 것이다.

다섯째, 1974년에 국제공동모금회(United Way International)가 조직된 목적은 주변국들에게 기술과 훈련을 본격적으로 전파하고자 함에 있다.

여섯째, 1987년 역량을 강화하고자 공동모금회가 자원지도자회의에서 제2의 도약을 한 바 있다.

이처럼 공동모금회는 보다 보호적이고 투명하게 노출하는 공동모금체계 달성을 목표로 지속적으로 발전하고자 힘쓰고 있다.

(2) 일본

일본의 경우 공동모금활동의 도입과정은 제2차 세계대전에서 패망 한 이후이다. 빈곤문제를 해결하기 위해서는 재정적 부족함이 심각하였다. 일본도 미국과 같이 초창기 '커뮤니티 체스트'로 표현하였고 이는 지역주민들과 함께 한다는 공동체 의식을 담고 있다(김범수, 신원우, 2007). 1946년 2월 일본정부에 대한 연합군 총사령부의 개입은 사실상 전국단위 공동모금제도의 디딤돌이 되었다. 이때 정부에서 전개해야 할 복지사업과 민간사업체제 분야가 맡아야 할 복지사업을 재정적으로 분명하게 분류해야 한다고 일본정부에 전달하였다. 이러한 제시를 일본에서 받아들여 공동모금사업의 배경이 되었다.

첫째, 후생성이 주축이 되어 1947년 6월 공동모금운동의 내용을 알렸다. 8월 '사회사업 공동모금 중앙위원회'를 구축하고, 전국단위 최초로 11월 25일~12월 25일 동안 전개한 것이 공동모금사업의 시초가 되었다.

둘째, 1948년 10월 공동모금 운동의 심볼로서 '사랑의 깃털'을 채택하였다. 11월 중앙공동모금위원회 재단법인을 발족한 뒤 1951년 사회복지법인 중앙공동모금회로 이름을 바꾸었다. 이어 1952년 중앙, 지방에 사회복지협의회를 만들게 되었다.

셋째, 공동모금의 활동은 미미한 정도였다. 상대적으로 사회복지협의회를 중심으로 활발한 지역복지 활동과, 민간복지시설도 지역을 바탕으로 활동을 신장해 나갔다.

1959년 전국 공동모금회의 중점적 전개사항을 살펴보고자 한다.

가. 총력 PR운동의 전개

나. 모금목표액의 증대

다. 배분방식의 개정과 자금계획의 확립

라. 조직기구의 충실 및 정비

마. 모금기간의 3개월 연장으로 '모금배가 운동' 전개

〈표 11-2〉 **일본 공동모금회의 문제점과 미국 공동모금과의 차이점**

일본 공동모금회 문제점	일본 공동모금회와 미국과의 차이점
• 불우이웃돕기가 시설 중점적 사업으로 전개하다보니 중산층이 저소득층을 대상으로 수직적 지원 사업 인식 • 지역모금기구의 주체성 부재로 정부지원 민생위원 활동에 지나치게 의존적 • 사회문제 해결중심인 기존의 지원프로그램에서 시설지원 배분으로 전통을 바꾸기가 어렵다.	• 일본은 정부를 기반으로 전국적인 모금활동을 확장한다. 이러한 목적은 정치적, 경제적 활동 능력이 미국에 비해 민간인이 주도할 역량이 부족하다고 판단되는 상태에서 시작된 것이 이유라고 할 수 있다.

출처 : 김진우, 이지수, 오양래, 윤덕찬, 이보라, 이아영(2017).

(3) 우리나라 공동모금의 역사

한국전쟁 이후 정치권, 사회적으로 산발적인 의연금품 요구행위로 문제가 되었다. 자유

당 정부에서는 기부모금행위를 허가제로 전환하였다. 1951년 11월 17일 「기부금품모집금지법」 실정법을 제정하였다. 이러한 규제 이후 사회복지사업은 외원기관의 지원이 도입되었다. 「기부금품모집금지법」은 2006년 3월 24일 '기부금품의 모집 및 사용에 관한 법률'로 개정되었다.

우리나라 공동모금회는 외국과 비교했을 경우, 20년이라는 비교적 짧은 기간이라 할 수 있다. 반면에 지속적으로 노력하고 있는 덕분인지 체계적인 전달체계를 조성하는 동시에 사회적 성과를 널리 알려 우리나라 복지발전에 기여 정도가 매우 크다.

가. 1970년 1월 1일 「사회사업법」 공포와 선진국형 공동모금체제 도입

외국원조기관이 1970년 이후 끊기자 자국민들 주도로 사회복지법인인 한국사회복지공동모금회(회장 윤인식)를 설립하였다. 민간인의 의식구조와 오일쇼크가 겹쳐 미진한 효과를 보였다. 그리고 지속적인 공동모금을 펼치지 못하고 유명무실한 조직으로 전락하였다.

나. 백만인 걷기운동(Miles for Millions Walk)

1979년도 보건복지부 관할로 불우이웃돕기 운동이 기관중점 사업형식으로 1987년 철수될 때까지 매년 말 실행되었다. 당시 외국원조기관 양친회 한국지부장 앤더슨의 제안으로 권오득, 김동성, 이재춘이 준비위원장이 되었다. 또 미8군의 조정역할은 정낙균이었다. 이 운동은 민간인이 주체적으로 실시한 공동모금이며 민간기관들이 연합모금활동을 벌이고 공동 배분한 운동으로서 10회 실행 후 종료되었다. 1973년 자국민이 주축이 되고 외원 사회복지기관을 중심으로 백만인 걷기운동을 실시하였다(김범수, 신원우, 2007).

다. 1980년~1990년 중반까지 기관중심의 모금체제

① 1980년 「사회복지사업기금법」이 제정되고, 다음해부터 매년 말 불우이웃돕기 기금을 사회복지기금으로 적립하게 되었다.

② 1983년 「사회복지사업법」 개정 및 삭제되어 1997년 3월 27일 「사회복지공동모금법」이 공포되기까지 보건복지부 중심으로 운영되는 과정에서 식물법인 상황이었다.

③ 1989년 한국사회복지협의회 안에 공동모금법 제정위원회가 조직되었다.

1997년 「사회복지공동모금법」이 제정되고 이법에 의거하여 1998년도 전국 16개 광역시 · 도에 사회복지공동모금회가 설립되었고 법에 의거하여 제1회 공동모금이 전국적으로 시행되었다. 그러나 1998년 7월 1일 「사회복지공동모금법 폐지법률안」이 상정된 이후, 1999년 3월 「사회복지공동모금회법」으로 전면 개정되고 4월 1일 시행되었다. IMF시기에 국가적으로 복지수요에 대응하고자 국가복지제도를 대대적으로 확대하고자 노력하고, 경제위기로 인해 사회적 복지욕구가 폭발하던 시기였다(석재은 외, 2009). 「사회공동모금법」이 제정되고 그러한 제도의 의의와 목적의 가치에도 불구하고, 종교계의 사회복지 관련단체 및 시설 등이 「공동모금법」의 폐지와 시행 유보를 강조하였다. 비판이유는 다음과 같다.

첫째, 공동모금제 운영과 관련하여 국가위상과 민간 관계에서 균형 있는 파트너쉽이 어렵다는 점이다.

둘째, 공동모금의 배분과정에서의 공정하고 투명한 시민사회 여건이 미성숙하다.

셋째, 비정상적인 공동모금회 운영 중에 개별모금기관 및 시설에서의 후원금을 감소시키는 경우 민간복지부분에서의 이중타격 우려가 있다.

넷째, 기부자에 대한 적극적인 소득공제 조건의 마련이 미비하다.

다섯째, 민간으로부터의 사회복지 재원 확충이 국가복지 재정을 저수준 상태로 고착화될 가능성 우려 때문이다.

4) 공동모금의 기능

어느덧 사회복지조직에서 공동모금회가 차지하는 기여 정도와 영향력을 무시할 수 없을 정도이다. 이와 함께 향후에도 세계적인 기관으로 성장하며 최고 모금기관의 위상을 유지하려면 끊임없는 성실한 노력과 지속적인 역량개발이 요구된다.

특히 모금활동이 사회에 어느 정도 효율적인 기능을 하는가의 문제는 중요하다. 즉, 국민들의 참여를 독려하는 동시에 주민의식을 함양한다(양성관 외, 2013).

(1) 인간의 이타주의와 지역사회 통합

인간이 지닌 본성의 특성 중에는 인도주의, 사회적 연대감을 비롯한 이타심을 내재하고 있다. 공동모금은 홍보활동을 통하여 상호협동정신을 증강하고 표출하는 기능의 수단과 통합적인 지역사회를 건설할 수 있게 되는 것이다.

(2) 합리적인 기부모금을 통한 사회복지자원 형성

공동모금의 지원구조는 모금에서부터 자원 배분까지 지역공동모금회가 주축이 되어 관리한다. 모금과정에서 지역주민들의 결집과 적극적인 지지 및 모금참여 분위기 조성이 될 수 있다. 즉, 시간, 노력과 같은 경비를 최소화하여 합리적인 사회적 기능 측면에서 사회복지모금을 실현할 수 있다.

(3) 사회복지에 관한 지각의 확대와 여론몰이

공동모금은 모금된 기금을 투명하고 계획적으로 배분한다. 필요한 지역사회 주민들 각자에게 기회 및 서비스 제공을 하는 것이다. 복지사회를 조성하는 것은 사회적 평등과 사회정의를 건설하게 된다는 것을 국민 각자가 이해가 되도록 사회적 기능 수행을 하는 것이다. 이와 같은 수행과정이 가능할 때 여론의 공감을 얻고 사회복지가 증진되고 복지사회를 조성하는 바탕이 될 것이다.

(4) 성숙한 시민의식과 민주사회주민의 권리와 책임

자원봉사자의 자발적이고 조직적인 봉사활동은 성공적인 공동모금제도의 디딤돌이자 열쇠이다. 즉, 남을 위한 개인의 희생 행위가 아니고, 성숙한 자의식을 지닌 민주사회시민이라면 누구나 마땅히 지녀야 할 의무와 책임 있는 행동인 것이다.

5) 공동모금의 조직

사회복지공동모금회의 조직은 내부, 외부, 정부와의 관계로 분류할 수 있다(오정수, 류진석, 2004).

(1) 내부조직의 구조

① **중앙조직**: 이사회, 사무국, 분과실행위원회로 조직

② **이사회**: 회장 1인, 부회장 3인, 15인 이상 20인 이하의 이사, 간사 2인으로 조직된 모금회의 최고의사결정기구이다. 이념적인 면에서 살펴보면 모금회의 목적 및 사명에 대한 깊은 이해를 통해 운동의 방향을 지도하며, 기능적 수행 면에서 모금과 배분의 실제적인 활동에 기여하는 역할을 한다.

③ **이사**: 사회복지, 법조, 경제, 언론, 의료, 노동학계, 시민사회단체 종사자, 사회복지전문가 등으로 구성, 임기는 2년이고 1회에 한하여 연임 가능

④ **분과위원회**: 기획, 홍보, 모금, 배분 분과실행위원회를 조직하며 중앙과 동일한 형태로 조직

⑤ **운영위원회**: 중앙의 이사회와 같이 지회의 최고의사결정기구

⑥ **각 위원회**: 전문가와 시민대표 20인 이내로 구성

⑦ **지회**: 운영위원회, 분과실행위원회, 사무국으로 구성

(2) 전국조직의 구성

1997년 당시 「사회복지공동모금회법」은 중앙공동모금과 시 · 도별 공동모금이 독립법인으로 규정되었다. 이후 1999년 「사회복지공동모금회법」으로 개정되었다. 전국적인 수립 초기에 통일감 있는 이미지와 전반적인 국민 신뢰도를 구축하고자 중앙집중형으로 바뀌었다.

(3) 정부와의 관계

공동모금회가 정부, 지방자치단체와 협력적 관계를 확립하는 것은 중요하다. 보건복지부는 정관 승인, 임원취임 승인권 등을 지니고 있다. 공동모금회의 의무 중 하나는 정부소관부처인 보건복지부에 예산과 사업계획 및 결과를 보고하는 것이다. 또한 민간모금운동으로서 자율적인 모금과 배분의 수립과정이 필요하다.

6) 공동모금의 방법과 배분

(1) 모금사업의 목표

공동모금회는 포괄적이고 대표성 있는 민간사회복지활동 모금의 이미지 설립이 요구된다. 잠재된 모금을 최대로 개발하는 것을 모금활동의 목표로 삼는다. 대표적인 민간사회복지기금은 공동모금회의 모금이다. 우리나라의 경우 사회복지공동모금이 성공하기 위해서는 기부동기 및 문화 수준이 저조한 실정이다. 기부동기를 촉진하는 시민의식의 개발이 매우 중요하다고 본다(오정수, 2000). 따라서 공동모금회의 모금잠재력을 증대시키고자 모금시장과 모금방법을 새롭게 발견해야 한다.

(2) 모금방법

공동모금은 언제, 누구를 대상으로 모금을 수행하는가에 따라 구분할 수 있다. 우선적으로 공동모금의 대상이 누구인가에 따라 개별형, 단체형, 기업중점형, 특별사업형으로 분류할 수 있다. 그 외에도 대부분의 모금활동 캠페인이 연말연시인 방송, 신문 등 언론의 홍보수행으로 이루어지고 있다. 하지만 현재 법률상에서는 연중모금형과 연말연시 집중형으로 분류할 수 있다.

공동모금회의 모금액은 1998년 설립 이후 매년 지속적으로 증가하여 왔으며, 1999년213억원으로 시작했던 민간 자원의 양이 2016년 5,742억원으로 약 27배 증가했으며 전체민간나눔 자원에서 모금회의 모금액의 비중이 2011년 5.7%에서 2015년 7.2%로 증가하였다. 이렇게 비약적인 성장이 가능했던 이유는 민간자원의 다양성과 안정성을 확보하기 위한 다양한 모금활동이 시도되었기 때문이다.

특히 나눔 문화 및 인식확산과 관련하여 주된 성과는 국민들의 나눔 문화 확산과 개인고액기부문화 형성이라고 할 수 있다. 특히 아너소사이어티 프로그램 등을 통한 기부문화는 상당한 성과다 (복지넷 www.bokil.net, 2020)

아직까지 우리나라의 경우 대기업에 의한 기부금액이 큰 비중을 차지하고 있는 실정이다. 선진국에 비해 우리나라의 경우, 전 국민의 자발적 기부문화의 형성이 아직 미진한 편이다. 장기적으로 효과적인 모금방법과 지속적인 홍보활동으로 인해 전 국민의 자발적인 참여와 기부문화 확산을 위한 포괄적인 인프라 구축이 중요한 과제이다.

특히 희망이웃돕기캠페인을 통한 연말집중모금(매년 12. 1일~다음해 1. 31일)은 방송, ARS, 지로, 신문, 사랑의 계좌모금 등 집중모금을 통해 실시되고 있다. 연중모금은 기업모금 · 직장모금 · 인터넷모금 등 다양한 방법을 통하여 이루어지고 있다.

연중모금형에는 가정방문형, 길거리 가두모금형, 월급 자동공모제모금(Payroll Deduction), 사업장중심모금형, 은행지로용지를 활용한 모금형태 등이 수행되고 있다.

〈표 11-3〉 **공동모금의 장 · 단점**

분류	개별형	단체형	기업중점형	특별사업형
장점	모든 주민의 호기심과 참여 가능	많은 기부금을 보다 쉽게 모금이 가능	노력과 시간의 효율성: 일시적으로 많은 금액 모금가능	기부자에게 관심을 제공하므로 호응도 및 홍보효과가 높음
단점	시간과 경비소요의 낭비	많은 주민의 참여가 불가능	어느 정도 강제성을 지님	안정적인 모금 확보의 어려움. 사치와 낭비성향, 주민의 호기심을 끌기위한 프로그램 개발이 어렵다.

출처: 양성란, 주익수, 박성진, 김동환, 김주성(2013).

〈표 11-4〉 **공동모금회의 네 가지 사업유형별 특징**

사업유형	핵심내용
성과확산형 사업	지원과 보장을 2년 이상 받는 다년도 사업으로서 사업참여자의 변화추구와 확장된 지역사회에 파급력(Impact)과 영향을 주는 것을 목표로 함
기본형 사업	기획과 내용이 사업프로그램 성격을 지니며, 성과목표를 달성함으로써 사업참여 당사자 및 가족의 변화추구와 때에 따라서 네트워크 구축 등, 지역사회 변화의 기반을 다짐
단순형 사업	신청기관의 자유로운 아이디어 기획이나 제안에 따른 내용이라기보다는 현재 확인되고 공유된 애로사항을 해결하는데 때때로 지원이 요구됨
기능보강 사업	개보수, 자동차 구매 및 장비보강 등과 같이 현재의 문제를 해결하는 등 기능보강을 통해 의미 있는 사업을 점차로 실행하고자 함

출처 : 김진우, 이지수, 오양래, 윤덕찬, 이보라, 이아영(2017).

(3) 공동모금 배분사업의 목표

가. 배분사업의 핵심

배분사업에서 가장 중요한 것은 배분의 합리성, 공정성, 효과성의 원칙이 핵심으로서 달성가능한 제도적 틀을 확립하고 발전하는 데 있다고 볼 수 있다(사회복지공동모금회, 2016).

나. 배분사업의 핵심기준

① **도입기**(1999~2000년): 배분의 목표는 공정성이었다. 정부나 지자체 편의대로 배분되는 것을 방지하고 배분분과위원회 내의 알맞은 인적 구성원을 구축한다. 심사절차의 공정성에 있어서 신뢰로운 심의 및 결정구조의 확립이 중요하였다.

② **성장기**(2001~2005년): 도입기에 확립된 신뢰성을 기반으로 배분의 목표는 합리성이었다. 새로운 복지주체의 발굴 및 역량강화로 기획사업을 활성화시킨다. 핵심 분야의 지원계획과 복지사각지대의 발굴과 문제 해결로 시민사회단체 등 각종 복지실천주체 및 미신고시설에 대한 지원 형태 확립으로 이어졌다.

③ **정착기**(2006~2010): 공동모금회의 초기와 성장기에 추구되었던 공정성과 합리성을 기반으로 한다. 최대한의 투입효과를 달성하고자 하는 배분사업의 효과성 제고가 기대되고 있다.

④ 재도약기(2011~2017): 초기 2014년에 '송파 세모녀 동반 자살사건'이 발생하면서 시급한 사회문제를 선제적 대응에 매진하게 되었다. 위기가정지원센터를 설치하여 생계, 주거, 의료비 등을 즉시 지원받을 수 있도록 하였다(복지넷, 2020).

다. 배분사업의 과제

기획사업, 신청사업, 긴급지원사업, 지정기탁사업으로 구분된다.

① 기획사업

• 제안기획: 사회복지현장의 제안에 의하여 사회복지프로그램의 제도화 및 모델화를

목적으로 수시로 신청하는 사업

- 테마기획: 사업의 성격과 공동모금회의 기획주제를 초점으로 즉, 지원사업주체와 사업규모, 대상, 신청 및 지원절차 등을 별도로 지정하는 사업

② 신청사업

공동모금회의 공고에 따라 지역사회의 시설, 개별사회복지기관에서 사업을 신청할 경우, 자유규제 공모형태로서 지회를 중심으로 이루어지는 사업이다.

③ 긴급지원 활동사업

재난, 긴급구호 및 사회복지 영역의 긴급지원이 필요한 사업으로서 「사회복지공동모금회법」 제25조에 의거하여 재난재해구호사업과 개인긴급지원사업이 있다. 다만 긴급지원은 개인신청은 받지 않고, 사회복지전담공무원, 사회복지기관 등 공공기관을 통하여 신청하여야만 한다.

라. 배분사업 영역

① 프로그램 기능 운영 및 보강
② 배분과정: 배분공고, 배분신청서 접수와 심사, 배분통보, 사업실행, 사업결과보고서 제출 및 평가
③ 배분사업의 효과성

첫째, 배분사업을 추진하는 내부적인 조직과 절차의 합리성이 적극 제고되어야 한다.

둘째, 배분사업의 목표로서 배분효과성이 배분사업의 성격과 내용에 따라 명확하게 정의되어야 한다. 전문적인 도구를 개발하고 훈련된 전문평가 팀에 의한 평가가 이루어져야 한다.

셋째, 건전한 기부문화의 대외적인 정착과 공동모금회를 전적으로 신뢰하고 배분을 맡길 수 있도록 사회적인 홍보 및 정책의지의 표명이 필요하다.

넷째, 사업수행능력의 증진을 위해 배분대상기관의 지원방안이 구축되어야 한다.

(4) 배분방법

전반적으로 지역공동모금회가 마련한 기금만으로는 지역사회욕구의 다양한 복지를 만족하기에는 늘 부족하다. 효과적, 효율적으로 분배하는 것이 무엇보다 중요하다. 지역공동모금제도가 우선순위계획(Priority Planning)에 따라 실천하는 배분의 형태는 '기관 배분형', '문제 및 프로그램 배분형', '혼합형'으로 크게 구분할 수 있다(강철희, 정무성, 2006).

〈표 11-5〉 **기금 배분방법**

구분	지역 중심형	기관 중심형	프로그램 중심형
장점	지역복지의 확대와 지역사회 사이의 형평성	지역사회 사이의 불균형 초래	특정한 대상에 관련된 배분
단점	전국규모의 사업 실천불가능	특정 대상에 관련된 배분의 지속성	지역사회별로 형평성 없는 배분
특성	지역사회복지의 향상을 위한 사업에 배분	기관 및 사회복지시설 대상 배분	특정한 문제 해결에 관련된 프로그램 실천에 대한 배분
채택한 나라	일본		

출처: 보건복지부, 고수현(2013).

7) 우리나라의 사회복지공동모금회

우리나라의 사회복지공동모금회의 구성은 명예회장, 회장, 이사회, 분과실행위원회, 사무국(사무총장, 기회관리본부, 사업본부) 등의 중앙조직으로 이루어져 있다. 사회복지공동모금회의 대표적인 세 가지 주요 기능으로는 기획과 홍보, 모금, 배분이다. 「사회복지공동모금회법」 제13조에 기획 · 홍보분과 실행위원회, 모금분과 실행위원회, 배분분과 실행위원회를 운영하도록 구성되어 있다. 사회복지공동모금회 조직도를 기반으로 팀별 주요업무는 아래와 같다.

〈표 11-6〉 **팀별 주요업무**

분류	주요업무
경영기획	경영제도 및 정책기획, 대외협력, 나눔정보 연구센터 운영
총무회계	총무, 자금운영 및 회계, 결산, 인사관리
홍보	홍보, 행사기획, 대언론, 광고, 사이버, 이벤트 홍보 및 홍보물 제작
감사 TF	감사기획 및 관리
자원개발	기업 및 개인모금, 이벤트,, 방송 모금, 기부자 및 자원봉사 관리
전략사업	전략사업 개발 및 지정기탁사업 관리
배분	테마제안 기획사업, 복권기금사업, 긴급지원사업, 배분 및 사후관리
현물기부 TF	현물기부 기획 및 전담조직 설치 준비

출처: 강철희, 정무성(2006).

8) 사회복지공동모금회의 활성화 실천과제

사회복지공동모금회는 지역주민의 문제 해결 및 예방적 차원의 기회를 주는 등 지역사회복지 향상을 조성하는 지역사회의 중요한 역할을 수행하는 기관이다.

예로, 공동모금회에서 생활시설 등 시설거주민의 문제 해결에 요구되는 프로그램 예산을 지원하므로 공동모금회와 우호적 관계를 유지하고자 하는 성향이 형성될 수 있기 때문이다. 따라서 공동모금회의 배분방식은 권위적인 경향성을 견지하고 중립적, 객관적 입장을 고수하여야만 한다(박태영, 2007).

(1) 전문적 지식과 기술을 지닌 인력의 보강

공동모금조직 안에서 헌신적이고 전문적인 능력을 지닌 사무국장은 사업 확보에 필수적이다. 예를 들어, 사회복지공동모금회 팀 조직 중에 인구 100만 명당 5~6명 이상의 직원이 맡아서 운영해야 한다. 또한 업무의 효율성을 향상하는 데 있어서 공동모금지회 하부체계로 도별 내 지역지부를 두는 것이 바람직하다. 중요한 점은 직원들에게 전문적인 능력을 유지하고 강화되도록 적절한 교육프로그램을 갖추어야 한다(김만호, 2009).

(2) 지회와 중앙 간 역할정립

단독법인으로서 1998년도 지역사회복지공동모금회가 세워졌다. 시행 전 「사회복지공동모금회법」이 1999년도에 중앙사회복지공동모금회의 지회로 변경되었다. 이후에 중앙과 지회 사이의 명확한 역할 중복이 되어 문제가 되고 있는 실정이다. 구체적으로 중앙과 지회 간 명확한 역할의 구분이 필요하다. 중앙사회복지공동모금회는 중점사업이 기획, 홍보, 연구, 개발, 교육, 조정, 연수 등과 같은 지원 사업을 실천한다. 실질적인 사업의 중심인 모금 및 배분은 지회가 실천해야 효율적일 것이다.

(3) 위원회와 이사회 간의 역할분담

「사회복지공동모금회법」에 공동모금회의 운영에 있어서 사무국과 최고의사결정기구인 위원회와 이사회가 중심이 되어 역할을 수행해야 함이 제시되어 있다. 실제적으로는 형식적 수준의 역할에 그치고 있다. 따라서 조직체계 내 위원회 각각의 위원들과 이사회의 이사들은 헌신성과 책임감을 지닌 본연의 역할수행을 모색해야 한다.

(4) 투명한 공동모금의 배분

기획사업의 경우라면 선정에서 배분까지 지역주민과 관련 전문가들 간 의견수렴과 이해의 실천과정을 통하여 공정함에 대한 신뢰감을 얻어야 한다(김수정, 이순배, 2015).

(5) 공동프로그램의 특성화

지역사회복지공동모금회의 특성상 지역주민의 적극적인 참여정도가 중요하다. 특히 모금프로그램이 지역사회를 대변할 수 있도록 개발되어야 할 것이다. 사회복지공동모금이 일정기간 동안만 모금을 실시하기보다는 기부의식 및 참여 동기를 기반으로 연중 내내 모금활동이 유지되는 방안을 모색해야 한다.

(6) 자원봉사자의 인력자원 활용

자원봉사자의 주체적인 참여와 지역주민의 협조는 중요하다. 사회복지 공동모금이 더욱 활성화되기 위해서는 자원봉사자 자원을 활용한다. 연말 집중모금행사를 할 수도 있고, 참여자 또는 기부자로서 행동할 가능성이 있다. 그 외에도 지속적으로 신규자원봉사자를 확보하고 자원을 강화하는 열정이 요구된다.

9) 지역공동모금회의 조직구조

공동모금회의 자체구조적 측면에서 전국적인 조직이 있는 경우와 전국적인 조직이 없는 경우가 있다.

(1) 대정부 관계 측면

대정부기관과의 관계, 승인, 허가와 같은 통제 수준에 맞추어 자율형, 정부주도형으로 분류된다. 즉, 공동모금회 지도자들은 중앙정부 및 지방정부 기관과의 관계, 허가 및 승인 등 통제수준에 발맞추어 자율형, 정부주도형으로 분류되고 있다. 각각의 기능과 장·단점은 아래와 같다(김형수 외, 2010).

〈표 11-7〉 공동모금회와 정부기관의 관계 유형

유형구분	정부기관 주도형	자율형
정부의 기능	• 모금회의 감독 및 운영 • 모금활동의 허가 · 승인 • 재정자원 지원, 세제혜택	• 공동모금회 설립 및 등록에 관한 세제혜택
공동모금회의 기능	• 보완적 차원의 공공복지 기대	• 모금, 운영 및 배분
장점	• 능률성, 효과성 기대	• 최대한의 자율성 확대
단점	• 자발적인 주민참여와 민간활동 미흡	• 포괄적이고 대규모의 프로그램 지원의 불가능
채택국가	• 대만, 필리핀, 일본, 자메이카 등	• 한국, 미국, 캐나다, 영국, 호주, 싱가포르, 인도, 벨기에

출처: 한국사회복지사협회(2005).

(2) 사회복지시설의 개별모금

우리나라는 공동모금제도를 실시하고 있다. 하지만 사회복지시설의 후원금은 「기부금품 모집규제법」이나 「공동모금 관련법」과는 관련이 없다. 예로, 개별모금단체, 종교단체는 후원금을 모을 수 있다. 모금이 필요할 경우 사회복지공동모금회와는 별도로 기부금품의 모집 및 사용에 관한 법률에 의거하여 허가를 받으면 모금을 할 수 있는 상황이다(고수현, 2013).

현실적으로 사회복지시설에서 자체적으로 후원금을 활용하는 것을 예방하고 시설운영의 투명성을 기반으로 삼기 위해 개별모금을 통한 후원금 사용비율이 규정되어 있다.

(3) 후원금의 관리법규 '사회복지법인 재무회계규칙' 제4장의 2

가. **후원금**: 금품 및 기타의 자산을 어떠한 보상을 원하지 않고 무상으로 받는다.

나. **수령인**: 법인의 대표이사 또는 시설의 장

다. 후원금 전용계좌 개설

라. **후원자에게 즉시 영수증 교부**: 후원금을 수령할 경우, 체신관서나 금융기관의 계좌를 통해 입금을 통해 받은 경우는 제외한다. 일련번호가 기재된 시장 · 군수 · 구청장이 부여한 후원금영수증(동규칙 별지 제35호 서식)을 바로 후원자에게 교부한다.

마. **후원금 활용처**: 후원자가 지목한 용도

바. 후원금 관리와 수입 · 지출의 투명성 유지(세입 · 세출 예산에 편성)

사. **보고**: 시장 · 군수 · 구청장에게 후원금 수입 및 사용결과보고서를 매 반기 종료 후 10일 이내에 제출한다.

아. 후원금의 지정 용도외 활용을 금한다.

자. 후원금을 명확히 공개한다.

차. 후원금의 수입과 지출은 세입 및 세출 예산에 편성하여 활용되어야 한다.

카. 후원금의 수입을 비롯한 활용 내역을 통보한다.

타. **후원금활용**:

① 총 후원금의 정해진 범위 안에서 모금홍보를 비롯한 사후관리 비용으로 사용이 가능하다.

② 후원금은 후원자가 지정하는 용도로 사용한다.

③ 비지정 후원금은 시설운영비로 활용가능하다. 단, 간접비 집행은 50%를 넘으면 안 된다. 구체적으로 시설장 등 임직원 판공비, 정보비(직책보조비 포함)나 별도 기금 설치 운영, 법인회계전출금, 부채상환금, 기타지출, 예비비, 타 법인이나 시설 지원에 사용불가

④ 후원금 모집을 위한 운영비, 회의비는 업무 추진비 중 비지정후원금의 15% 이내에서 활용가능

〈표 11-8〉 **비지정후원금 사용을 위한 시설운영비의 구분: 시설회계 세출예산과목 구분**

과목		직접비	간접비	비고
관	항	목		
사무비	인건비	• 급여 · 상여금 • 일용잡금 · 제수당 • 퇴직금 및 퇴직적립금 • 사회보험부담비 • 기타후생경비		
	업무추진비		• 기관운영비 • 직책보조비 • 회의비	사용불가(다만,15% 이내에서 후원금 모집을 위한 회의비, 운영비로 사용가능)
	운영비	• 공공요금 • 차량비	• 여비 • 수용비 및 수수료 • 제세공과금 • 기타운영비	
재산 조성비	시설비	• 시설개보수비	• 시설비 • 자산취득비 • 시설장비유지비	자산취득비는 토지, 건물을 제외한 시설 운영에 필요한 집기, 장비 등 구입 가능

과목		직접비	간접비	비고
관	항	목		
사업비	운영비	• 생계비 · 직업재활비 • 수용기관경비 · 자활사업비 • 피복비 · 특별급식비 • 의료비 · 연료비 • 장의비		
	교육비	• 수업료 · 학습지원비 • 학용품비 · 수학여행비 • 도서구입비 · 교복비 • 교통비 · 이미용비 • 급식비 · 기타 교육비		
	사업비	사업비		
전출비	전출금		• 법인회계전출금	사용불가
과년도 지출	• 과년도 지출		• 과년도 지출	
상환금	• 부채 상환금		• 원금상환금, 이자지불금	사용불가
잡지출	• 잡지출		• 잡지출	사용불가
예비비	• 예비비		• 예비비	사용불가

출처: 보건복지부, 고수현(2013).

10) 지방복지재단

(1) 지방정부 복지재단의 설립 배경

민간과 공동출연을 통해서 복지재단 설립도 가능하다. '서울시 복지재단 설립 및 운영 조례 제13조(운영재원 등)에 의하면 "재단의 시설 · 운영 및 사업수행에 필요한 재원은 시의 출연금 · 기금운용과 관련된 이자수익금재단의 사업수익금 및 그 밖의 수익금으로 한다."고 규정되어 있다(고수현, 2013).

지방자치제가 실시 된 이후 지역주민들의 욕구가 확대되었다. 이에 현실적으로 지방정부 복지재단은 시설 및 사회복지기관 등에서의 근무자들이 늘어나고 있는 형편이다. 지방정부가 지역주민들에게 공공부문이 아닌 민간차원으로 접근하여 복합적인 서비스를 지원하는 곳이다. 이는 지역사회복지의 추진체계로서 사회복지기관 및 관련 단체와 종사자 처우와 관련된다. 학계를 포함한 실천현장을 중심으로 설립의 중요성이 대두되어 설치되었다고 볼 수 있다.

지방정부 복지재단의 연혁은 처음으로 서울시복지재단이 2004년 1월에 설립되었다. 이후 2005년 중앙정부의 사회복지서비스 사업이 지방정부로 이양되면서 사회복지서비스를 수행하는 지방자치단체의 역할이 확대되었다. 이에 따라서 2007년 11월 지방에서도 경기도복지재단이 설립되었다. 이어서 대전시, 부산시, 경상북도 등 광역자치단체 및 기초자치단체에서도 지방정부의 재정출연을 통해 복지재단을 운영하였다. 단지 일부광역시·도와 광역자치단체에서도 재단설립을 논의하고 있는 상황이어서 복지재단의 설립은 꾸준히 설립될 것으로 보인다.

(2) 지방정부 복지재단의 주요사업

"이 조례는 시민의 다양한 복지수요에 부응하고 복지서비스의 전문성을 증진하여 시민에게 내실 있는 사회복지서비스를 제공하기 위하여 재단법인 ○○○시복지재단을 설립·운영하는 데 필요한 사항을 규정함을 목적으로 한다."고 지방정부가 출연하는 복지재단은 지방정부에서 제정한 개별조례에서 선언적으로 규정하고 있다. 복지재단의 사업을 수행하고 있는 서울시복지재단의 경우는 아래와 같다.

가. 복지프로그램의 개발 및 보급
나. 복지시설 간 연계, 교류 및 민간과의 협력기관
다. 복지시설의 교부금 교부기준 마련 및 교부액의 심사
라. 복지시설에 대한 운영 및 서비스 평가
마. 복지시설 회계절차 개선 및 회계 관리 프로그램 개발·보급
바. 복지시설 봉사자 교육
사. 복지 분야에 대한 조사·연구

아. 복지시설을 설치 운영하고자 하는 자에 대한 상담 · 자문서비스

자. 복지 분야에 대한 조사연구

차. 장애인 전환서비스

카. 그 외 법인의 목적 달성에 필요한 사업

(3) 지방정부 복지재단의 운영과제

한국형 노블리스 오브리주 문화를 정착시킨 '아너 소사이어티'[2](Honor Society)이다. 2007년 12월에 설립된 아너 소사이어티는 2010년 1월 첫 모임을 가졌고 현재 1,534명의 구성원을 확보하며 비약적인 성장을 거두고 있는 공동모금회의 대표적인 모금사업이다(김윤민, 김교성, 2018). 한편, 그동안 지방의 복지 사무조직 또는 민간사회복지 시설들은 상의 하달식이고 수직적인 복지전달체계를 나타내고 있다. 일찍이 전문성이 부족한 복지담당 공무원들이 지역사회주민의 특수한 복지욕구를 수용하지 못하는 점은 학계에서 꾸준히 지적되어 왔다. 민간사회복지 시설의 입장에서도 경험적 지식과 복지전문지식을 갖추지 못한 인력이 사명감을 지니고 업무추진을 하지 못할 수 있다. 이에 당초의 목적을 달성하지 못하고 지방정부는 사회복지의 공적 책임을 회피하는 수단이 될 수 있다.

결론적으로 지방정부가 운영하는 복지재단은 민선자치단체장이나 의회로부터 독립적인 인력과 조직으로 구성되어야 한다. 민간복지 시설 및 지방정부 복지행정조직과의 수평적, 협력적인 네트워크를 구축하여 운영해야 한다(노혜진 외, 2015).

2) 1984년 시작된 미국의 고액기부자모임인 토크빌 소사이어티(Tocqueville Society)를 벤치마킹하여, 한국형 노블리스 오브리주 문화를 정착시킨 것이 바로 '아너소사이어티'(Honor Society)이다.

주요내용

사회복지공동모금회

- 개념: 기부문화의 정착 및 확산, 배분사업을 통한 민간복지의 발전을 위해 「사회복지공동모금회법」에 의해 설립된 법정 민간모금 · 배분 전문기관
- 의의
  ① 민간재원에 의한 공공재원의 보완
  ② 지역사회의 참여를 통한 사회적 책임 공유
  ③ 모금의 조직화에 의한 기부자 부담의 중복성 해소
  ④ 민간부문의 자율성 확대
  ⑤ 민간주도적 모금으로의 전환에 기여
  ⑥ 민간부문의 복지에 대한 역할 재설정
- 구성: 기획, 홍보, 모금, 배분을 위한 4개 분과실행위원회, 시 · 도 단위 지회
- 사업
  ① 사회복지공동모금사업
  ② 공동모금재원의 배분
  ③ 공동모금재원의 운용 및 관리
  ④ 사회복지공동모금에 관한 조사 · 연구 · 홍보 및 교육훈련
  ⑤ 지회의 운영
  ⑥ 사회복지공동모금과 관련된 국제교류 및 협력증진사업
  ⑦ 다른 기부금품모집자와의 협력사업
  ⑧ 기타 모금회의 목적달성에 필요한 사업

CHAPTER 12 자원봉사센터

학/습/목/표

1. 자원봉사센터의 개념과 필요성을 이해한다.
2. 자원봉사센터의 기능과 역할을 이해한다.
3. 자원봉사센터의 분류와 현황에 대해 알아본다.
4. 자원봉사센터의 실천과제와 발전방향에 대해 검토해 본다.

1. 자원봉사센터의 개념 및 필요성

1) 자원봉사센터의 개념

자원봉사란 무엇일까? 자원봉사는 라틴어 'Voluntas(자유 의지)'라는 단어에서 유래되었으며, 자원봉사는 자원(Volunteer)과 봉사(Service)의 합성어이다. 한자로는 '自: 자기 스스로, 願: 원하여, 奉: 받들고, 仕: 섬긴다, 살피다 '는 것이다. 즉, 자원봉사자로써 자원봉사 활동은 어려움에 처한 자 또는 일의 도움을 필요로 하는 이웃을 돕는 것이 아니라 받들고, 살피고, 섬긴다는 것이다.

자원봉사자의 역할과 의미는 시대 상황에 따라 변화하면서, 과거에는 주로 어려운 이웃을 섬기고 돕는 행위로 자원봉사를 이해해 왔지만, 오늘날에는 돌봄과 연대의 정신, 자아성찰, 초 · 중 · 고등학교 인격성형의 현장, 대학생의 동아리 활동 등 교육의 한 부분으로써 다양한 계층의 사회복지 사각지대 현장 및 사회 문제를 해결하는 활동으로 이해한다.

이렇게 확대된 의미로 자원봉사는 지역사회 문제나 국가의 공익사업에 자발적으로 참여해 공동체 문제를 함께 해결하는 활동이 된다. 그리고 이를 통해 다른 사람을 돕고자 하는 자아성찰과 욕구를 충족하면서 삶의 의미를 찾고 자아실현을 할 수도 있다. 자원봉사는 어느 특정한 개인의 이익이 아닌 공익을 위한 활동이며, 조직적이고 지속적인 활동이라고 규정한다.

자원봉사센터의 운영방식은 직접운영 또는 비영리법인을 통해서 위탁하거나 법인형태로 하여서 시, 군, 구 직접운영이 가능하다. 또한, 전국중앙자원봉사센터(현, 한국자원봉사센터협회)는 2011년부터는 자원봉사통합 포털(www.1365.go.kr)을 개설 운영하여 전국적으로 사회복지봉사활동인증시스템(VMS: Volunteer Management System)을 비롯한 공공 또는 민간부문의 자원봉사활동을 파악하고 연계하여 자원봉사 실적 시간인증을 전산화하고 있다.

엘리스와 노이에스는 시기나 장소에 따라 다양하게 사용되고 있는 자원봉사의 개념을 명확하게 하기 위해 자원봉사활동의 구성요소로 다음과 같이 네 가지를 제시하고 있다(Eills & Noyes, 1990, 재인용).

첫째, 자발적 선택(Voluntary Choice)이어야 한다.
둘째, 사회적 책임(Social Responsibility)이어야 한다.
셋째, 경제적 이익을 추구하지 않아야 한다(Without Monetary Profit).
넷째, 기본적 의무를 초월하는 것(Beyond Basic Obligations)이다.

여기에서 기본적 의무란 가족을 돌보거나 투표를 하거나 직업을 갖는 것과 같이 시민으로서 책임을 말하는 것이다. 자원봉사활동은 이러한 기본적 의무를 초월한 인간의 기본적 욕구이며 자연스러운 행위임을 강조한다.

이와 같이 현대지역사회의 자원봉사의 개념은 전통적으로 강조해 온 자발성, 무급성, 헌신성, 공익성 등의 사회복지 영역 위주의 개념을 벗어나 민간기관뿐 아니라 공공기관, 자조집단 등을 포함시킬 것인가의 문제도 있으나 필요하다면 최소한의 경비를 지원받을 수 있다는 관점까지를 제시하고 있다(김형수 외, 2010).

2) 자원봉사센터의 필요성

기업뿐만 아니라 자원봉사 현장에서는 자원봉사자의 심리적 계약의 위반이 발생하면 더욱 더 신뢰에 부정적인 영향을 미칠 것으로 예상된다. 왜냐하면, 자원봉사는 명령이나 보상에 의하여 발생하는 활동이 아니라 개인의 자발적인 행동으로서 관계적 성격이 강하기 때문이다(Rousseau & Park, 1993). 심리적 계약은 자원봉사자의 이타적 행동과 일치하는 규범적 혹은 인정적 전제에서 발생하는 관계적 특성이 강하다(Pearce, 1993). 자원봉사자는 클라이언트에 대한 이타적 관심, 자원봉사기관에 대한 애정과 존경, 자원봉사자들과의 네트워크나 우정 등의 상호 지지적 관계를 중요시하기 때문에 심리적 계약이 위반된다면 신뢰와 같은 관계적 요소의 감소가 나타날 수 있음을 짐작케 한다(우정자, 2016).

자원봉사활동의 필요성은 개인 및 사회적으로 볼 때, 자원봉사활동을 적절히 통합하고, 운영하고, 효과적으로 활용하기 위한 자원봉사센터 운영에 의한 필요성이 강조되었다. 또한 자원봉사의 전문화, 체계화, 정보화, 그리고 활성화에 기여할 수 있도록, 자원봉사자의 모집, 교육, 그리고 재치 등의 업무를 담당할 수 있는 업무부서의 필요성에 따라 자원봉센터가 설치 · 운영되고 있다. 따라서 자원봉사센터는 지역사회주민의 자발적 참여를 통하여 자원봉사자가 어디서, 무엇을, 어떻게 할 것인지에 대한 지역사회의 정보수집과 자원이 신속하게 소통될 수 있도록 매개체 역할을 수행해야 한다(김현호 외, 2011).

2. 자원봉사센터의 목적

자원봉사자 자신의 삶에 도움이 되고자 하는 이기적 동기에 타인을 위해 이타적 동기에 의해서 수행되기도 하며, 직업을 탐색하거나 새로운 경험을 확대하는 측면에서 자원봉사를 하는 사람도 많다. 어떤 동기에서건 자원봉사활동은 한 개인의 입장에서는 자신의 사회적 존재를 자각하고 타인에게 또는 타인과 더불어 봉사하는 경험을 가짐으로써 인격 성장과 잠재능력을 실현할 기회를 갖게 됨은 물론 이를 통해 자신의 삶을 보다 성숙하고 풍요롭게 하는 계기가 될 수 있다(김창래, 2016).

3. 자원봉사센터의 기능과 역할

1) 자원봉사센터의 기능

자원봉사센터의 주요 사업의 기능은 ① 자원봉사자 모집 및 홍보활동 강화 ② 자원봉사 조직관리 강화 ③ 자원봉사자 교육 심화 ④ 자원봉사 활동의 다양화 ⑤ 자원봉사 프로그램 개발 운영 ⑥ 자원봉사센터 운영체계 확립 등으로 구별할 수 있다.

자원봉사센터 사업을 효율적으로 수행하는 공통적인 문제점은 ① 전문인력 부족 ② 예산의 문제 ③ 운영주체의 문제 ④ 기능 및 관리 과정 미흡의 문제 ⑤ 지역내 관련 기관과의 연계체계의 부족 등으로 지적되고 있다.

따라서 이러한 짧은 역사를 가진 자원봉사센터의 문제점을 지적하는 것은 시기상조 일 수 있다. 현시점에서 인식할 것은 미국이 촛불재단에서 언급 했듯이 효과적인 '자원봉사센터(An Effective Volunteer Center)는 단 번에 생기는 것이 아니며, 센터의 전략적 계획에 따라, 그리고 센터를 위한 많은 자원봉사자의 노력과 종사자의 노력을 통해 계속 발전되는 것이다.'라는 의미를 되새길 필요가 있다.

또한 미국 촛불재단에서 규정하고 있는 자원활동센터의 기능을 살펴보면 다음과 같다. ① 지역사회 발전기획과 프로그램 개발 ② 모집과 배치 ③ 상담과 교육훈련 ④ 홍보 및 촉진 ⑤ 안전과 보장 ⑥ 자원봉사활동의 정보제공 ⑦ 대변기능이 있다.

2) 자원봉사센터의 역할

자원봉사센터의 주요역할은 자원봉사자들의 요구파악과 모집을 통하여 자원봉사자에 관련된 각종 연구 및 조사, 정보제공, 교육 및 훈련, 기술지원 자원봉사프로그램 개발과 실시 등이다. 자원봉사센터는 지역사회 내에 산발적으로 흩어져 있는 자원봉사활동을 체계적으로 통합하여, 지역사회문제를 보다 효율적으로 해결하기 위한 기관이다. 자원봉사센터의 기능과 역할은 [그림 12-1]과 같이 정리할 수 있다(표갑수, 2012, 재인용).

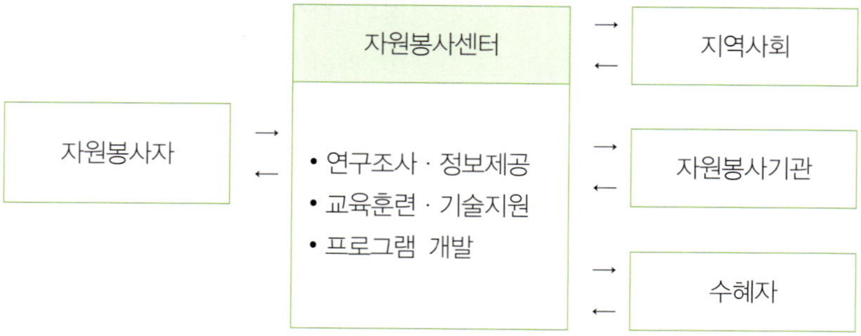

[그림 12-1] **자원봉사센터의 역할**

각 지방정부는 민간의 자원봉사활동이 활발하고 원활하게 수행될 수 있도록 자원봉사센터를 설치하여 운영하고 있다. 1996년부터 각 지방자치 단체 1별로 자원봉사센터를 설치하여 운영하고 있는데, 2018년 기준 중앙자원봉사센터1개소, 광역자원봉사센터17개소, 기초자원봉사센터 228개소가 설치되어 운영되고 있다(행자부 · 한국중앙자원봉사센터, 2018).

「자원봉사활동기본법」에 따르면, 자원봉사센터는 자원봉사활동을 개발하고 장려하며, 관련기관과의 연계 · 협력을 위한 사업을 추진하기 위하여 설치된 기관이나 단체, 법인을 의미한다. 지방정부의 자원봉사센터는 광역센터와 기초센터로 크게 구분되는데, 이는 자원봉사센터와 봉사단체 간의 역할 중복으로 인한 혼란을 방지하기 위해서이다.

서울시 자원봉사센터는 2015년 약 25억 정도의 예산을 편성하여 성장센터, 플랫폼센터, 조직경쟁력강화 등의 사업을 실시하고 있다. 성장 센터는 자치구자원봉사센터의 플랫폼 역할확립, 자원봉사관리자 및 시민리더 역량강화, 자원봉사를 통한 공공서비스 증대 등의 사업을 실시하고 있으며, 플랫폼센터는 온라인 플랫폼운영과 더불어 자원봉사에 대한 홍보, 자원봉사네트워크운영, 자원봉사정책개발연구 등을 담당하고 있다.

서울시 자원봉사센터의 조직경쟁력강화를 위해서는 시민감동혁신경영을 위해 센터가 훌륭한 일터가 되도록 직원 역량강화에 초점을 두고 있다(남궁금순 외, 2016).

피셔와 콜(Fisher and Cole)은 “기존의 연구문헌과 자원봉사 분야에서 실제로 활동하고 있는 전문직업인에 의해서 거론되고 있는 자원봉사관리자들의 업무역할은 다음과 같은 몇 가지로 설명되고 있다”고 아래와 같이 지적하고 있다(양정화 외, 2008).

① 자원봉사자들의 지도자와 봉사활동의 지침의 결정자 역할
② 자원봉사 인사관리자의 역할과 프로그램의 관리자 역할
③ 조직과 조직에서 활동하는 자원봉사자들의 사이의 주요 의사전달자의 역할
④ 자원봉사 프로그램의 지지를 위한 기금 조성자의 역할

4. 자원봉사센터의 분류와 현황

자원봉사센터는 설립주체와 목적에 따라 운영형태에 따라 차이가 있을 수 있으며, 자원봉사활동의 수요와 공급에서의 수요자 중심의 자원봉사센터, 공급자 중심의 자원봉사센터, 그리고 수요와 공급을 적절히 조정하고 자원봉사센터 간의 효율적 연계 역할을 수행하는 조정자 중심의 자원봉사센터로 구분해 볼 수 있다(박해영, 2003, 재인용).

수요자 중심의 자원봉사센터는 자원봉사를 직접 활용하고 있는 사회복지서비스기관으로 종합사회복지관, 재가복지센터, 사회복지 관련 시설, 병원 의료사회사업센터, 상담기관, 시민단체(NGO: Non-Governmental Organization, 환경단체) 등을 들 수 있다. 그리고 공급자 중심의 자원봉사센터는 민간형태의 비사회사업적 영역에서 기관 본연의 목적을 수행하기 위해 자원봉사를 활용하고 있는 기관이다. 종류로는 교육기관(대학교의 자원봉사 동아리, 초·중·고등학교의 사프론 봉사단, 국·내외 사회봉사단), 기업, 종교사회봉사 등이 있으며, 조정자 중심의 자원봉사센터는 공공형태의 자원봉사센터로서 종류에는 ○○시 자원봉사센터, ○○군 자원봉사센터 등이 있다.

1) 지역자원봉사센터

지역자원봉사센터는 '○○군 자원봉사센터'란 명칭으로 행정안전부가 설치·운영하고 있다. 이러한 센터는 「자원봉사활동기본법」 및 지방자치단체 조례에 따라 각 지역 자원봉사자의 수요와 공급을 조정하기 위해 광역시·도 16개소, 시·군·구 232개소가 설치·운

영 되고 있고(2018년 기준 한국자원봉사센터 협회 전국 246개소), 자원봉사센터는 1996년부터 전국 자치단체마다 1개소 설치를 목표로 추진되어 7년에 걸쳐 전국의 시 · 군 · 구에 설치가 완료되었다. 각 지역 자원봉사센터는 자원봉사자 상담, 모집, 훈련, 프로그램 개발, 감독, 그리고 평가에 이르기까지 지역 자원봉사활동의 모든 부분에 관여하면서 지역사회 시민단체와 자원봉사자의 유기적 관계를 형성한다(행정안전부, 2008).

2) 사회복지정보센터

사회복지정보센터는 보건복지부가 설치 · 운영하고 있는 자원봉사센터로 한국사회복지협의회 부설로 만들어졌다. 이 센터는 1978년 5개 지역의 사회봉사안내소로 시작하였으며, 이 시기는 도움의 전화를 통한 자원봉사활동 정보제공의 기능을 하였다(한국여성개발원, 1999). 이후 1991년 가정봉사원 사업의 정착을 위한 기초사업으로 지역복지봉사센터로 설치 · 운영되어 지역사회복지관 내 재가봉사복지센터 설립의 기초를 이루었으며, 1994년에 자원봉사정보안내센터로 명칭을 변경하게 되었다. 그리고 2001년에 와서는 사회복지정보센터로 명칭과 기능이 변경 · 전환되어 자원봉사뿐만 아니라 사회복지분야의 통합된 정보제공 기능도 담당하고 있으며, 11월부터 자원봉사인증관리사업, 현재는 '봉사단별 – 활동성과 사회복지 자원봉사실적 인증관리시스템(VMS: Volunteer Management System) 사이트로 운영하고 있다(이애련 외, 2010, 재인용).

3) 청소년활동진흥센터

1995년 5월 31일 정부의 교육개혁방안에 의해 초 · 중 · 고등학교 학생의 자원봉사활동이 의무화됨에 따라 청소년의 인성과 덕성 및 공동체의식 함양의 목적으로 청소년자원봉사활동을 조직적 · 체계적으로 지원하고자 문화체육관광부의 청소년자원봉사센터가 설치되었다. 이후 2006년 7월 지역사회의 환경 변화와 청소년들의 다양한 욕구에 발맞추어 기존의 청년활동과 정보제공 등을 통하여 청소년활동에 대한 원스톱 서비스(one-stop service)를 제공하기 위해 국가청소년위원회 소속의 청소년활동진흥센터로 확대 · 개편되었다.

이러한 센터는 2004년 2월에 제정된 「청소년활동진흥법」 제7조에 근거하여 중앙 청소년활동진흥센터와 16개 광역시 · 도의 청소년활동진흥센터로 운영되고 있다.

지방청소년진흥센터는 ① 지역 청소년활동의 욕구에 관한 조사 ② 지역 청소년자원봉사활동의 활성화 ③ 청소년수련활동인증제도의 지원 ④ 인증받은 청소년수련활동의 홍보와 지원 ⑤ 청소년활동 프로그램의 개발과 보급 ⑥ 청소년활동에 대한 교육과 홍보 그리고 ⑦ 그 밖에 청소년활동을 위하여 필요한 사업 등의 업무를 수행한다(「청소년활동진흥법」 제7조, 재인용).

4) 여성자원활동센터 및 노인지역 봉사기관

여성자원활동센터는 산발적으로 수행되고 있는 여성자원활동을 지역단위로 통합 · 운영하여 자원봉사를 희망하는 여성이 개인별 또는 단체별로 이용하기 편리하게 하기 위한 목적으로, 1991년 4월 국무총리 지시 제7호 "지역별 여성자원활동센터 설치 · 운영에 관한 지침"에 의거 여성가족부 주관으로 설치되었다. 이후 1992년에 시 · 구청 등의 정부기관이나 여성자원활동단체 및 사회복지협의회의 지역단위사무소, 여성회관, 노동청소년회관 그리고 지역복지관 등 각종 공공복지시설 내에 개소되어 현재에 이르고 있다.

이러한 센터의 기능은 여성뿐만 아니라 노인지역봉사기관으로 연결되어짐에 따라 「노인복지법」에 따라서 지원되고 있는데, 「노인복지법」 제23조 2항에 의하면 국가 또는 지방자치단체는 노인의 지역봉사 활동 및 취업의 활성화를 기하기 위하여 노인지역봉사기관, 노인취업알선기관 등 노인복지관계기관에 대하여 필요한 지원을 할 수 있다.

현행 「노인복지법」은 65세 이상 노인의 경우 일반 자원봉사자 외 다른 처우를 하도록 규정하고 있다. 노인이 지역봉사를 희망하는 경우 "지역사회봉사지도원"으로 위촉하는 것이다. 주요업무로서는 국가 또는 지방자치단체 업무 중 민원 상담과 조언, 도로 교통정리, 주정 차 단속보조, 자연보호 또는 환경침해단속보조, 청소년 선도, 전통문화 전수교육, 문화재 보호 및 안내, 노인교통안전예방교육 등이 있다.

5) 주민행정복지센터 산하 자생 및 자원봉사 단체

지역사회행정 조직 기반의 중추적 역할을 하고 있는 자생 및 자원봉사단체는 주민자치위원회, 통장협의회, 방위협의회, 복지만두레, 새마을부녀회, 새마을문고, 바르게살기위원회, 자녀안심협의회, 여성/남성자율방범대, 자원봉사회, 자유총연맹, 지역사회보장협의체 등으로 구성되어 있고, 이러한 주민행정복지센터 산하 자생 및 자원봉사단체에 대해서 역할과 업무를 소개하고자 한다.

(1) 주민자치위원회

주민행정복지센터의 시설 등 설치 및 운영, 주민의 문화 · 복지 · 편익증진, 주민의 자치활동 강화, 지역공동체 형성에 관한 사항 심의 · 의결 등을 통하여 주민자치센터의 전체적 정책방향을 총괄 지원한다. 주관업무 및 행사로서는 마을축제(음악회), 마을신문 발간, 마을 학교운영, 생활미술, 노래교실, 댄스교실, 기타교실, 풍물교실, 한학교실 등이다.

(2) 통장협의회

통장협의회는 상호 간 유대 강화로 통장 자질 향상 및 발전 도모, 구정을 주민에게 전달하며 동행정을 효율적으로 보조 지원 역할을 하며, 주민행정복지센터를 비롯한 타 단체와 협조하여 주민의 의견수렴 및 주민편익증진 역할 수행을 지원한다. 주관 업무 및 행사로서는 민방위대운영, 마을청소, 환경정비 및 환경순찰, 복지자원 관리(일명: 복지통장) 등이 있다.

(3) 방위협의회

「예비군법」 및 예비군시행령에 의거 설치 · 운영되는 단체로 의장은 동장이며, 예비군 육성지원 제반사항을 심의하고 회원 상호 간 친목 도모의 역할을 수행 지원한다. 주관 업무 및 행사로서는 지역전역예비군훈련 및 관리 등이 있다.

(4) 복지만두레

지역사회 내 복지관련 각종 정보수집 · 분석 등을 통한 주민 복지증진방안 모색 및 주민행정복지센터의 복지사각지대를 네트워크를 통하여 저소득 취약계층 보호, 위기상황에 처한 자에 대한 효율적인 지원방안을 모색한다. 주관업무 및 행사로서는 밑반찬 전달, 이 · 미용 봉사, 저장강박증을 앓고 있는 지역주민을 대상으로 쓰레기 청소 및 집수리 등을 지원하고 있다(대전지역에서 실천하고 있으며, 타지역에서 벤치마킹하여 '복지협의체'로 운영되고 있음).

(5) 새마을부녀회

새마을정신의 생활화로 건전한 가정의 육성과 지역사회발전에 기여를 통한 나눔 실천 지원방안을 모색한다. 주관업무 및 행사로서는 지역 봉사활동 및 불우이웃돕기, 밑반찬봉사, 각종 바자회(재활용품 벼룩시장), 사랑의 김치 만들기 등이 있다.

(6) 새마을문고

새마을 문고를 설치 · 육성하여 지역주민의 정서 순화와 새마을 정신의 계발을 촉진하고 독서를 통한 지식 보급으로 지역주민의 경제적, 사회적, 문화적 자질향상에 기여한다.

주관업무 및 행사로서는 무료도서 대여 등이 있다.

(7) 바르게살기위원회

진실, 질서, 화합의 이념 아래 자율적이고 능동적인 바르게살기 운동 실천을 통한 지역주민의식의 함양과 지역사회 발전에 기여한다. 주관업무 및 행사로서는 태극기 달기 및 불우이웃돕기, 질서캠페인 등이 있다.

(8) 자녀안심협의회

청소년들의 범죄와 유해환경으로부터 보호하여 청정한 학교 만들기 사회환경 조성 운동 및 범죄예방 선도, 보호활동에 기여한다. 주관업무 및 행사로서는 학교주변 야간 순찰 등이 있다.

(9) 여성 · 남성 자율방범대

여성 · 남성으로 구분되어 관할 지구대 및 치안센터와 상호 협력하여 방범활동을 통하여 취약지역에 대한 범죄예방과 기초질서 계도 활동 등 경찰업무를 협조, 지원한다. 주관업무 및 행사로서는 범죄예방과 순찰 및 범죄신고, 야간방범순찰, 청소년 선도 및 보호활동, 교통 및 기초질서 계도 등이 있다(마을마다 있고, 중앙조직이다).

(10) 자유총연맹

자유민주주의 역량 강화를 위한 주민운동 전개, 시민의식 제고를 위한 교육사업 및 홍보사업, 관련단체와 협력사업 등을 지원한다. 주관업무 및 행사로서는 공원 환경정리, 국기보급운동(국기무료 나누어주기) 등이 있다.

(11) 자원봉사회

지역 내 자원봉사활동 정착 및 활성화를 위한 선도적 역할수행, 월1회 이상 정기적이고 지속적인 자체 자원봉사활동 등을 지원한다. 주관업무 및 행사로서는 복지관 배식봉사, 경로당 청소지원 등이 있다.

(12) 지역사회보장협의체

주민 참여와 협의로 지역사회 안전망을 구축하여 복지사각지대를 네트워크를 통해서 해결하고, 복지대상자에 대한 상시 보호체계를 강화하고 있으며, '복지만두레'(대전 지역에서만 사용)와 유사성격을 가지고 있지만 상위단체이며, 조례에 의한 법정복지단체로서 복지관련 분야 정책을 결정한다. 주관업무 및 행사로서는 복지사각지대 네트워크 형성을 통한 지원 등이 있다.

5. 자원봉사센터의 실천과제

현대 사회의 복잡하고 다양한 문제 및 사회경제적 구조계층의 대립화되는 문제들로 인해 그 중에서 지역사회에서의 많은 문제들을 해결함에 있어 정부 및 공공조직 같은 조직들만으로는 해결하기 어려운 문제의 한계에 도달한 실정이다. 그러기에 지금 우리사회는 취약한 사회안전망을 보완하기 위해 과거 그 어느 때 보다도 자원봉사자를 필요로 하고 있으며, 이러한 환경에서 자원봉사센터의 실천과제는 아주 중요하게 대두되고 있다.

1) 민간 중심 운영체계로의 개선

자원봉사센터의 전국적 시스템 구축에 있어서 문제점은 자원봉사가 민간 중심의 자원봉사운동임에 불구하고 관공서 센터의 비중이 높다는 것이다(이성록, 2003). 자원봉사활동은 지방자치단체와 민간단체가 상호협력을 통하여 공공재를 공동 생산하는 파트너십을 갖고 있다. 그러나 동시에 이것은 지방자치단체의 활동 및 복지, 환경, 교육, 정보 등 사회제반 영역에 대하여 감시, 비판하는 역동적 기능을 함께 갖고 있다. 그러므로 자원봉사활동이 그 본질을 지속적으로 유지하기 위해서는 자원봉사센터의 관 중심 체제를 탈피하고 전문성을 가진 민간 영역의 참여를 확대해야 한다(박태영, 2014).

2) 자원봉사 예산의 확대와 효율적인 집행

대부분의 자원봉사센터가 겪고 있는 재정적 환경의 열악성은 센터 개소 초기부터 지속적으로 대두되어 온 문제이다. 민간센터의 경우 예산부족으로 인한 관리조정자의 열악한 처우는 높은 이직률을 야기하고 결과적으로 전문성 축적을 불가능하게 하고 있다. 이것은 자원봉사활동 비용이 들지 않을 것으로 착각하는 일부 정책관계자의 무지와 자원봉사활동을 통하여 얻어지는 재 창출적 효과성에 대해서는 제대로 도출하지 못 하는 조직구조 등 여러 가지 원인에 기인한 것으로 판단된다. 자원봉사센터의 재정적 문제는 구조적으로 정부의 책임이 클 것이며, 정부는 자원봉사센터의 재원 확보를 위한 예산의 확대와 효율적 집행에 대해서 지속적인 노력을 기울여야 한다. 그리고 운영기관은 정부부담 재정을 효율적으로 집행될 수 있도록 하여 최대한 효과를 도출하기 위해 노력해야 한다(김수정, 이순배, 2016).

3) 자원봉사센터 내 기존인력의 교육과 전문 인력의 배치

민간단체가 운영하고 있는 자원봉사센터는 직원 처우의 열악성으로 전문인력을 유지하고 관리하기 어려운 상황의 환경이라고 할 수 있다. 이러한 부재는 참여 봉사자의 심리사회적 지지체계의 부재로 이뤄질 수 있으며, 이로 인해 주민참여를 통한 지역사회복지 현장에서의 역량을 쇠퇴시킬 수 있다(이성록, 2003). 따라서 자원봉사센터 내 기존 인력에게 자원봉사 관련 전문교육 · 정보교육 · 훈련을 실시하는 일뿐만 아니라 자원봉사센터에 적합한 전문 인력을 채용하도록 제도화하는 일도 함께 병행되어야 한다(김수정, 이순배, 2016).

4) 자원봉사센터 간의 유기적인 협력관계 구축

지역사회 내 자원봉사센터의 활동 활성화를 위해서는 조정자 중심의 자원봉사센터, 수요자 중심의 자원봉사센터, 공급자 중심의 자원봉사센터 3자간 유기적인 협력이 필수적이다. 자원봉사센터 간 역할 및 정보 교류는 센터별로 고유한 역할을 설정하여 그 설정된 역할을 적절히 수행할 수 있도록 협력관계를 유지할 때, 센터 간 네트워크가 적절하게 기능할 수 있을 것이다.

자원봉사센터가 자원봉사활동의 활성화와 지역사회복지 증진을 위한 역할을 제대로 수행하기 위해서는 자원봉사센터 간의 유기적인 정보력의 협력이 필요하며, 자원봉사센터 유형들 간의 협력이 이루어지기 위해서는 자원봉사센터별 적정 역할의 설정, 자원봉사센터 간 연계망 구축, 자원봉사센터에 대한 지원체계를 마련하는 일 등이 선행되어야 한다(박태영 외, 2014).

6. 자원봉사센터의 발전방향

2005년에는 자원봉사계의 숙원이었던 「자원봉사활동기본법」이 제정되어 국민들의 자원봉사활동 진흥을 위해 국가와 지방자치단체가 보다 적극적으로 책임과 의무를 할 수 있게 되었고, 자원봉사활동 도중 발생할 수 있는 안전사고에 대비하여 보험 등을 가입토록 하는 등 자원봉사활동의 진흥을 위한 토대를 마련했다. 2020년 4월 30일 기준 자원봉사 보험 가입자는 4,899,894명으로 1회 이상 봉사자의 대부분이 가입하였으며, 보험료는 1인 평균 2,000원이며, 2020년 현재 각 보험사에 따라서 조금씩 다르지만 비슷한 수준이다(한국자원봉사중앙센터, 2020).

또한, 지역사회복지 분야에 있어서 자원봉사활동은 더욱 확대 · 증가 및 발전되어 왔으며, 각 지역에 배치된 자원봉사센터는 지역사회의 다양한 욕구와 문제들에 대해서 인력을 양성하고 교육을 통하여 배치하는 거점역할을 수행하고 있다.

자원봉사센터의 발전 방향에 대한 몇 가지의 제안을 하고 있다.

첫째, 자원봉사센터가 제대로 기능하고 자리매김해 나가기 위해서 무엇보다도 자원봉사센터에 대한 적극적 홍보가 필요하다.

둘째, 자원봉사센터는 지역 주민 스스로 지역의 문제에 대한 해결을 목적으로 하기 때문에 운영주체 역시 지역민 간에 있어야 한다. 현재 자원봉사센터의 운영주체 63.7%가 지방자치단체가 직영하고 있는 것을 보면 순수한 의미에서의 자원봉사는 아직까지 실현되지 않고 있음을 짐작케 한다. 가급적 신속하게 민간운영으로 전환할 수 있어야 할 것으로 본다.

셋째, 자원봉사센터는 지방자치단체의 직영운영에 따라 상근인력의 17%(215명)가 공무원에 해당된다. 이것 역시 순수한 지역 주민의 참여적 역할이 실현되고 있지 않음을 보여주는 예가 된다.

넷째, 자원봉사자의 교육부분이다. 자원봉사자의 봉사현장 교육의 필요성을 알고 지역상황에 맞는 교육을 실시하고 있지만, 자원봉사에 대한 교육 강사의 부족으로 인하여 교육의 질적 수준이 문제로 거론되고 있다. 뿐만 아니라 교육 프로그램이 구체화 및 체계적이지 않음을 교육의 실효성이 매우 낮게 평가되고 있다. 따라서 자원봉사에 대한 교육실시에 있어서 교육과정개발, 표준교재 개발을 실시하여 전문적인 자원봉사자를 양성하여 수요자 중심의 복지지역의 욕구가 다양화된 사회에 잘 접목해 갈 수 있어야 한다.

다섯째, 자원봉사센터가 지역사회의 다양한 기관 및 센터와 정보공유 및 조정 · 연대를 통한 문제 해결과 유기적 협조체제를 이룰 수 있어야 할 것이다. 이러한 부분들이 해결되고 보완되어질 때, 지역사회의 주인이 곧 지역 주민임을 인식하고 지역사회에 대한 책임과 의무를 바탕으로 적극적인 참여를 이룰 수 있을 것이다(이양훈 외, 2010).

주요내용

1. 자원봉사통합 포털(www.1365.go.kr)을 개설 운영하여 전국적으로 사회복지봉사활동인증시스템(VMS: Volunteer Management System)을 운영하고 있다.
2. 수요자 중심의 자원봉사센터는 자원봉사를 직접 활용하고 있는 사회복지서비스기관으로 종합사회복지관, 재가복지센터, 사회복지 관련 시설, 병원 의료사회사업센터, 상담기관, 시민단체(NGO: Non-Governmental Organization, 환경단체) 등을 들 수 있다.
3. 우리 지역사회의 주민자치센터의 자생 및 자원봉사단체는 주민자치위원회, 통장협의회, 방위협의회, 복지만두레, 새마을부녀회, 새마을문고, 바르게살기위원회, 자녀안심협의회, 여성 · 남성자율방범대, 자원봉사회, 자유총연맹, 지역사회보장협의체 등이 있다.

CHAPTER 13 지역자활센터

학/습/목/표

1. 지역자활센터의 목적과 추진체계를 이해한다.
2. 자활사업의 참여대상자 선정과 조건을 설명 할 수 있다.
3. 자활사업의 유형 및 주요사업을 이해한다.
4. 자활기업 및 자활촉진사업에 대하여 살펴본다.

1. 지역자활사업의 개요

1) 지역자활센터의 목적

자활사업은 경제적 어려움 있는 사람(근로 빈곤층: 기초생활수급자, 차상위자)들을 보호하기 위한 생활권적 기본권으로 1961년 「생활보호법」에서부터 시작되었다. 1997년 말 IMF 경제위기는 대량실업과 빈곤인구를 양상시키고, 이는 이혼, 아동 · 노인의 유기, 가출, 노숙, 결식아동의 증가 등 각종 사회문제를 야기시켜 빈곤문제가 사회적 이슈로 부각 되는 계기가 되었다.

이에 「생활보호법」의 한계와 시대적 상황 속에서 1999년 9월 「국민기초생활보장법」이 제정되어, 2000년 10월부터 시행하였다. 「국민기초생활보장법」에서 정한 '자활사업'은 단순 보호가 아닌 국가적 책임을 강화하는 종합적 빈곤대책으로써 수급권자의 권리를 부각하고 빈곤에 대한 사회적 책임을 강조했다는 점에서 의미가 크다.

2000년 「국민기초생활보장법」에 의한 '국민기초생활보장제도'를 도입하면서 경제적 어려움은 있지만 일할 수 있는 사람들의 근로역량을 높여 탈 빈곤을 지원하고 스스로 자활할 수 있는 능력을 높일 수 있도록 기능습득 지원, 근로기회 등을 제공한다. 탈 빈곤이라는 것은 소득 증가로 국민기초생활보장제도에 의존하지 않고도 자립적인 생활을 할 수 있게 되는 것을 의미하며, 탈 빈곤을 위한 방법 중 자활사업의 목표는 취업이나 창업을 통해 근로소득을 얻는 것이다(류만희 외, 2006).

국민기초생활보장제도는 국민에게 인간다운 최저생활을 보장하고 절대적 빈곤문제를 적극적으로 해결하기 위한 제도로서 스스로의 힘으로 생계를 유지할 능력이 없는 최저생계비 이하의 절대빈곤층 국민에게 생계, 교육, 의료, 주거 등 급여를 통해 기본적으로 생활을 국가가 보장해주고, 근로능력이 있는 사람에게 체계적인 자활지원서비스를 제공해 자활 · 자립을 지원하는 제도이다. 따라서 「국민기초생활보장법」의 조건부 생계급여제도는 자활사업 참여를 조건으로 생계비를 지급받도록 하여 국가의 보호에 안주하는 도덕적 해이를 방지하는 제도적 장치라고 할 수 있다.

지역자활사업과 관련된 법적근거는 2000년 10월 시행된 「국민기초생활보장법」 제16조와 시행령 22조, 그리고 시행규칙 제27조~30조에 근거를 두고 있다. 지역자활사업은 국민기초생활보장법에 근거하여 저소득층 일자리 사업의 일환으로 추진되었으며, 2019년 9월 말 기준 249개의 자활기관이 지정, 운영되고 있다.

지역자활센터의 목적은 근로능력 있는 저소득층에게 집중적 · 체계적인 자활지원 서비스를 제공함으로써 자활의욕 고취 및 자립능력 향상을 지원하고 기초수급자 및 차상위계층의 자활 촉진에 필요한 사업을 수행하는 핵심 인프라로서의 역할을 수행토록 하는 것이다(보건복지부, 2019).

자활사업은 취업 취약계층에게 일자리를 제공하고 시장에서 경쟁력을 갖추어 사회적 성과와 경제적 성과를 동시에 추구한다는 측면에서 사회적 의미가 크다.

2) 자활사업의 단계별 추진체계

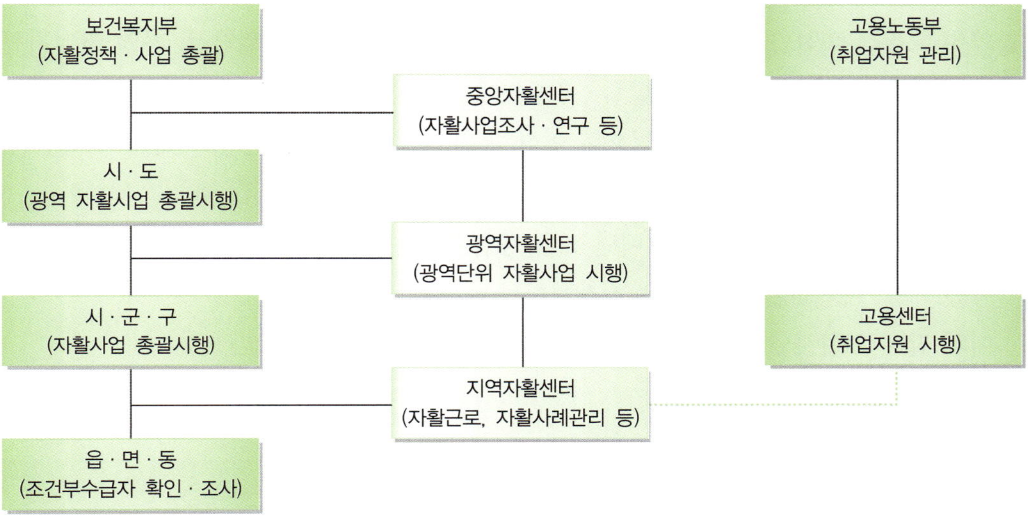

[그림 13-1] **자활사업의 단계별 추진체계**

출처: 중앙자활센터(http://www.cssf.or.kr).

3) 자활사업의 추진 주체별 역할

자활센터의 추진 주체 중 가장 상위기관인 보건복지부는 자활 정책과 사업에 대한 총괄 관리 역할을 수행한다. 즉, 국민기초생활보장제도를 총괄하는 역할로 매년 12월에 종합자활지원계획을 수립하고 자활프로그램을 개발, 추진하며 집행조직인 지역자활센터를 지정 · 관리하는 역할을 한다.

시 · 도 및 시 · 군 · 구 기초자치단체에서는 매년 초에 지역자활지원계획을 설립하고, 자활기금을 설치 · 운영과, 자활급여에 대한 내용을 결정하고 지급하는 등 자활사업을 시행하는데 총괄적인 역할을 한다. 그리고 읍 · 면 · 동에서는 조건부 수급자를 확인하고 조사하는 관리역할을 수행하며 실질적으로 자활사업을 집행하는 조직은 자활센터와 고용센터가 담당하고 있다고 할 수 있다. 자활센터는 중앙 및 광역자활센터, 그리고 지역자활센터로 세분화 된다. 중앙자활센터는 자활지원을 위한 조사 · 연구 · 교육, 자활사업의 개발과 평가를 담당하고, 광역자활센터에서는 지역특화형 자활프로그램을 개발 · 보급한다.

지역자활센터는 고용노동부 역할과 상응하는 최일선의 집행조직으로 참여자를 위한 자활의욕 고취를 위한 교육과 정보제공, 상담, 각종 직업교육 및 취업알선, 자영 창업지원 및 기술 · 경영지도, 자활기업의 설립 · 운영 지원, 사회서비스 지원사업, 수급자나 차상위자의 자활사업 참여나 취업 · 창업으로 인한 지원, 사회복지서비스 연계, 통장 사례관리, 수급자 등의 자활을 위한 사업 등을 실시한다.

중앙부처인 고용노동부에서는 매년 12월 종합취업 지원계획을 수립하고, 취업지원프로그램을 개발, 추진하는 역할 등을 수행한다.

이와 같은 자활사업의 추진 주체별 역할은 다음 〈표 13-1〉과 같다.

〈표 13-1〉 **자활사업 추진 주체별 역할**

구분	기능 및 역할	비고
보건복지부	• 국민기초생활보장제도 총괄 • 종합자활지원계획수립(매년 12월) • 자활프로그램 개발 · 추진 • 지역자활센터 지정 · 정리	자활정책 · 사업 총괄관리
시 · 도 시 · 군 · 구	• 지역자활지원계획 수립(매년 1, 2월) • 자활기금의 설치 · 운영 • 급여실시여부 및 내용결정, 지급 • 자활기관협의체 운영 • 조건부수급자 책정 및 생계급여중지여부 결정 • 참여 자활지원계획 수립 · 관리	자활사업 총괄시행
읍 · 면 · 동	조건부수급자 확인조사(자산조사 제외)	조건부수급자 관리
중앙 · 광역 · 지역자활센터	• 중앙자활센터 – 자활지원을 위한 조사 · 연구 · 교육 및 홍보사업 – 자활지원을 위한 사업의 개발 및 평가 • 광역자활센터 – 광역단위의 저소득층에 대한 취 · 창업지원 – 지역특화형 자활프로그램 개발 · 보급 등 • 지역자활센터 – 자활의욕 고취를 위한 교육, 참여자, 사례관리	자활사업수행

구분	기능 및 역할	비고
	– 자활을 위한 정보제공 · 상담 · 직업교육 및 취업알선 – 기타 자활을 위한 각종사업 등	
고용노동부	• 종합취업지원계획수립(매년 12월) • 취업지원프로그램 개발 · 추진	취업지원관리
고용센터	• 개인별 취업지원계획 수립 · 관리 • 취업알선 등 취업지원프로그램 시행 • 취업대상자의 조건이해여부 확인	취업지원시행

출처: 중앙자활센터 홈페이지(http://www.cssf.or.kr).

4) 자활센터의 현황과 추진경과

자활센터가 수행하는 자활사업은 각 사업별로 사회적, 경제적 성과 모두 포괄하고 있으며, 지역자활센터는 이중적 조직특성을 갖고 있다고 볼 수 있다. 이러한 특성을 가지고 있는 지역자활센터의 현황과 추진경과를 살펴보면 〈표 13-2〉와 같다.

1996년 자활지원센터 시범사업 이후 2000년 「국민기초생활보장법」 시행으로 법적인 근거가 마련되면서 70개소의 지역자활센터가 지정 · 운영되었으며, 2016년 8월 지역자활센터 3개소 지정 취소되어 현재 기초자치단체인 시 · 군 · 구에 1개소씩 설치를 목표로 2019년 기준 249개소 기관을 지정 · 운영 중이다(보건복지부, 2019).

자활센터의 현황 및 추진 경과는 다음과 같다.

- 1996년 시범사업 실시 이후 2000년까지 70개소 지정 · 운영
- 2001년 내실 있는 자활사업 추진여건 조성을 위해 169개 기관으로 확대
- 2002년 30개소 추가 지정하였으나, 7개 기관은 지정취소 또는 반납
- 2003년 지역자활센터 미지정 지역에 17개소 추가 지정
- 2004년 지역자활센터가 미지정된 지역을 중심으로 지역자활센터 33개소 신규지정
- 2010년 12월 27일 지역자활센터 5개소 신규 지정(11년부터 운영)
- 2015년 12월 지역자활센터 6개소 신규 지정(2개소 취소, 2016년부터 운영)

- 2016년 8월 지역자활센터 3개소 지정취소(17년부터 적용)
- 2016년 12월 28일 「국민기초생활보장법」 개정으로 '지역자활센터'로 명칭 변경
- 2017년 10월 지역자활센터 1개소 신규지정
- 2018년 07월 「자활기업 활성화 대책」 발표, 년자립도전 자활사업단 사업 실시
- 2019년 1월 자활장려금(자활근로소득공제) 재도입, 자활급여 압류방지 전용통장 구축

※ 지역자활센터 미설치 지역 : 인천광역시 옹진군 등 13개 시 · 군 · 구

〈표 13-2〉 **지역자활센터 추진경과**

구분(연도)	1996	2000	2001	2002	2003	2004	2011	2015	2017	2019
총계(개소)	5	70	169	192	209	242	247	251	249	249
지정(개소)	5 (시범사업)	50	99	30	17	33	5	6	1	0
취소반납					7 (취소4)			2 (취소1)		

출처: 보건복지부, 2019년 자활사업안내.

5) 지역자활센터의 지정 및 취소

(1) 지역자활센터의 지정

① 지정대상

지역사회복지사업 및 자활지원사업의 수행능력과 경험 등이 있는 사회복지법인 등 비영리법인과 단체가 해당된다.

※ 사회복지법인 등 비영리법인이 없거나 자활사업 수행이 어렵다고 판단되는 지역의 경우, 지방자치단체에서 지역자활센터 직접 신청(운영)이 가능하다.

② 지정 시 고려사항

- 신청인의 지역사회 복지사업 및 자활지원사업의 수행능력 및 경험 등
- 사업계획서의 타당성 여부
- 지역자활센터의 지역 간 균형 배치
- 1개 시·군·구별 1개 센터 설치 원칙하에 구조조정 등 추진
- 신청인 소재지의 자활지원 수요 및 저소득층 밀집 정도
- 그 밖에 신청인의 소재지를 관할하는 시장·군수·구청장 및 시·도지사의 의견 등

③ 지정신청 절차

- 지역자활센터로 지정을 받고자 하는 자는 다음 서류를 첨부하여 관할 시장·군수·구청장 및 시·도지사를 거쳐 보건복지부장관에게 신청한다.
- 지역자활센터를 설치하고자 하는 각 시·도 및 시·군·구는 관할지역에 다수의 신청인(법인 등)이 있을 경우 자체심사 등을 통하여 최종 하나의 신청인(법인 등)을 선정한 후 지정 신청한다.
- 지역자활센터 지정 신청서, 법인은 법인등기부 등본 및 정관사본, 단체는 회칙·규약사본, 사업계획서 등 첨부서류를 제출한다.
- 신청자가 서류를 제출하면 시·군·구와 각 시·도의 장은 현지조사 및 수급자 등 여건현황을 참조하여 의견을 제출하고 보건복지부에서 심사위원회를 구성, 필요 시 현지조사를 병행하여 서류심사 후 지정결정하여 지정서를 교부한다.

(2) 지역자활센터의 지정취소

- 지역자활센터에 대한 사업실적 및 운영실태를 평가한 결과 수급자의 자활촉진을 달성하지 못하는 기관(자활사업 수행이 어렵다고 판단되는 기관 또는 성과계약을 달성하지 못한 기관), 지정 시 부여받은 이행조건을 충족하지 못하는 경우, 평가서류 허위조작, 보조금 부정사용 등 자활사업에 심각한 훼손을 주었다고 판단되는 기관에 대하여 지정취소할 수 있다.

• 지정취소 절차 : 지역자활센터의 소재지 관할하는 시 · 도지사 및 특별자치도지사 지정취소 건의 – 평가결과 또는 지도 · 감독 결과 지정취소 대상선정 – 현지조사 및 의견청취(필요시 심사위원회 구성) – 시 · 도 및 시 · 군 · 구청장의 의견청취 – 지정취소 여부 결정 – 보건복지부장관이 지정취소할 수 있다.

2. 지역자활사업의 참여대상자

1) 지역자활사업의 참여대상자

지역자활사업의 참여 대상자 선정은 국민기초생활 보장법에 따라 수급권자를 자활사업에 참여하기 위한 사전조치로서 근로능력의 유 · 무를 판정한 후 근로능력이 있는 수급자에 대하여 조건부과 및 유예를 결정하고, 확인 조사 등 자활사업 대상자의 선정과 관리에 필요한 조치를 안내한다(보건복지부, 2019).

지역자활센터는 운영지침 제30조에 근거하여 센터장은 지역 내 저소득주민의 자활을 위하여 지원이 필요한 사람들을 자활지원대상자로 선정하여 자활센터의 사업에 참여하게 하되 국민기초생활보장 대상자를 우선 선정하여야 한다. 따라서 자활센터의 자활지원 대상자는 당해 기관의 수용능력과 사업의 특성을 감안하여 적합한 자를 선발하여야 하며 자활사업 참여대상자는 다음 [그림 13-2]와 같다.

자활사업 대상자 = ① 조건부 수급자 + ② 자활급여 특례자 + ③ 일반수급자 ④ 차상위계층 ⑤ 특례수급가구원 ⑥ 시설 수급자

※ 의무참여: ①, 희망참여: ②~⑥ ※ 수급자: ①②③ ※ 참여우선순위: ① → ② → ③④⑤⑥

[그림 13-2] 자활사업 대상자

출처: 보건복지부, 2019년 자활사업안내.

① **조건부 수급자**: 근로능력이 있는 수급자 중 자활사업 참여를 조건으로 생계급여를 지급 받는 수급자(생계급여수급자만을 대상으로 함)

• 조건부 수급자를 고용센터에 선별의뢰, 자활역량평가 결과에 따라 취업성공패키지 또는 자활근로에 사업배치, 점수 70점→ 80점으로 상향조정(보건복지부, 2019)

② **자활급여 특례자**: 생계 · 의료급여 수급자가 자활근로, 자활공동체(시 · 군 · 구 주관), 자활취업촉지사업(고용노동부 주관) 등 자활사업에 참가해 발생한 소득인정액이 기준 중위소득의 40%를 초과한 자

• 자활특례 적용 기간은 3년에서 5년으로 연장됨(보건복지부, 2019).

③ **일반수급자**: 조건부 수급자가 아닌 수급자로 자활사업 참여희망자(만 65세 이상 등 근로무능력자도 희망 시 참여 가능), 단, 정신질환자, 알코올질환자 등 시 · 군 · 구청장의판단에 따라 제한될 수 있다. 일반 수급권자는 두 가지로 구분되며 첫째, 근로능력이 없는 생계급여수급권자 및 조건부과유예자이며 둘째, 의료 · 주거 · 교육급여수급권자이다. 기타 수급유형(의료 · 주거 · 교육급여)은 별도 차상위 책정 절차없이 수급권 자격을 받는 동시에 즉시 자활사업에 참여가 가능하다.

④ **특례수급가구의 가구원**: 의료급여특례, 이행급여특례가구의 근로능력이 있는 가구원 중 자활사업 참여를 희망하는 자

⑤ **차상위계층**: 근로능력이 있고, 소득인정액이 기준 중위소득 50%이하인 사람 중에서 비수급권자(소득인정액이 기준 중위소득 50%이하인 자로 한국 국적의 미성년 자녀를 양육하고 있는 국적 미취득의 결혼이민자를 포함)또는 만 65세 이상 근로능력이 없는 차상위계층의 참여는 시 · 군 · 구에서 해당여부 조사 결과에 따라 결정된다.

• 차상위자 선정관리 : 통합관리팀은 차상위 참여자에 대해 반기 1회 이상 소득을 재확인, 공적 소득 조사 등을 통해 부적격 확인된 경우 참여중단 조치 할 수 있다.

⑥ **근로능력이 있는 시설 수급자**: 시설수급자 중 생계 · 의료급여 수급자는 행복e음 보장결정 필수(조건부수급자 전환 불필요)이며, 일반시설생활자(주거 · 교육급여 수급자 및 기타)는 차상위자 참여 절차를 준용한다.

• 근로능력의 판정은 국민기초생활보장법 시행령 제7조 ②항에 따라 시 · 군 · 구청장은 근로능력 평가를 국민연금공단에 의뢰할 수 있다. 근로능력 평가방법은 국민연금공

단에서 의학적평가와 활동능력 평가(간이평가→본평가)기준에 의해 판정한다(보건복지부, 2019).

2) 지역자활사업의 참여대상자 선정

자활사업의 참여대상자 지원절차는 지역자활센터 운영지침 제31조에 근거하며, 자활센터로부터 지원을 받고자 하는 자는 각 호에 해당하는 절차를 거쳐 지원신청을 하여야 하며, 센터장은 아래의 지원신청이 있을 경우 사업계획의 실현가능성, 대표자 또는 참여자, 사업수행능력 등을 고려하여 지원여부를 결정한다.

① **조건부수급자**: 읍·면·동장으로부터 지원 의뢰를 받은 경우 의뢰받은 날로부터 7일 이내(3일씩 2회까지 연장 가능)에 상담을 실시하고 적합한 자활사업을 제시한다.
② **자활급여 특례자**: 지원신청서 제출 후 상담을 통해 참여가능하다.
③ **차상위계층 등 저소득 취약계층**: 지원신청서 제출과 함께 상담결과에 따라 지원이 필요하다고 인정되는 자를 선발한다.

3. 자활사업의 주요 내용

1) 자활사례관리

(1) 자활사례관리 개념

자활사례관리는 Gateway 과정을 포함하여 참여자에게 근로의 기회 제공, 취업알선 등 자활프로그램 지원과, 참여자의 자활프로그램 수행 모니터링 및 사후 평가 등 지역자활센터에서 자활참여자의 자립을 위해 수행하는 모든 과정이라 할 수 있다.

Gateway는 자활사업 참여자의 욕구, 적성, 능력, 여건에 따라 개인별 맞춤형 자립계획 및 경로 제공과 적절한 자활프로그램 연계로 효과적인 자립을 지원하는 경로설정 프로그램이다.

Gateway에 배치된 참여자의 초기상담 및 진단평가 그리고 기초교육 과정을 통해 개인별 자립경로(Individual Action Plan)와 개인별 자활지원 계획(Individual Service Plan)을 수립하고, 교육훈련과 자활프로그램 제공(자활근로참여, 취업알선 및 취업지원, 개인창업지원, 직업훈련지원)을 통해 자활의 성공과 실패 여부를 평가한다. 자활 성취율에 따라 성공 시 참여자의 성과가 유지 될 수 있도록 지속적 사후관리를 하며 자활 실패시 실패의 원인분석 등을 평가하여 사례회의를 통해 참여자 중심의 재사정 및 IAP · ISP를 재수립하여 적합한 자활프로그램을 제공한다.

(2) 자활사례관리의 추진방향

자활사업의 추진은 자활 참여하기 전 진입(Gateway)과정을 프로그램화하여 개인별 자립경로(Individual Action Plan)와 개인별 자활지원 계획(Individual Service Plan)을 기반으로 지원을 실시하며 자활사례관리를 통해 자활방향 수립을 지원하며 자활을 위해 필요한 연계와 조정, 점검 및 사후관리를 실시한다.

자활사례관리는 Gateway 전담 관리자, 시 · 군 · 구 자활담당 공무원, 읍 · 면 · 동 사회복지전담공무원, 통합사례관리사, 자립지원직업상담사, 고용센터 담당자, 지역자활센터 사례관리자, 정신보건센터 정신보건 전문요원, 지역사회 내 · 외 사회복지 유관기관 등과 업무연계로 사례관리를 강화한다.

지역자활센터에서는 맞춤형 사례관리팀을 설치, 운영하여 내부사례회의 및 외부통합사례회의를 통해 정신건강복지센터나 중독통합관리지원센터로 대상자를 의뢰할 수 있다. 또한, 지역자활센터 내 자활사업 참여자 및 희망키움통장 대상자의 사례관리가 적정하게 수행될 수 있도록 기관의 인적 · 물적 모든 자원을 효율적으로 활용해 사례관리 운영체계를 구축하고, 사례관리팀의 센터장이 수퍼바이저 역할을 수행하며 사례관리자, Gateway 자활사례관리, 희망키움통장, 자활근로 사업단 담당자 등 모든 구성원이 적극적으로 협력하여 자활사례관리 제반 업무를 수행하며, 사례관리팀에서 자활사례관리를 통합 · 운영한다(보건복지부, 2019).

Gateway 과정은 2개월 이내를 원칙으로 하며, 1개월에 한하여 연장 가능하며 참여 횟수는 자활사업 참여기간 동안 총 3회 이내로 제한한다.

자활사례관리에 대한 주요 업무 내용은 [그림 13-3]과 같다.

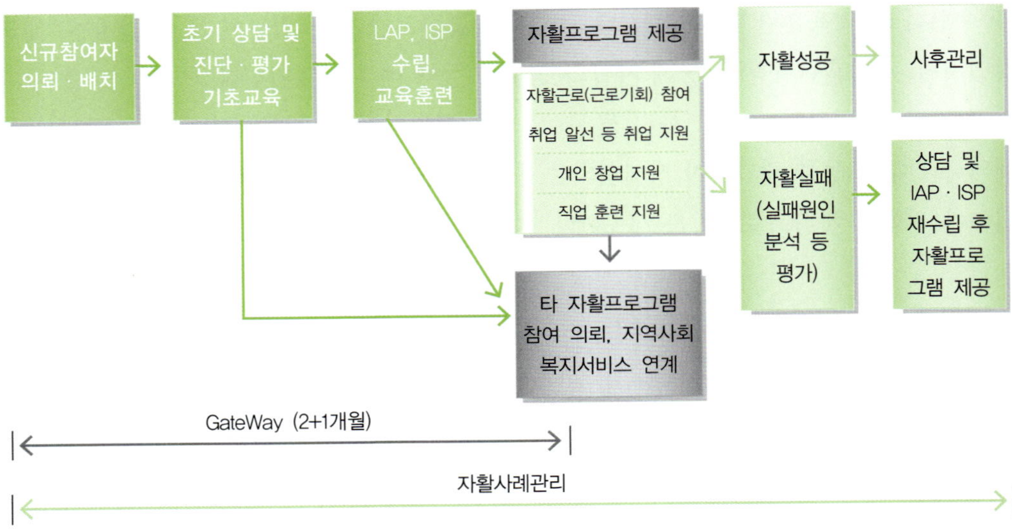

[그림 13-3] **자활사례관리 업무 흐름도**

출처: 중앙자활센터(http://www.cssf.or.kr).

(3) 자활사례관리의 절차

자활사례관리 절차는 신규참여자 의뢰 · 배치, 접수 및 초기상담(인테이크)단계, 사정단계, 계획수립단계, 실행 및 점검단계, 평가와 종결단계, 사후관리의 단계로 실시한다.

① **접수 및 초기상담(인테이크)단계**: 자활사업 안내, 기본정보 수집, Gateway 과정 설명 및 일정 안내
② **사정단계**: 참여자의 자활역량, 욕구, 특성, 장애요인, 환경, 자원 및 강점 사정
③ **계획수립단계**: 2개월 이내 IAP · ISP를 수립, 참여자 교육/훈련, 종결
④ **실행 및 점검단계**: 참여자의 IAP · ISP를 성취할 자활프로그램 발굴, 연계, 모니터링,

재사정 및 서비스 계획 재수립

⑤ **평가 및 종결:** 자활목표 성취율 관련하여 복지서비스 연계, 조합적 평가, Gateway 운영 및 결과를 시 · 군 · 구에 보고, 종결과 사후관리 여부판정

⑥ **사후관리:** 참여자 성과유지를 위해 지속적 관리, 사후관리 진행 확인, 취 · 창업 관련 모니터링 및 서비스 요구에 대응, 종결 후 최대 12개월 이내 사후관리 실시

2) 자활근로사업

(1) 자활근로사업의 개념

자활근로사업은 국민기초생활보장법 제1조, 제15조, 「국민기초생활 보장법 시행령」 제20조와 「국민기초생활 보장법」 시행규칙 제25조, 제26조의 법적인 근거에 의해 저소득층에게 자활을 위한 근로의 기회를 제공하여 자활기반을 조성하는 사업으로 기존 공공근로사업처럼 한시적인 일자리 제공이 아닌 저소득층의 자활촉진을 위한 자활기업 창업 등을 위한 기초능력배양에 중점을 두는 사업이다(보건복지부, 2019).

간병 · 집수리 · 청소 · 폐자원재활용 · 음식물재활용 사업의 5대 전국표준화사업을 중점으로 추진하며, 정부재정사업의 자활사업 연계 활성화 및 영농 · 도시락 · 세차 · 환경정비 등 지역실정에 맞는 특화된 사업을 적극 개발하여 추진하며 참여기간은 최대 60개월로 제한한다.

(2) 자활근로사업 유형

자활근로사업은 참여자의 자활능력과 사업유형에 따라, 근로유지형, 사회서비스형, 인턴 · 도우미형, 시장진입형 자활근로사업으로 구분되며 근로유지형 자활사업은 전체 자활근로사업의 25%미만으로 운영하며 사회서비스형, 인턴 · 도우미형, 시장진입형 자활근로는 전체 자활근로의 75% 이상으로 유지하며 자활 근로유형은 〈표 13-3〉과 같다.

〈표 13-3〉 자활근로사업 유형

구 분		사업비 지출한도	사업규모(전체자활 근로 참여인원)	시 행
① 근로유지형		5% 이하	25% 미만	시 · 군 · 구 직접시행, 민간위탁 지역자활센터
업그레이드형	② 사회서비스형	20% 이하	75% 이상	
	③ 인턴 · 도우미형	0~10% 이하		
	④ 시장진입형	30% 이하		

출처: 보건복지부, 2019년 자활사업안내.

① 근로유지형

현재의 근로능력 및 자활의지를 유지하면서 향후 상위 자활사업 참여를 준비하는 형태의 사업으로 참여대상자는 생계 · 의료급여 수급자, 자활급여특례자로 연련 및 건강 · 학력 등을 감안하여 노동강도가 낮은 사업 참여가 필요한 자, 또는 간병 · 양육 · 보호 등 가구 여건상 관내 사업참여가 필요한 자, 자활역량평가 결과가 근로의욕 증진대상자(45점 미만인자)인 경우에 해당된다. 근로능력 정도에 따라 유형화하여 참여자 특성에 맞는 사업을 발굴 · 시행하며 노인 · 장애인 등에 대한 가사도우미, 지역 환경정비, 공공시설물 관리 보조 등 노동강도가 약하나 자역사회 필수적인 공공서비스 제공사업 중심으로 추진한다.

② 사회서비스형(공익형 사회서비스)

사회적으로 유용한 일자리 제공으로 참여자의 자활능력 개발과 의지를 고취하여 향후 시장진입을 준비하는 사업으로 매출액이 총 사업비의 10%이상 발생하여야 한다.

무료간병서비스, 장애인 통합보조교육 및 농촌형 지역자활센터의 정부양곡 배송, 무료집수리, 무료빨래방 등 시 · 군 · 구의 승인을 받은 업종은 3년까지 사업 참여가 가능하다(보건복지부, 2019). '공익형 사회서비형 사업단'이 지자체 위탁사업 수행 시 수익금은 자활근로 참여자들을 위한 자활기업창업자금, 내일키움장려금 등 근로유인 제고를 위해 사용되며, 참여대상자는 조건부수급자 및 희망참여자(일반수급자, 자활급여특례자, 차상위자) 등이다.

공익성 있는 사회적으로 유용한 일자리 분야의 사업을 추진하며, 매출액이 총 사업비의 30%이상 발생 시 시장진입형으로 전환유도 가능하다.

③ 인턴 · 도우미형

지자체, 지역자활센터, 사회복지시설 및 일반기업체 등에서 자활사업대상자가 자활인턴 사원으로 근로를 하면서 기술 · 경력을 쌓은 후 취업을 통한 자활을 도모하는 취업유도형 자활근로 사업으로 참여대상자는 다음과 같이 구분된다.

- 인턴형: 조건부 수급자 및 희망참여자(일반수급자, 자활급여특례자, 차상위자 등) 자활근로 참여자의 자활유도가 용이한 기술 습득이 가능한 기업체에 6개월간 인건비 지원, 기술 · 경력을 쌓을 수 있도록 6개월 연장(총 1년) 가능, 인턴기간(참여기간) 동안의 급여는 자활근로 예산에서 지급
- 복지 · 자활도우미: 생계 · 의료급여 수급자, 자활급여특례자(주거 · 교육급여 수급자, 차상위층 등은 참여 불가), 참여자의 직무역량 강화를 위하여 필요한 교육비용(직업훈련, 평생교육, 학원비 등)을 사업비를 활용하여 지원(월 15만원 한도) 가능하며, 반기 1회 이상 업무 등 기본교육, 자립의지 촉진을 위한 소양교육을 실시한다.
- 사회복지시설 도우미 : 조건부 수급자 및 희망참여자(일반 수급자, 자활급여특례자, 차상위자 등) 사회복지시설의 보조인력으로 자활사업 참여자를 활용, 무료지원시설과 취업연계지원시설로 구분하여 지원한다.

④ 시장진입형

시장진입 가능성이 높고 자활기업 창업이 용이한 사업으로, 매출액이 총사업비의 30% 이상 발생하는 사업이다. 일정기간 내에 자활기업 창업을 통한 시장진입을 지향하는 사업으로 참여 대상자는 조건부수급자 및 희망참여자(일반수급자, 자활급여특례자, 차상위자) 등이다.

전년도 시장진입형으로 추진한 사업 중 연 매출액이 총사업의 30% 이상 내지 못한 사업은 사회서비스형으로 변경하고 적립된 자활기업 창업자금 및 수익잉여금은 중앙 자산키움펀드 및 자활기금으로 적립된다. 신규사업단은 원칙적으로 사회서비스형으로 추진하

되, 시 · 군 · 구청장이 사업의 특성, 수익창출 효과를 검토하여 제한적으로 시장진입형 신규사업단 설치가 가능하다.

자활근로 참여자의 2019년 자활근로사업의 급여 단가는 〈표 13-4〉와 같다.

〈표 13-4〉 **자활근로사업 급여단가**

<table>
<tr><th>구분</th><th>2019년</th><th>표준 월소득액</th><th>기타</th></tr>
<tr><td>시장진입형
(복지 · 복지도우미형, 인턴형)</td><td>49,440원</td><td>1,285,440원</td><td rowspan="5">* 자활참여자 급여는 기초생활수급자 및 차상위자는 압류방지 전용통장으로 입금가능</td></tr>
<tr><td>사회서비스형
(사회복지시설 도우미형)</td><td>42,790원</td><td>1,112,540원</td></tr>
<tr><td>근로 유지형</td><td>23,970원</td><td>623,220원</td></tr>
<tr><td>실비</td><td>4,000원</td><td>–</td></tr>
<tr><td colspan="3">자립성과금은 소득인정액 산정시 제외</td></tr>
</table>

출처: 보건복지부, 2019년 자활사업안내.

이외에도 세부사업 유형별로 예비자활기업과 시간제 자활근로, 청년자립도전 자활사업단 등이 있다.

예비 자활기업은 시장형 · 사회서비스형 자활 사업단 중 최대 2년 이내에 자활기업 창업을 통한 시장진입을 지향하는 창업집중지원형 사업단으로 보건복지부에 공모를 통해 보건복지부에서 지정된다. 매출적립금은 내일키움장려금(10%), 자화기업 창업자금(80%), 자활사업 활성화 지원금(10%)으로 관리하며, 예비자활기업으로 지정된 사업단은 자활기업 지원에 의거 사업비, 시설투자비, 사회보험료 등을 지원한다.

시간제 자활근로는 돌봄, 간병, 건강 등의 사유로 종일 일자리 참여가 어려운 저소득층을 위한 시간제 자활근로사업으로 조건부 수급자를 제외한 차상위개층 이하 빈곤층 중 시간제 자활근로 참여를 희망하는 자에 대해 개인 · 가구 여건을 고려하여 근무를 배정한다. 2019년 각 자활센터는 시간제 자활근로 사업단을 1개이상 운영할 것을 명시하였다.

청년자립도전 자활사업단은 자활사업에 참여하는 청년들이, '맞춤형 자립지원'을 통해 스스로 개인의 변화와 성장을 이끌어 내고 공동체성을 회복하는 것에 중점을 맞춘 사업단으로 만 18세~만 39세의 참여자로 참여기간은 최대 3년이다. 참여자의 교육, 자격증 취득, 심리정서지원 서비스, 진로탐색 과정 등 모두 근로시간으로 인정된다.

3) 자활기업 및 창업지원

(1) 자활기업

자활기업은 「국민기초생활 보장법」 제15조, 제18조, 「국민기초생활 보장법 시행령」 제17조 및 「국민기초생활 보장법 시행규칙」 제19조, 제20조, 제31조, 제32조의 법적 근거에 의해 2인 이상의 수급자 또는 저소득층(차상위)이 상호 협력하여, 조합 또는 공동사업자의 형태로 탈빈곤을 위한 자활사업을 운영하는 업체로 자활기업 요건을 갖추고 보장기관으로부터 인정을 받은 인증기업을 말한다. 보장기관은 인정된 자활기업의 조속한 사업안정을 위해 필요한 지원을 할 수 있으며 지역자활센터 등 자활사업 실시기관은 자활기업의 설립을 도와야 하며, 운영과 판로개척 등 자활기업 육성에 대하여 적극적으로 지원 · 관리하여야 한다.

「국민기초생활 보장법」 개정에 따라 2012년 8월 2일부터 '자활공동체'를 '자활기업'으로 명칭을 변경하였고, 2018.07.24. 자활기업 활성화 대책을 마련하여 지원대상 자활기업 요건을 완화하고, 예비자활기업을 육성, 자활기금 적극 지원체계 마련 등 주요내용을 발표하였다.

자활기업은 취약계층의 일자리 창출 및 유지를 위한 중요한 정책수단으로 활용되고 있으며 정부는 기초생활보장 자활급여 기본계획(2018~2020)을 통해 자활기업 성장단계별 맞춤 지원체계를 구축, 자활기금을 활용한 자활기업을 육성 · 확대할 방안이며 일자리 창출과 더불어 자활기업이 증가할 것으로 전망하고 있다.

2019년 자활기업 지원체계의 정비로 자활기업의 관리는 중앙자활센터에서 광역자활센터로 관리 주체가 변경되어, 지원대상 자활기업 확인서 발급 및 자활기업 모니터링 등을 수행하고 신용보증기금을 통한 사업자금 융자 지원 등을 신설하였다(보건복지부, 2019).

2019년 9월 말 기준 자활기업은 1,214개가 운영되고 있으며 자활기업에 대한 적응도를 높이기 위하여 참여자의 능력 등 제반 여건을 감안하여 단계별 자활경로 프로그램 마련하고 있으며 자활기업에 대해 다양한 지원을 하고 있다.

자활기업은 크게 자활기업, 광역 자활기업, 전국 자활기업으로 구분되며, 광역자활기업은 광역단위의 자활사업 추진을 목적으로 광역자치단체에서 인정한 자활기업으로 규모있는 사업추진으로 시장 경쟁력 확보가 가능하다. 전국자활기업은 전국단위의 자활사업 추진을 목적으로 보건복지부에서 인정한 자활기업으로 전국단위 사업추진으로 시장경쟁력 확보가 가능하다.

(2) 자활기업의 설립요건

- 구성원 : 2인 이상의 기초생활 수급자(1/5 이상) 또는 차상위자(1/3 이상)로 구성
- 설립방식 : 조합 또는 부가가치세법상 1인 이상 사업자로 설립
- 설립절차 : 부가가치세법 상 사업자등록 필수, 타법령 상 조합설립 절차에 따름, 자활사업 실시기관 종사자는 사업자 등록 및 대표직 겸직을 금지함
- 설립운영 : 자활기업은 자발적 운영이 원칙이나 최초 설립일부터 지원대상 자활기업 요건 유지기간 동안 지역자활센터 등 사업 실시기관에서 사업내용 및 인적 구성 등 구체적인 계획수립 및 기업경영에 필요한 교육을 통해 안정적인 자활기업 운영을 적극 지원해야 한다.

(3) 자활기업에 대한 지원

자활기업 지원에는 자활기업 창업자금, 사업자금 융자, 전세점포 임대, 사업자금의 이차보전, 컨설팅 지원, 기계설비비, 시설보강비, 한시적 인건비, 광역 및 전국자활기업 사업비, 사업개발비 지원, 우수자활 기업지원, 국·공유지 우선임대, 사업우선위탁, 생산품 우선구매 등이 있다.

① 창업자금 지원

- 매출적립금을 활용하여 창업자금을 지원
- 매출적립금 지원시 전세자금 및 임대보증금은 센터 명의로 관리하며 현금성 자산을 제외한 시설, 장비는 보장기관 승인을 거쳐 자활기업 명의로 직접 지원가능 자활기업 창업자금은 자활기업 인정일로부터 1년간 사용 가능(인건비 사용불가)하고, 사용 완료 후 그 결과를 1개월 내 지자체에 보고 보장기관의 판단 및 승인에 의해 6개월 연장사용이 가능하며, 자활기업 창업자금에 대한 내용은 다음과 같다(보건복지부, 2019).
- 자활기업 창업자금 사용기한이 연장되어 창업 후 1년에서 1년 6개월로 사용 연장이 가능해짐
- 예비자활기업 참여자 인건비를 창업 직전 6개월간은 '19년 최저임금의 90%(일 53,437원→ 56,120원)으로 상향 지급됨
- 예비자활기업 매출적립금은 자활기업 창업자금(80%), 자활사업 활성화 지원금(10%)으로 확대, 실질적 창업지원을 강화함

② 한시적 인건비

수급자 및 취약계층의 자활기업 참여를 촉진하고 자활기업 경영 안정화를 도모하고 신규창업 지원, 자활기업의 수급자 채용유도 및 초기 안정을 위해 지원한다.

- 국민기초생활보장수급자(생계, 의료, 주거, 교육급여 수급자, 자활특례자) 시장진입형 인건비(주차 · 월차 수당, 실비) 최대 5년
- 비수급 자활근로 참여자 : 시장진입형 인건비(주차 · 월차 수당, 실비) 초기 6개월간
- 전문인력 한시적 인건비 : 월 250만원 이내 최대 5년간 지원

③ 자활기금 지원

- 자활을 위한 사업자금의 융자
- 전문 컨설턴트와 연계한 창업 컨설팅 지원
- 3년 경과된 자활기업 기계설비 구입 및 시설보강 사업비 지원(최대 5천만원)
- 사업개발비 지원

- 탈수급자에 대한 4대보험 기업 부담금 지원
- 우수 자활기업 지원

④ 기타 자활기업 지원

- 지방자치단체 등 국·공유지 우선 임대지원
- 국가 또는 지방자치단체가 실시하는 사업의 우선 위탁 및 조달 구매 시 자활기업 생산품의 우선구매
- 기타 수급자의 자활촉진을 위한 각종 사업의 지원

(4) 저소득층 생업자금 융자

2016년부터 '저소득층 생업자금융자'사업이 폐지되어 사업 창업 및 운영자금 등의 수요자에게 금융위원회는 '미소금융사업'으로 '자영업자 관련 대출자금' 창업지원을 한다.

자영업자 관련 대출자금은 제도권 금융이용이 곤란한 금융소외계층을 대상으로 창업·운영자금 등 자활자금을 무담보·무보증으로 지원하는 소액대출사업으로 자격요건은 다음과 같다.

① 신용등급 7등급 이하인 자(무 등급, 0등급 포함)
② 수급권자 및 차상위계층 이하인 자
③ 근로장려금 신청자격 요건에 해당하는 자
④ 신용회복지원자 중 1년 이상 성실 납입자
⑤ 개인회생 신청자 중 면책이 결정된 자
⑥ 개인파산 면책결정일로부터 5년 이상 경과한 자

지원대상자는 사업운영자금으로 2천만원, 창업자금으로 7천만원까지 대출 가능하며 최대 5년까지 상환가능하다.

(5) 자활 장려금 사업

「국민기초생활 보장법」 제2조 9호, 제6조의 3 제1항에 의한 자활 장려금 사업은 보충급여를 기본원리로 하고 있는 국민기초생활보장제도가 야기할 수 있는 수급자의 근로의욕 감퇴를 예방하는 차원에서 근로소득의 일정 비율을 산정하여 '자활장려금'의 형태로 구분, 지원하는 제도로써 빈곤층의 실질적인 자활 · 자립 및 일을 통한 복지실현을 구현한다고 할 수 있다.

- 공제대상 소득의 일정비율(30%)을 실제소득에서 제외함으로써 상향된 생계급여를 자활장려금으로 지급하는 제도이다.
- 생계급여 산정 시 소득인정액에서 자활소득의 30%를 공제하여 추가 지급되는 생계급여를 '자활장려금'으로 지급하며 자활근로소득의 30%가 생계급여 보다 높은 경우 자활장려금은 생계급여 지급액과 동일한 금액을 지급한다.

4) 고용노동부 취업지원

(1) 취업성공패키지 개요

① 취업성공패키지 지원사업의 개념

저소득 취업취약계층에 대하여 개인별 취업활동계획에 따라 진단 · 경로설정에서부터 의욕 · 능력증진과 집중 취업알선에 이르는 통합적인 취업지원 프로그램을 제공하고, 취업한 경우 '취업성공수당'을 지급함으로써 노동시장 진입을 체계적으로 지원하는 통합적인 취업지원체계로 One Stop 취업지원서비스이다.

② 지원대상자

- 취업성공패키지 I (만 18~69세, 단, 위기청소년의 경우 만 15세~만 24세)
  생계급여수급자, 중위소득 60% 이하 가구원, 여성가장, 장애인, 위기청소년, 니트족, 북한이탈주민, 결혼 이민자 등이 해당된다.
- 취업성공패키지 II(만 18세~69세 이하)

고등학교 이하 졸업(예정)자 중 비진학 미취업 청년, 대학교(전문대 포함) 졸업 후 미취업 청년, 고교 및 대학 등 마지막 학년 재학 중인 자, 영세자영업자(연간매출액 8천만 원 이상 1억 5천만 원 미만인 사업자) 등이 해당되며, 중장년층 참여대상자는 만 35~69세 이하로서, 중위소득 100% 이하의 가구원으로서 실업급여 수급 종료 이후 미취업자, 고용보험 가입이력은 있으나 수급 요건을 충족하지 못한 미취업자, 고용보험 가입이력이 없는 자 및 영세자영업자(연간매출액 8천만 원 이상 1억 5천만 원 미만인 사업자)가 지원대상이다.

③ 취업지원의 주요내용

지원대상자의 개인별 취업역량 등에 대한 정확한 진단을 토대로 최장 1년의 기간 내에서 단계별로 통합적인 취업지원을 실시한다.

- 1단계(진단 · 경로 설정): 개인별 집중상담 및 직업심리검사, IAP(취업지원계획)수립
- 2단계(의욕 · 능력증진): '개인별 취업활동계획(IAP)'에 따른 취업의욕, 근로능력 증진을 한 다양한 취업지원 프로그램 제공, 집단상담, 직업훈련, 창업지원 프로그램 제공
- 3단계(집중 취업알선): '동행면접' 실시 등 지원대상자의 노동시장 진입 촉진을 위한 적극적이며 실질적인 취업알선

4. 자활촉진사업

1) 자활촉진사업(자산형성 지원)

① 희망키움통장(I) 사업

자산형성지원사업인 '희망키움통장 I ' 사업은 일하는 기초수급자에게 일한 만큼 늘어나는 근로소득장려금과 본인 저축에 대한 매칭금을 지원 및 적립하여 일을 통한 탈빈곤을 촉진하고 자립자금을 마련하도록 돕는 사업이다.

- 지원대상: 근로능력 있는 수급자 가구(생계 · 의료 수급가구) 중 가구 총 근로 · 사업소득이 기준 중위소득 40%의 60% 이상인 가구
- 지원내용: 3년 동안 매월 10만 원씩 본인 저축하면, 생계 · 의료 기초수급자에게 근로소득장려금(정부지원금 및 민간매칭금)으로 월 평균 42만원(3인 가구 기준)을 지원, 3년 만기 탈수급 시(약 1,900만원) 지원받을 수 있다(2019년 1월 2일 기준).
- 희망키움통장 I 지원금은 주거, 교육, 취 · 창업 등 자활에 필요한 용도로 활용하여야 하며, 증빙서류를 제출하여야 한다.

② 희망키움통장(II) 사업

자산형성지원사업인 '희망키움통장II' 사업은 근로빈곤층의 수급자 진입을 예방하고 자립을 향한 꿈을 키울수 있도록 지원하는 사업이다.

- 지원대상: 가구 전체의 소득인정액이 기준 중위소득 50% 이하인 주거 · 교육수급 가구 및 차상위 계층 가구로, 가입일 현재 근로활동을 하고 있는 가구로 2가지 조건이 모두 충족되어야 지원대상이 된다.
- 지원내용: 3년 동안 매월 10만 원씩 본인이 저축하고 근로활동을 지속 및 교육할 경우 정부지원금 월 10만원을 지원하며, 3년 유지 및 사용용도 증빙 시 지원받을 수 있다. 즉, 본인 본인저축액(360만원)과 근로소득장려금(360만원)에 이자를 포함하여 적립금(약 720만원)을 수령할 수 있도록 지원한다(2019년 1월 2일 기준).
- 희망키움통장II 지원금은 주거, 교육, 취 · 창업 등 자활에 필요한 용도로 활용하여야 하며, 증빙서류를 제출하여야 한다.

③ 내일키움통장 사업

최근 자활근로사업단에 1개월이상 성실 참여중인 생계 · 의료급여 수급권자 또는 차상위계층이 매월 일정금액을 적립하고, 3년 이내 일반 노동시장으로 취 · 창업하고 소정의 교육을 이수할 때 내일키움장려금과 내일키움수익금을 지원하여 자활근로 참여자의 취업 및 창업을 통한 자립자금을 마련할 수 있도록 지원하고 있다.

- 지원대상: 신청 당시 최근 1개월 이상 연속 자활근로사업단에 성실하게 참여하고 있는 자(시장진입형, 예비자활기업, 시간제 자활근로, 청년자립도전 자활사업단, 사회서비스형, 인턴 · 도우미형 자활근로 사업단)
- 지원내용: 매월 본인이 10만원씩 저축할 때, 정부지원금으로 내일근로장려금을 지원하여 1:1 매칭 지원을 해준다. 그리고 자활근로사업단 매출 발생 시 내일키움장려금(시장진입형, 예비자활기업, 시간제 자활근로, 청년자립도전 자활사업단)지원과 내일키움수익금(월 최대 15만원)을 지원하며 통장가입 후 3년 이내 탈수급 및 일반 노동시장으로 취업 · 창업 또는 대학교 입 · 복학 또는 국가자격증을 취득하고 소정의 교육을 이수할 때(3년 기준 평균 1,512만원 적립) 지급한다.
- 내일키움통장 지원금은 주거, 교육, 취 · 창업 등 자활에 필요한 용도로 활용하여야 하며, 증빙서류를 제출하여야 한다.

④ 청년희망키움통장

일하는 수급가구 및 비수급 근로빈곤층의 자활을 위한 자금으로써 목돈마련을 할 수 있도록 돕는 제도이다.

- 지원대상: 일하는 생계급여 수급 가구의 청년(15~39세 이하), (청년의 근로사업소득이 1인 가구 기준중위소득 20% 이상)
- 지원내용: 근로소득공제금(10만원)과 근로소득장려금(월 소득 81만원 기준 평균 39.5만원) 3년 평균 1,422만원의 실질혜택 (월소득 81만원 기준, 장려율: 63%)
- 지원조건: 청년키움통장은 3년 이내 생계 탈수급조건이다(사용용도 증빙).

주요내용

2000년 「국민기초생활 보장법」에 의한 '국민기초생활보장제도'를 도입하면서 경제적 어려움은 있지만 일할 수 있는 사람들의 근로역량을 높여 탈빈곤을 지원하고 스스로 자활할 수 있는 능력을 높일 수 있도록 기능습득 지원, 근로기회 등 근로능력이 있는 저소득층에게 집중적 체계적인 자활지원서비스를 제공함으로써 자활의욕・고취 및 자립능력 향상을 지원하고 기초수급자 및 차상위계층의 자활촉진에 필요한 사업을 수행하는 것을 목적으로 한다.

자활사업 참여대상자는 조건부 수급자, 자활급여 특례자, 일반수급자, 차상위계층, 특례수급가구의 가구원, 근로능력이 있는 시설수급자 순서로 참여 우선순위가 있다.

자활사업의 종류에는 자활사례관리, 자활근로사업(근로유지형, 사회서비스형, 인턴형, 시장진입형), 자활기업 및 창업지원사업, 고용노동부 취업지원사업(취업성공패키지), 자활촉진사업(희망키움통장 Ⅰ, Ⅱ, 내일키움통장) 등이 있다.

참고문헌

감정기(2005). 지역사회복지론. 경기: 나남출판.

감정기, 백정기, 김찬우(2005). 지역사회복지론. 경기: 나남출판.

강준열(1997). 지역사회복지와 사회복지관. 서울: 동인.

강철희, 정무성(2006). 지역사회복지실천론. 경기: 나남출판.

강철희, 최재성, 한동우, 구지윤, 강은나, 정병오, 이지미, 유재윤, 안성호(2010). 한국공동모금제도의 사회적 성과와 발전과제. 사회복지공동모금회.

경기복지재단(2019). 경기도 자활기업 실태 분석 및 개선방안 2019-14.

경기복지재단(2018). 지역요인을 고려한 사회복지관 주민조직화 교육방안 2018-16.

경기복지재단(2017). 경기도 사회복지관 평가지표 개발연구 2017-21.

고수현(2013). 지역사회복지론. 경기: 양서원.

고수현(2014). 지역사회복지론. (2판). 경기: 양서원.

구금섭, 박지영, 김종철, 전대성, 허정철(2013). 지역사회복지론. 경기: 공동체.

김광희(2008). 지역사회복지론. 경기: 공동체.

김광희(2010). 지역사회복지론. 경기: 공동체.

김광희(2011). 지역사회복지론. 서울: 동문사.

김광희(2016). 지역사회복지론. 경기: 공동체.

김교성, 강정한(2015). 한국의 '나눔' 종합지수. Collective Impact Conference. 한국의 나눔, 현재와 과제.

김교성, 박미희, 송민, 김윤민, 김혜진, 정유경, 이창숙(2017). 사회복지공동금회 20년, 사회적 영향력성과, 사회복지공동모금회 나눔연구보고서, 2017권 12호.

김동일, 김미옥(2015). 한국의 나눔교육 실태. Collective Impact Conference. 한국의 나눔, 현재와 과제.

김만두(1984). 사회복지관의 프로그램개발. 사회복지관 관리자반. 보건복지부 국립사회복지연수원. p.40.

김만두(1992). 지역사회에서의 사회복지의 바람직한 기능과 역할. 제1회 서울시 사회복지관협회 세미나 자료집. 서울시사회복지관협회.

김만호(2009). 지속가능한 지역사회를 추구하는 지역사회복지론. 경기: 양서원.

김만호(2009). 지역사회복지론. 경기: 양서원.

김만호(2016). 지역사회복지론. 경기: 양성원.

김범수, 신원우(2007). 지역사회복지론. 경기: 공동체.

김병, 이인순, 이진향, 이하예진, 정명환, 조승석, 황은혜(2016). 지역사회복지실천론. 서울: 창지사.

김성경(2009). 종합사회복지관 사회복지사의 사회복지교육의 충분성 인식과 사회복지실천기술 수행의 관계. 한국사회복지교육, 10.

김수정(2014). 지역사회복지협의체의 활동유형에 관한 연구: Q 방법론 적용. 미래사회복지연구, 5(1).

김수정, 이순배(2016). 지역사회복지론. 경기: 교문사.

김영모(1995). 지역사회복지론. 한국사회복지정책연구소.

김윤민, 김교성(2018). 사회복지공동모금회 모금과 배분사업의 성과와 과제에 대한 전문가 인식조사. 한국사회복지행정학 20권 제3호(통권 제60호), 2018, 19, 99-125.

김윤재, 금유현(2013). 지역사회복지관의 기능전환에 따른 정체성 확립방안 연구. 벤처 창업연구.

김윤재, 이경재, 심영진, 허은희, 임동빈(2010). 지역사회복지론. 서울: 동문사.

김종해(1996). 지역복지에 있어서 주민참여방안, 상황과 복지. 한국사회복지연구회.

김진, 김희성(2015). 지역사회복지협의체의 협력적 네트워크 활성화를 위한 효과적 관리 방안 연구, 비판사회정책, 46.

김창래(2016). 자원봉사 교육프로그램이 봉사활동 도움에 관한 연구. 한국사회복지경영학회 사회복지경영연구, 3(1), 1-2.

김태동, 박주현, 안우상, 장갑수, 정미현, 최덕경, 최연옥(2016). 지역사회복지론. 서울: 창지사.

김현호, 김경섭, 김동백, 오미희, 임봉호, 황희숙(2011). 지역사회복지론. 경기: 양서원.

김현호, 소재진, 오미희, 유주희, 이영희, 이용환, 정명희, 조영선(2016). 지역사회복지론. 경기: 양서원.

김형수, 양성관, 주익수(2010). 지역사회복지론. 경기: 학현사.

나무위키백과, https://namu.wiki/w/NGO

남경현(1978). 사회복지관의 역사적 배경과 유형. 사회복지관 개요. 한국사회복지관연합회.

남궁금순, 윤기찬, 문신용(2016). 자원봉사대상자의 서비스 만족도와 지속성에 미치는 영향요인 분석: 서울시 자원봉사센터를 중심으로. 지방정부학회. 지방정부학회보, 19(4), 252-253.

남일재, 문영주(2015). 지역사회복지론. 경기: 양서원.

노연희(2009). 비영리사회복지조직에 대한 사회복지공동모금회 재정지원에 영향을 미치는 요

인: 서울사회복지공동모금회의 신청사업을 중심으로. 서울도시연구, 10(3).

노연희(2014). 복지서비스 지역화를 공동모금제도 개선과제: 정부와 민간의 관계를 중심으로. 한국사회복지행정학, 6(1), 209-235.

노혜진, 라준영, 김수진, 진유하(2015). Social Impact Bond 관련 모금 및 배분전략에 관한 연구. 사회복지공동모금회.

류만희, 노대명, 장원봉, 김신양, 손치훈, 모세종, 김정자, 전진아(2006). 자활후견 기관 지원체계 개선 방안 연구. (사)한국자활후견기관협회 부설 자활정보센터.

류종훈(2007). 지역사회복지론. 경기: 학현사.

민간단체 종합정보 네트워크(2000). 서민의 신문. 시민운동 정보센터자료집. 1999.10.11.

박미희, 노법래, 전현경, 유재현, 강수진(2019). 사회복지공동모금회 2019 기부트렌드 전망. 한국사회복지행정학회 학술대회자료집. 2019. 4, 199-212(14)

박태영(2007). 지역사회복지론. 경기: 학현사.

박홍순(2000). 풀뿌리 운동가 연수자료집. 열린사회시민연합.

배성은, 김태진, 정윤수(2015). 자원봉사활동 참여자의 지속의지 영향요인에 대한 연구: 자원봉사활동 기관의 관리와 자원봉사 직무특성을 중심으로. 한국사회복지조사연구, 1(47). 33-34. 보건복지부. 2017 사회복지관운영관련 업무처리 안내.

변용만(2011). 경기: 교문사.

보건복지부. 2017년 사회복지시설 관리안내.

보건복지부. 2017년 자활사업 안내.

보건복지부(2019). 2019년 자활사업 안내1.

보건복지부(2019). 2019년 하반기 자활사업 활성화 방안 안내(개정안).

보건복지부(2018). 2018년 사회복지관 운영관련 업무처리 안내1.

보건복지부(2020). 지역사회보장협의체 운영안내. 지역복지과

복지넷 www.bokil.net(2020). 한국사회복지협의회.

사회복지관협회(2020), http://kaswc.or.kr/centerlist

석재은, 김가율, 이민영(2009). 사회복지공동모금회 기초복지지원사업의 평가와 개선방향. 한국사회복지조사연구, 21.

성규탁, 정순, 배임호(1993). 사회복지의 기능 역할정립에 한 연구: 사례분석근. 삼성복지재단.

양성관, 주익수, 박상진, 김동환, 김주성(2013). 지역사회복지론. 경기: 정민사.

양심영(2000). 가족서비스의 통합적 실천에 관한 연구: 지역사회서비스 운영주체를 중심으로. 한국가족복지학, 6.

양정하, 황인옥, 김정희, 배의식, 박미정, 김남숙, 윤성호(2008). 지역사회복지론. 경기: 공동체.

오다해, 김영철(2014). 마을만들기 사업에 있어서 참여주체의 특성에 관한 연구, 한국도시설계 학회지, Vol.15, No.5. pp.5-16.

오미희, 임봉호, 황희숙(2011). 지역사회복지론. 경기: 양서원.

오민구(2015). 읍면동 지역사회보장협의체에 관한 탐색적 사례연구: 읍면동중신의 민관협력 내용변화를 중심으로, 지역발전연구, 24(2).

오정수(2000). 지역사회단위 공동모금의 효과적인 사회복지공동모금의 효과적인 모금과 배분방안에 관한 연구. 한국사회복지학, 43(11).

오정수, 류진석(2004). 지역사회복지론. 경기: 학지사.

오정수, 류진석(2008). 지역사회복지론. 경기: 학지사.

우정자(2016). 자원봉사 조직의 심리적 계약 위반이 조직의 신뢰에 미치는 영향. 한국사회복지경영학회. 사회과학연구. 3(1), 53.

이마리아, 이경은(2019). 실천기반 지역사회조직화 학습경험의 본질. 인문사회 21, 제10권 4호, 대승사, 2019.

이 호(2001). 지역복지와 주민참여 활성화 방안. 제2회 지역복지학교 자료실. 관악사회복지사 하늘사랑복지회.

이병록(2004). 사회복지시설의 사회화론에 관한 일고찰 -일본지역복지의 관점에서-. 한국사회복지학, 56(1), pp.181-201.

이양훈 외(2007). 지역사회복지론. 서울: 창지사.

이양훈, 김준환, 김혜정, 김백수, 오호진, 이동우(2010). 지역사회복지론. 서울: 창지사.

이인재, (2002). 지역복지운동의 의의와 지역복지운동단체의 역할한국사회이론학회. 사회이론. Vol. 22, 207-232.

이태희, 전태숙, 송금희 (2015). 지역사회복지론. 서울: 창지사.

임춘식(2003). 자원봉사센터 기능 활성화를 위한 운영 개선 방안. 한남대학교 사회과학연구소 사회과학연구, 12(0), 151-153.

장혜경, 최은숙, 박경수(2012). 지역사회비영리조직 간의 민간자원 조성파트너십 형성 사례연구. 사회복지공동모금회 사례를 중심으로, 32, 141-173.

전광현(). 지역사회복지활성화를 위한 지역사회복지관의 실천 방안. 한국지역사회 복지학회. 제15호, 2004, pp.119-137.

정회성, 김미숙(2000). 환경정책과정에의 주민참여 유형화와 촉지방안. 환경정책학회지. 8(2), pp.15-180.

조추용 외(2009). 지역사회복지론. 서울: 창지사.

중앙자활센터 홈페이지. www.cssf.or.kr

지은구(2003). 지역사회복지론. 서울: 청목출판사.

차민학(2019). 사회복지 이론 및 실천 교육이 사회복지사의 전문직 정체성에 미치는 영향. 부산대학교 대학원 사회복지학 석사학위논문.

초의수(2007). 지역사회복지협의체의 운영실태와 네트워크 영향요인에 대한 연구. 지방정부연구, 11(4).

최옥채(2007). 지역사회 임파워먼트 실천 현실과 전략적 과제. 사회복지사의 사례경험을 중심으로. 미래사회복지연구, 4(1), p.64.

최옥채(2013). 지역사회 임파워먼트 실천 현실과 전략적 과제. 사회복지사의 사례경험을 중심으로. 미래사회복지연구, 4(1).

최일섭, 류진석(1997). 지역사회복지론. 서울: 서울대출판부. p.189.

최일섭, 류진석(2001). 지역사회복지론. 서울: 서울대출판부. pp.4-10.

최일섭, 류진석(2002). 지역사회복지론. 서울: 서울대출판부.

최일섭, 이현주(2006). 지역사회복지론. 서울: 서울대출판부.

최항순, 윤춘모(2011). 지역사회복지협의체의 융합서비스 제공에 영향을 미치는 요인에 관한 연구: 성남지역 사회복지협의체를 중심으로. 한국정책연구, 11(3).

표갑수(2003). 지역사회복지론. 경기: 나남출판.

표갑수(2006). 지역사회복지론. 경기: 나남출판.

한국사회복지관협회 홈페이지. kaswc.or.kr

한국사회복지협의회(2015).

한국지역자활센터협회 홈페이지. www.jahwal.or.kr

한인숙, 김희연(2000). 네트워크 이론에서 본 지역사회복지-지방정부와 사회복지관의 관계를 중심으로. 이화대학 행정학과 박사논문.

황명주, 김형수(2019). 지역사회조직과 연계된 지역사회보장협의체 구축방안: 지역사회네트워크 활용 전략을 중심으로. 한국동북아논총 24(2), 2019.6, 207-227.

황성철, 강혜규(1994). 사회복지관운영평가 및 모형개발, 한국보건사회연구원, pp.215-222.

Arnstein, S. L.(1969). A Ladder of Citizen Participation. Journal of American Institute of Planners, Vol. 35, No. 4(July). p.217.

Dunham, A.(1970). The New Community Organization. New York: Thomas Y. Crowell Co. Ross, M. G., Community Organization: Theory and Principles and Practice(2nd ed.), New York: Harper & Row, 1967.

Roland L. Warren.(1963). The Community in America, Chicago, RandMcNally & Co, p.6.

Robert M. Maclver.(1928). Community: A Social Study, London: Macmillan & Co, pp.22-23.

Sidney Dillick.(1959). The Functions of Neighborhood Organization, in Ernest B. Harper and A. Dunham(eds.), Community Organization in Action: Basic Literature and Critical Comments, N.Y.

S. P. Huntington &, J M, Nelson(1976). Political Participation in Developing Countries 1976, p.5.

J. V. Cunningham.(1972). Citizen Participation in Public Affairs, Public Administration Review, Vol.32, p.595.

Park, R. E. & Burgess, E. W.(1921). Introduction to the Science of Sociology, Chicago: University of Chicago Press, p.161.

찾아보기

ㅂ

ㅅ

ㅇ

저 / 자 / 소 / 개

■ 간순옥

대전대학교 일반대학원 사회복지학 박사졸업, 현재 대전대학교 강의전담교수, 대덕대학교 겸임교수로 있으며 주요관심 분야는 사회복지정책 및 지역사회복지, 피해상담 수련감독자이며 논문으로 사회복지사의 심리적 안녕감에 영향을 미치는 생태체계적 요인, 사회복지기관의 조직요인이 사회복지사의 자아존중감에 미치는 영향, 노인일자리 사업 참여노인의 삶의 질 영향요인 연구, 영화 매체를 통한 프로그램이 자존감, 자기효능감 및 낙관성에 미치는 효과 등의 논문이 있으며 저서로는 사회복지사례관리가 있다.

■ 이재연

대전대학교 사회복지학 박사졸업, 전문상담사 1급 슈퍼바이저(한국상담학회), 현재 심리상담소 '연' 소장, 미래복지경영 부회장, 사회복지협의회 운영위원, 에듀업평생교육원 운영교수로 활동 중이며, 사회복지학과 상담심리학 등 다학제 간 연구협업을 통해 개인사회적, 통합적 차원의 문제해결 및 발전을 위해 노력하고 있다. 주요논문으로 생태체계요인이 청소년의 우울에 미치는 영향, 고등학생이 지각한 부모갈등과 사회적 지지가 학교생활 행복감에 미치는 영향, 생태체계요인이 청소년의 우울에 미치는 영향 등이 있다.

■ 정윤옥

대전대학교 사회복지학 학사, 석사, 행정학 박사졸업. 현재 대덕대학교, 대전과학기술대학교 겸임교수, 대전서구청 기부금심사위원으로 활동하고 있으며 전 대전교육복지사협회 회장을 역임함. 주요관심 분야는 아동 · 청소년복지, 주요 논문은 빈곤지역아동의 자아존중감의 영향에 미치는 요인에 관한 연구, 동네 거버넌스 주민조직 공동생산 사례, 사회적 자본 및 동네 무질서가 초등학생 정신보건에 미치는 영향에 관한 연구, 빈곤아동의 자아 존중감에 영향을 미치는 요인들에 관한 연구 등이 있다.

■ 조현철

대전대학교 일반대학원 박사졸업, 현재 재가노인복지센터 사무국장, 요양보호사 교육원 강사, 글로벌 사회복지연구회 사무국장직 등을 수행하고 있으며, 주요 관심분야는 장애인, 노인, 지역사회복지의 사례관리, 평생교육 등이며, 주요 활동으로는 박사 원우회장, 대전사회복지사 협회 대의원과 운영위원을 역임하였고, 논문으로는 사회복지사의 업무 환경이 소진에 미치는 영향, 거주 시설 사회복지사의 업무환경이 소진에 미치는 영향, 클라이언트 폭력이 사회복지사의 정서적 안정성에 미치는 영향, 저서로는 지역사회복지론, 사회복지1급 문제집(글로벌 사회복지 연구회, 2019) 등이 있다.

■ 한수미

청소년교육학 전공 후 대전대학교 사회복지학 석사, 행정학박사 현재 튼튼요양원 원장, MBC아카데미원격평생교육원 운영교수, 지역아동센터의 운영위원, 미술치료강사로 활동하고 있다. 저서로는 요양보호사의 근로조건이 직무만족에 미치는 영향, 정신장애인의 가족지지가 자기효능감에 미치는 영향, 재가장기요양기관 시설장의 서번트 리더십이 조직효과성에 미치는 영향 등의 논문이 있다.

[개정판]

지역사회복지론

1판 1쇄 발행 — 2018년 1월 10일
2판 1쇄 발행 — 2020년 7월 31일
2판 2쇄 발행 — 2023년 2월 28일

저　　자 – 간순옥 이재연 정윤옥 조현철 한수미
발 행 인 – 강철원
발 행 처 – 양성원
주　　소 – 경기도 파주시 검산로 173번길 29–12
전　　화 – 031–946–3861(代)
팩　　스 – 031–946–3864
이 메 일 – tnwpub@naver.com
홈페이지 – tnwpub.co.kr
출판등록 – 2015년 8월 31일 제2015–000211 호

ISBN 979–11–6126–288–8

정가 19,000원